"十二五"职业教育国家规划教材（修订版）

经全国职业教育教材审定委员会审定

汽车构造与拆装

（发动机部分）

第2版

主　编　蒋红枫

副主编　胡　昊

参　编　周晓埗　耿　彪　王　勇

主　审　于开成

机械工业出版社
CHINA MACHINE PRESS

本书是在“十二五”职业教育国家规划教材的基础上进行修订的，是根据《国家职业教育改革实施方案》中职业教育教材建设要求、教育部《中等职业学校汽车运用与维修专业教学标准（试行）》和《关于在院校实施“学历证书+若干职业技能等级证书”制度试点方案》，同时参考GB/T 18344—2016《汽车维护、检测、诊断技术规范》编写的。本书以立德树人为根本任务、以能力培养为本位、以职业实践为主线、以工作项目为载体，从职业岗位工作过程的需要出发，培养学生的技术技能和职业素养。

本书主要内容包括曲柄连杆机构的构造与拆装、配气机构的构造与拆装、燃料供给系统的构造与拆装、点火系统的构造与拆装、润滑系统的构造与拆装、冷却系统的构造与拆装、起动系统的构造与拆装，共七个项目，每个项目中的任务都配有工作页和二维码视频链接，工作页独立装订成册，方便教学使用。

本书可作为职业院校汽车类专业教材，也可作为汽车维修行业岗位培训教材。

为方便教学，本书配有电子课件、视频等资源，凡选用本书作为授课教材的教师均可以教师身份登录 www.cmpedu.com 免费下载，或来电咨询：010-88379865。

图书在版编目（CIP）数据

汽车构造与拆装．发动机部分/蒋红枫主编．—2版．—北京：机械工业出版社，2021.4（2025.1重印）
“十二五”职业教育国家规划教材：修订版
ISBN 978-7-111-67567-9

Ⅰ.①汽…　Ⅱ.①蒋…　Ⅲ.①汽车-发动机-构造-职业教育-教材②汽车-发动机-装配（机械）-职业教育-教材　Ⅳ.①U463②U472

中国版本图书馆 CIP 数据核字（2021）第 032279 号

机械工业出版社（北京市百万庄大街 22 号　邮政编码 100037）
策划编辑：曹新宇　责任编辑：曹新宇　师　哲
责任校对：刘雅娜　封面设计：张　静
责任印制：郜　敏
中煤（北京）印务有限公司印刷
2025 年 1 月第 2 版第 6 次印刷
184mm×260mm · 12.5 印张 · 304 千字
标准书号：ISBN 978-7-111-67567-9
定价：39.80 元

电话服务	网络服务
客服电话：010-88361066	机　工　官　网：www.cmpbook.com
010-88379833	机　工　官　博：weibo.com/cmp1952
010-68326294	金　　书　　网：www.golden-book.com
封底无防伪标均为盗版	机工教育服务网：www.cmpedu.com

第2版前言

本书以立德树人为根本任务、以能力培养为本位、以职业实践为主线，以工作项目为载体，以完成工作任务为主要学习方式组织教材内容。本书工作任务基于主要岗位群项目、职业技能等级证书项目和技能大赛项目，着重描述知识的储备，设备、工量具和辅助材料的选用，操作步骤，质量保证及工作说明。本书重点培养学生在实际工作中会正确并规范拆卸、检查、更换和安装汽车零部件以及分析典型零部件的结构特点和常见故障的职业能力，编写过程中力求体现以下特色：

（1）强化课程思政　通过小资料展示大国工匠、国之重器和中华文化，弘扬劳动光荣、技能宝贵、创造伟大的时代风尚，发挥教材培根铸魂的作用。

（2）执行新标准　依据现行教学标准和1+X书证融通要求，对接职业标准和岗位需求，采用“项目-任务”的结构框架，以项目引领工作任务，以工作任务引领知识储备与任务实施，培养学生的专业能力。

（3）体现新模式　采用理实一体化的编写模式，加强教学过程与生产过程的对接，以工作现场为学习情境，强化工艺规范和节能环保。以工作页为引导，从能力要求、收集信息、计划决策、实施检查到评价反思，使学生亲身体验完整的工作过程，培养其方法能力和社会能力。适应“互联网+”发展需求，运用现代信息技术在相关技能点附近设置了二维码视频链接，推进线上线下混合式教学。

（4）拓展新知识　根据国内外汽车技术发展趋势和产业最新成果，重视职业教育与终身学习对接，合理拓展课程内容，前后排序符合学生认知规律，注重学生技能的培养，在获得经验的基础上内化为策略性技术，提高方法能力。

（5）采用新组织　深化产教融合与校企合作，吸纳汽车维修行业企业专家参与工作任务分析以及教材编写和审定工作。

本书在内容组织上主要有以下几点说明：①教师能胜任理论与实践一体化教学；②采用项目教学方法，以小组学习形式为主；③配套使用工作页及数字化资源；④本书建议学时为80，学时分配建议见下表。

项　　目	工作任务	建议学时
项目一　曲柄连杆机构的构造与拆装	任务1　拆装气缸盖	4
	任务2　拆装活塞	6
	任务3　检查气缸体	4
	任务4　拆装曲轴	6
项目二　配气机构的构造与拆装	任务1　更换正时带	4
	任务2　拆装凸轮轴	6
	任务3　拆装气门组	6

（续）

项目	工作任务	建议学时
项目三 燃料供给系统的构造与拆装	任务1 拆装节气门体	4
	任务2 拆装汽油泵	4
	任务3 拆装喷油器	6
项目四 点火系统的构造与拆装	任务1 拆装点火线圈	6
	任务2 拆装火花塞	4
项目五 润滑系统的构造与拆装	任务1 认知机油道	2
	任务2 更换机油泵	4
项目六 冷却系统的构造与拆装	任务1 拆装冷却液泵	4
	任务2 拆装节温器	4
项目七 起动系统的构造与拆装	任 务 拆装起动机	6
合 计		80

全书共七个项目，由蒋红枫任主编，胡昊任副主编，周晓塨、耿彪、王勇参与编写。具体分工如下：耿彪编写项目一、项目二之任务1和2，王勇编写项目二之任务3和项目三，胡昊编写项目四和项目五，蒋红枫编写项目六并负责全书的统稿，周晓塨编写项目七。本书由《汽车维护与修理》杂志社总编于开成担任主审。

在编写过程中，编者参阅了国内外出版的教材和资料，在此一并表示感谢！

由于编者水平有限，书中难免有不妥之处，敬请广大读者批评指正。

编 者

第1版前言

本书是根据教育部《关于中等职业教育专业技能课教材选题立项的函》(教职成司〔2012〕95号)，由全国机械职业教育教学指导委员会和机械工业出版社联合组织编写的“十二五”职业教育国家规划教材，是根据教育部公布的中等职业学校汽车类专业教学标准，同时参考人力资源和社会保障部、交通运输部共同发布的《汽车修理工国家职业资格标准》以及GB/T 18344—2001《汽车维护、检测、技术规范》编写的。

本书以能力培养为本位、以职业实践为主线、以工作项目为载体，以完成工作任务为主要学习方式，组织编写教材内容。本书以桑塔纳2000GSi型轿车为主流车型，工作任务基于典型职业岗位项目、职业资格项目和技能大赛项目，主要介绍汽车发动机各零部件的构造、作用及工作过程；拆装过程中涉及设备、工量具和辅助材料的选用，操作步骤，质量保证及工作说明。本书重点强调培养学生在实际工作中会正确并规范拆卸、检查、更换和安装汽车零部件以及分析典型零部件的结构特点和常见故障的职业能力，编写过程中力求体现以下特色。

(1) 执行现行标准　本书依据现行教学标准和课程大纲要求，对接职业标准和岗位需求，采用“项目-任务”的结构框架，以项目引领工作任务，以工作任务引领知识储备与任务实施，培养学生的专业能力。

(2) 体现新模式　本书采用理实一体化的编写模式，加强教学过程与生产过程的对接，以工作现场为学习情境，强化工艺规范和节能环保。以工作页为引导，从收集信息、计划决策、实施检查到评价反思，学生亲身体验完整的工作过程，培养其方法能力和社会能力，突出“做中教，做中学”的职业教育特色。

(3) 拓展新知识　本书根据行业的汽车技术发展方向，注重职业教育与终身学习对接，合理拓展课程内容，前后排序符合学生认知规律，锻炼学生技能，在获得经验性技能的基础上内化为策略性技术，提高方法能力。

(4) 采用新组织　深化产教融合与校企合作，吸纳汽车维修行业企业专家参与工作任务的分析以及教材的编写和审定工作。

本书在内容组织上主要有以下几点说明：①教师能胜任理论与实践一体化教学；②采用项目教学方法，以小组学习形式为主；③配套使用工作页及数字化资源。本书建议学时为80，学时分配建议见下表。

项　目	工作任务	建议学时
项目一　曲柄连杆机构的构造与拆装	任务1　拆装气缸盖	4
	任务2　拆装活塞	6
	任务3　检查气缸体	4
	任务4　拆装曲轴	6

（续）

项　目	工作任务	建议学时
项目二　配气机构的构造与拆装	任务 1　更换正时带	4
	任务 2　拆装凸轮轴	6
	任务 3　拆装气门组	6
项目三　燃料供给系统的构造与拆装	任务 1　拆装节气门体	4
	任务 2　拆装汽油泵	4
	任务 3　拆装喷油器	6
项目四　点火系统的构造与拆装	任务 1　拆装点火线圈	6
	任务 2　拆装火花塞	4
项目五　润滑系统的构造与拆装	任务 1　认知机油道	2
	任务 2　更换机油泵	4
项目六　冷却系统的构造与拆装	任务 1　拆装冷却液泵	4
	任务 2　拆装节温器	4
项目七　起动系统的构造与拆装	任务　拆装起动机	6
合　计		80

全书共七个项目，由蒋红枫任主编，耿彪、王勇、胡昊、周晓堢、石松伟、刘刚参加编写。具体分工如下：耿彪编写项目一、项目二之任务 1 和 2；石松伟编写项目二之任务 3；王勇编写项目三；胡昊编写项目四；刘刚编写项目五；蒋红枫编写项目六并负责全书的统稿；周晓堢编写项目七。本书由《汽车维护与修理》杂志社总编于开成担任主审。

本书经全国职业教育教材审定委员会审定，评审专家对本书提出了宝贵的建议，在此对他们表示衷心的感谢！编写过程中，编者参阅了国内外出版的有关教材和资料，在此一并表示衷心感谢！

由于编者水平有限，书中不妥之处在所难免，恳请读者批评指正。

编　者

目　录

项目一 曲柄连杆机构的构造与拆装

项目描述

曲柄连杆机构是发动机的重要组成部分，是发动机工作的主体，发动机上所有的部件都是以曲柄连杆机构为基体进行工作的。曲柄连杆机构的主要作用是将活塞的往复运动转变为曲轴的旋转运动，整个机构主要由气缸盖、气缸体、活塞、连杆、曲轴和飞轮等主要零部件组成。因此，本项目主要围绕曲柄连杆机构的构造与拆装进行学习和训练。

任务1 拆装气缸盖

学习目标

1. 知识目标

1）指出汽油发动机的构造。

2）说明四冲程汽油发动机的工作过程及其与柴油发动机的区别。

3）指出曲柄连杆机构的作用与组成。

4）指出气缸盖与气缸垫的作用。

5）了解曲轴连杆机构的发动机术语。

2. 技能目标

1）使用设备和工具，按工艺规范拆装气缸盖。

2）查阅维修资料，完成工作页。

3. 情感目标

1）遵守操作规则，保证质量。

2）遵守环保法规，保证安全。

任务描述

一辆桑塔纳2000GSi型轿车机油损耗异常，且气缸体侧有漏油现象，经检查发现气缸垫损坏而导致机油泄漏，应更换气缸垫。因此，需要掌握曲柄连杆机构中机体组的知识，制订工作计划，实施拆装气缸盖、更换新气缸垫的任务，并保证工作质量。

知识储备

发动机是将某种形式的能量转变为机械能的一种机械装置。汽车所采用的发动机绝大多数是内燃机，内燃机是燃料和空气的混合气（又称可燃混合气）在发动机内部燃烧的一种热动力机。内燃机每实现一次热功转换，都要经历一系列的工作过程，构成一个工作循环。同时根据所用燃料的不同，汽车发动机分为汽油机和柴油机。本项目主要内容是以汽油发动机为主。

一、汽油机的组成

汽车发动机的结构形式很多，即使是同一类型的发动机，其具体构造也有所不同。但就其总体结构而言，基本上都是由曲柄连杆机构、配气机构、燃油供给系统、润滑系统、冷却系统、点火系统（柴油机无此系统）和起动系统组成。桑塔纳2000GSi型轿车发动机总体结构，如图1-1所示。

二、四冲程发动机的工作过程

活塞在气缸内往复四个行程（相对于曲轴旋转两圈）完成一个工作循环的发动机，称为四冲程发动机。

1. 四冲程汽油机的工作过程

（1）进气行程　在进气行程中，进气门打开，排气门关闭，转动的曲轴带动活塞从上止点向下止点运动，气缸内容积增大，压力降低而形成真空，将可燃混合气吸入气缸，如图1-2所示。

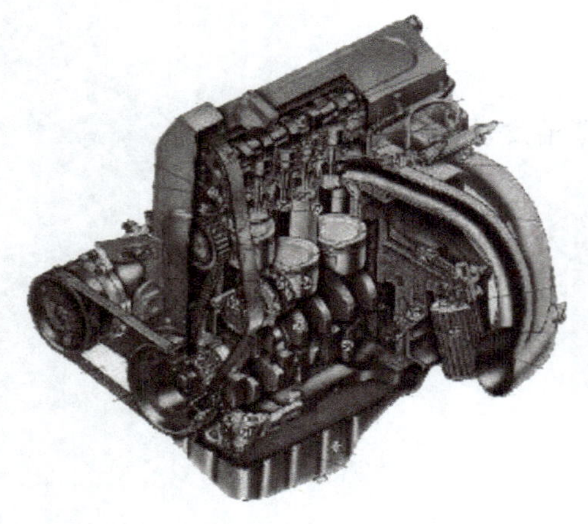

图1-1　桑塔纳2000GSi型轿车发动机总体结构

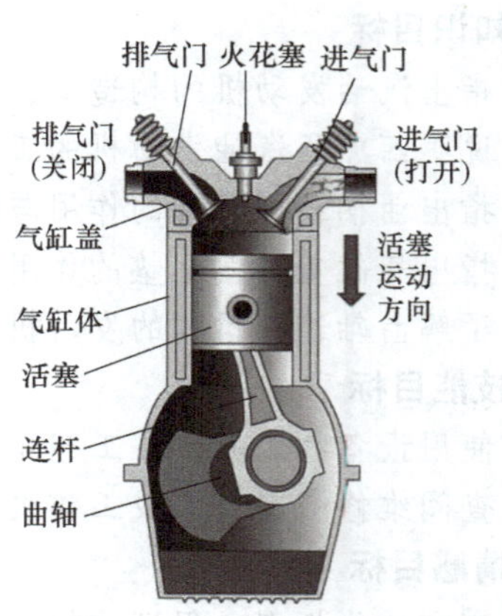

图1-2　进气行程

（2）压缩行程　进气行程终了时立即进入压缩行程。在压缩行程中，进、排气门均关闭，曲轴推动活塞由下止点向上止点移动，如图 1-3 所示。为了在混合气燃烧前对其进行压缩，以便发动机能发出更大的功率。

（3）做功行程　在压缩行程接近终了时，火花塞产生电火花点燃可燃混合气，此时进、排气门仍关闭。在混合气燃烧后产生的高温高压气体的作用力推动下，活塞向下止点运动，活塞的下移通过连杆使曲轴旋转运动，由此产生转矩而做功，如图 1-4 所示。发动机至此完成了一次将热能转变为机械能的过程。

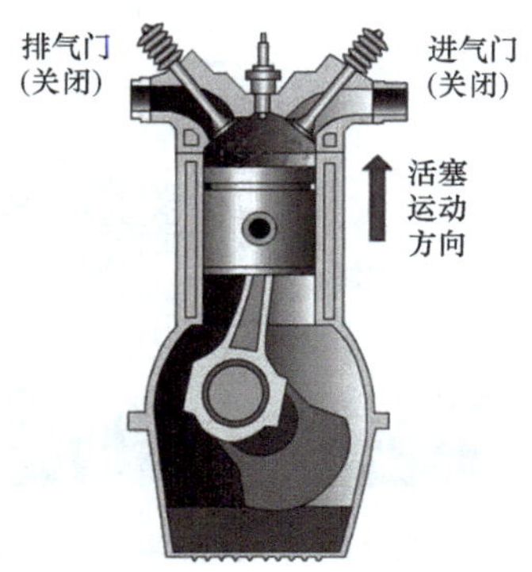

图 1-3　压缩行程

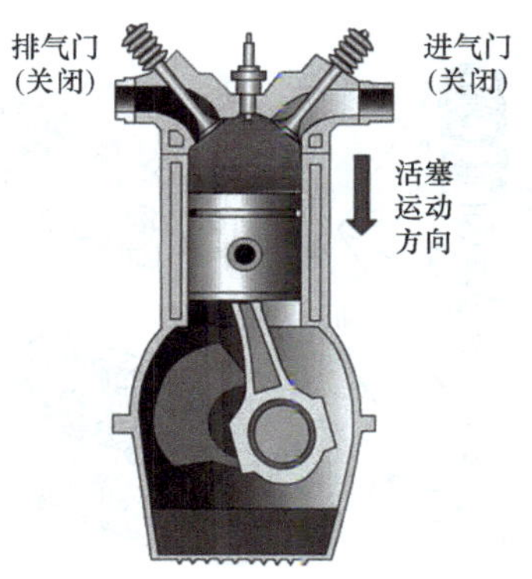

图 1-4　做功行程

（4）排气行程　当做功行程接近终了时，排气门打开，进气门仍关闭，因混合气燃烧后而产生的废气压力高于大气压而自动排出。活塞从下止点移动到上止点附近时，排气行程结束，如图 1-5 所示。

至此，发动机完成一个工作循环。

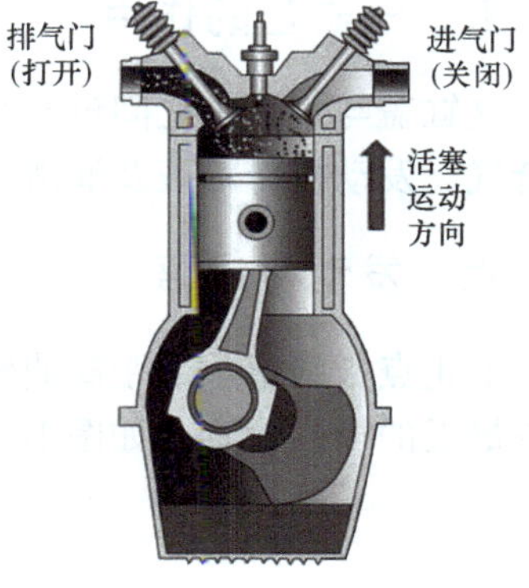

图 1-5　排气行程

2. 四冲程柴油机的工作过程

四冲程柴油机（压燃式发动机）的工作过程和汽油机一样，每个工作循环也经历进气、压缩、做功和排气四个行程。但由于柴油机用的燃料是柴油，其黏度比汽油大，不易蒸发，而其自燃温度却比汽油低。因此，可燃混合气的形成和点火方式都与汽油机不同。

1）汽油机的混合气一般是在气缸外部的进气歧管中形成的，而柴油机的混合气是在气缸内部形成的。柴油机在进气行程时，被吸入气缸内的是纯空气。

2）汽油机在压缩终了时，靠火花塞强制点火，而柴油机则是靠压燃。

三、曲柄连杆机构的作用及组成

曲柄连杆机构的作用是把可燃混合气作用在活塞顶上的力转变为曲轴的转矩，以输出机械能。

曲柄连杆机构的主要部件可以分为三组：机体组、活塞连杆组和曲轴飞轮组，如图 1-6 所示。

机体组主要由气缸盖、气缸体和油底壳等组成。

四、气缸盖的作用

气缸盖的主要作用是封闭气缸上部，并与活塞顶部和气缸壁一起形成燃烧室。气缸盖内部有冷却水套，其端面上的冷却液孔与气缸体的冷却液孔相通，以便利用循环冷却液来冷却燃烧室等高温部分。气缸盖上设有火花塞座孔，进、排气气门座和进、排气孔，如图 1-7 所示。

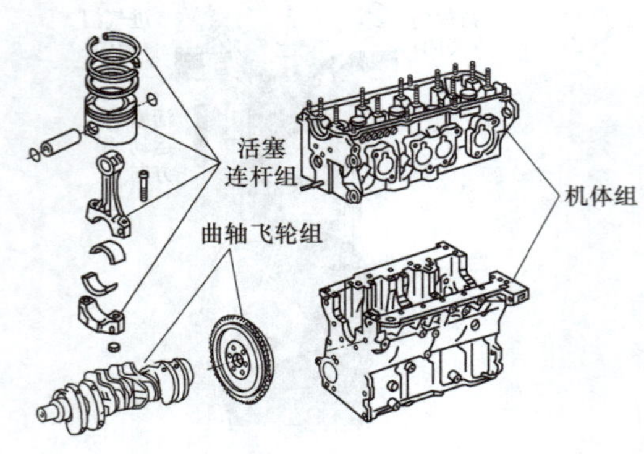

图 1-6 曲柄连杆机构的组成

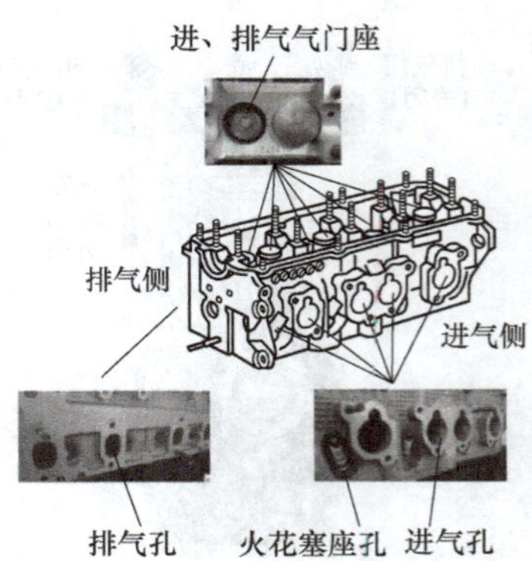

图 1-7 气缸盖

五、气缸垫的作用

气缸盖与气缸体之间设有气缸垫，以保证在气缸盖螺栓拧紧后气缸的密封，即防止可燃混合气、发动机冷却液及润滑油（机油）发生窜漏。气缸垫如图 1-8 所示。

六、发动机术语

上止点指活塞顶部距离曲轴旋转中心最远的极限位置。下止点指活塞顶部距离曲轴旋转中心最近的极限位置，如图 1-9 所示。

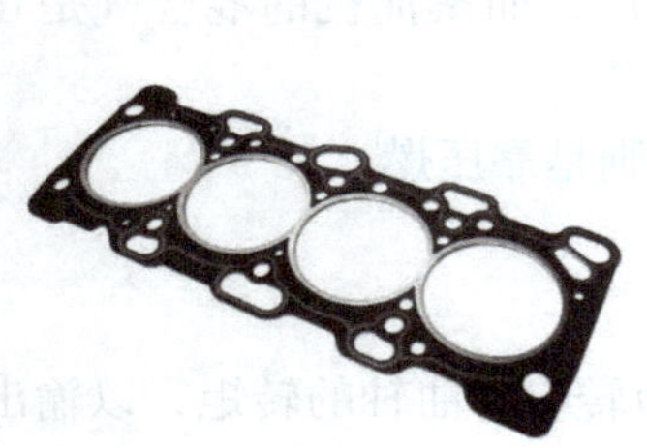

图 1-8 气缸垫

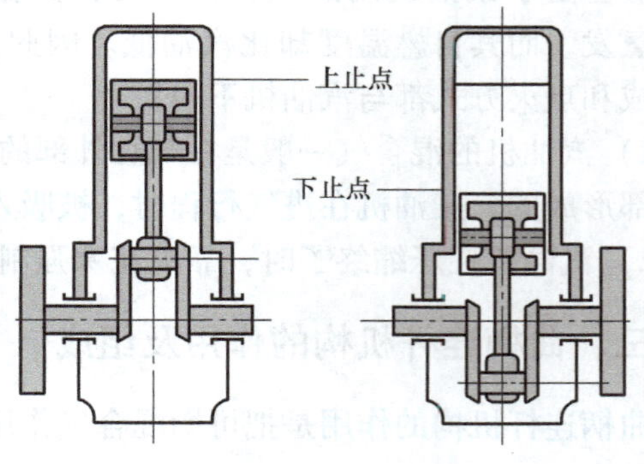

图 1-9 上、下止点示意图

任务实施

拆装气缸盖

桑塔纳 2000GSi 型轿车发动机（AJR 型发动机）的气缸盖通过 10 颗缸盖螺栓固定在气缸体上，在气缸盖与气缸体之间安装有气缸垫以保证在气缸盖螺栓拧紧后气缸的密封。以 AJR 型发动机机体组为例，介绍气缸盖的拆装和检查。

一、设备、工具和量具

AJR 型发动机拆装翻转台架、工具车、零件台、油盆、指针式扭力扳手、预置式扭力扳手、长双六角旋具套筒（M10）、双六角套筒（19mm）、弓形摇把、磁性吸棒、角度规、铲刀、常用工具套装、刀口尺和塞尺。

二、辅助材料

AJR 型发动机气缸盖螺栓、气缸垫、毛刷、汽油、压缩空气源及抹布。

三、技术参数

AJR 型发动机机体组的技术参数见表 1-1。

表 1-1　AJR 型发动机机体组技术参数

项　　目	技术参数
气缸盖螺栓拧紧力矩/N · m	40
气缸盖螺栓拧紧角度/(°)	180
气缸盖下平面平面度/mm	最大允许偏差：0.1
气缸体上平面平面度/mm	最大允许偏差：0.1

四、拆装步骤

1. 清洁作业场地（图 1-10）

1）使用抹布清洁零件台台面。

2）使用抹布清洁工具车桌面。

3）使用抹布清洁发动机拆装翻转架。

图 1-10　清洁作业场地

图 1-11 转动曲轴至第一缸上止点位置

2. 拆卸气缸盖

1）使用指针式扭力扳手和双六角套筒（19mm）顺时针转动曲轴至第一缸的上止点位置，如图 1-11 所示。

图 1-12 释放气缸盖螺栓紧固力矩

2）使用指针式扭力扳手和长双六角旋具套筒（M10）分两次释放气缸盖螺栓紧固力矩，如图 1-12 所示。

松开气缸盖螺栓

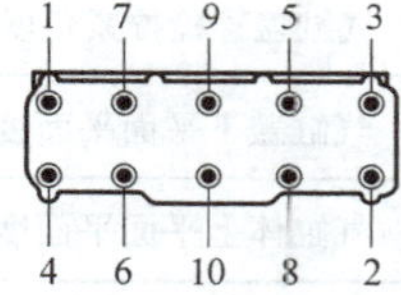

图 1-13 AJR 型发动机气缸盖螺栓拆卸顺序

AJR 型发动机气缸盖螺栓拆卸顺序如图 1-13所示。

图 1-14 拆卸气缸盖螺栓

3）使用弓形摇把和长双六角旋具套筒（M10），按照拆卸顺序拆下气缸盖螺栓，如图 1-14 所示。

图 1-15　吸出气缸盖螺栓

再用磁性吸棒将气缸盖螺栓吸出并按顺序排列在油盆内，如图 1-15 所示。

图 1-16　撬动气缸盖

4）使用头部包有保护胶布的一字螺钉旋具，撬动气缸盖，如图 1-16 所示。

图 1-17　放置气缸盖

5）取下气缸盖，并将其放置在垫有抹布的木块上，如图 1-17 所示。

6）取下气缸垫，并将其放置在零件台上。

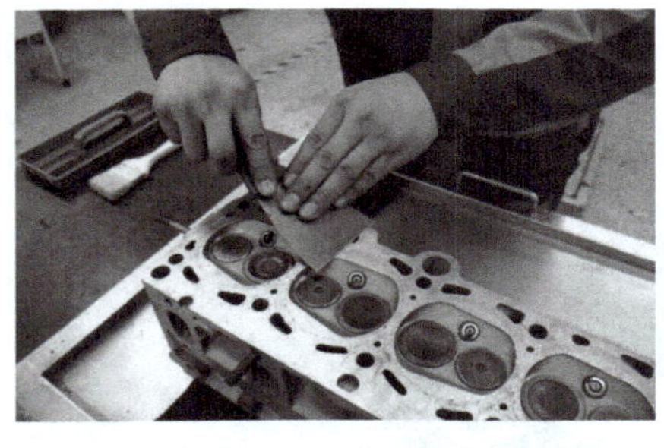
图 1-18　铲除气缸盖下平面气缸体上平面上残留的污物

3. 清洁零件

1）使用铲刀铲除气缸盖下平面与气缸体上平面上残留的污物，如图 1-18 所示。

2）使用汽油清洁气缸盖下平面和气缸体上平面，如图 1-19 所示。

图 1-19　使用汽油清洁气缸盖下平面和气缸体上平面

3）使用压缩空气吹净气缸盖下平面、气缸体上平面以及气缸体螺栓孔，如图 1-20 所示。

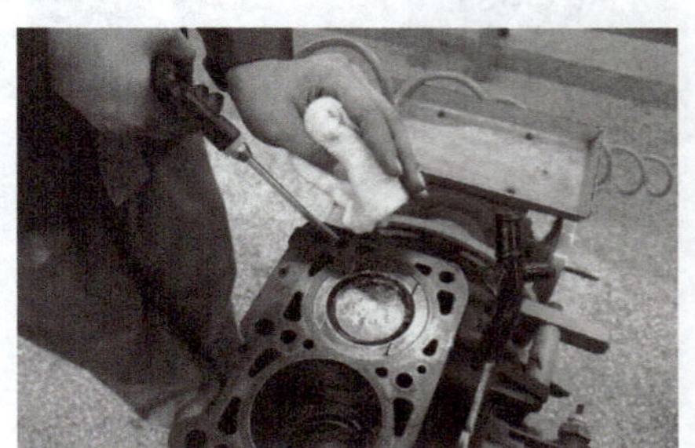

图 1-20　使用压缩空气吹净气缸盖下平面、气缸体上平面以及气缸体螺栓孔

4. 目视检查零部件状况

1）目视检查气缸垫状况，如图 1-21 所示。

2）目视检查气缸盖状况。

3）目视检查气缸体平面状况（定位销等）。

4）目视检查气缸盖螺栓状况。

图 1-21　目视检查气缸垫状况

5. 排除故障

经过目视检查，发现气缸垫损坏，导致气缸盖与气缸体连接处发生机油泄漏现象，更换新气缸垫后，故障排除。

6. 测量平面度

1）使用抹布清洁刀口尺（如图 1-22 所示）和塞尺。

测量平面度

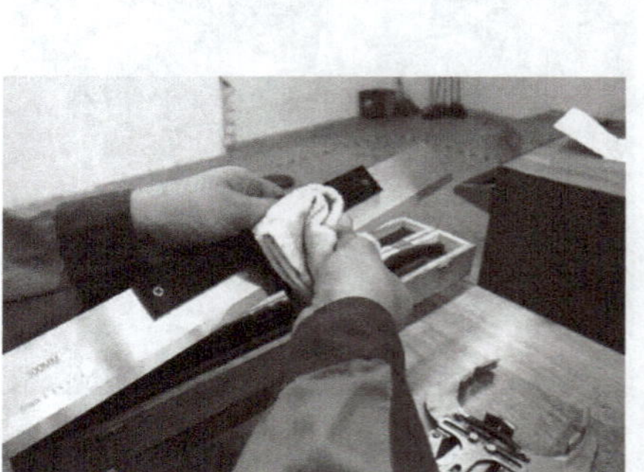

图 1-22　清洁刀口尺

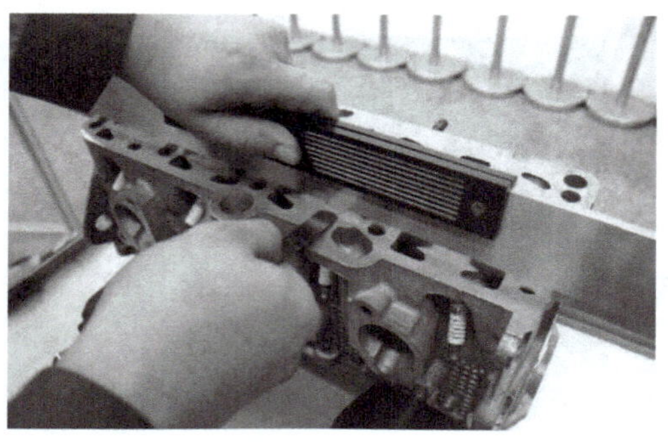

图 1-23　测量平面度

2）使用刀口尺和塞尺测量气缸盖下平面与气缸体上平面的平面度，如图 1-23 所示。

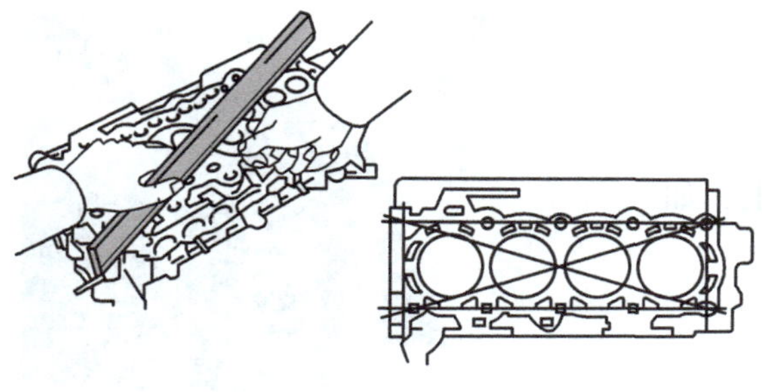

图 1-24　平面度测量位置

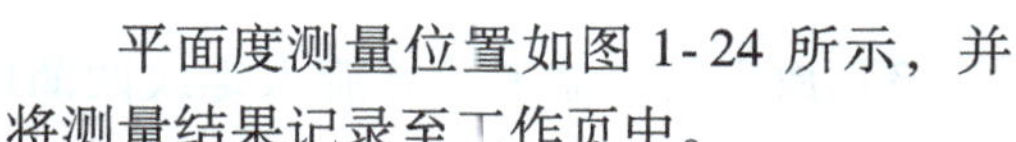

平面度测量位置如图 1-24 所示，并将测量结果记录至工作页中。

3）测量完毕后清洁被测部位。

4）使用抹布清洁刀口尺和塞尺。

图 1-25　气缸垫标记朝上

7. 安装气缸盖

1）确认新气缸垫的标记朝上，如图 1-25 所示。

图 1-26　放置气缸垫

确认新气缸垫正确放置在气缸体上，如图 1-26 所示。

2）将气缸盖放置在装有气缸垫的气缸体上，在放置过程中注意不要发生磕碰，如图 1-27所示。

图 1-27　放置气缸盖

3）放入气缸盖螺栓并旋入螺纹两圈以上，如图 1-28 所示。

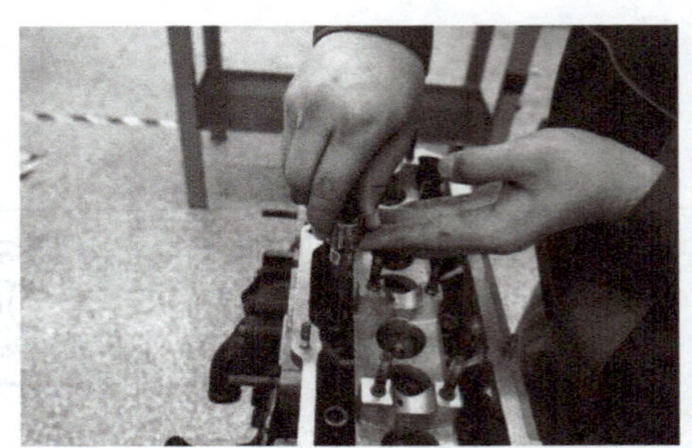

图 1-28　旋入气缸盖螺栓

4）使用弓形摇把和长双六角旋具套筒（M10），按照安装顺序预紧气缸盖螺栓，如图 1-29所示。

图 1-29　预紧气缸盖螺栓

5）使用预置式扭力扳手和长双六角旋具套筒（M10）紧固气缸盖螺栓至规定力矩，如图 1-30 所示。

气缸盖螺栓的紧固

图 1-30　紧固气缸盖螺栓至规定力矩

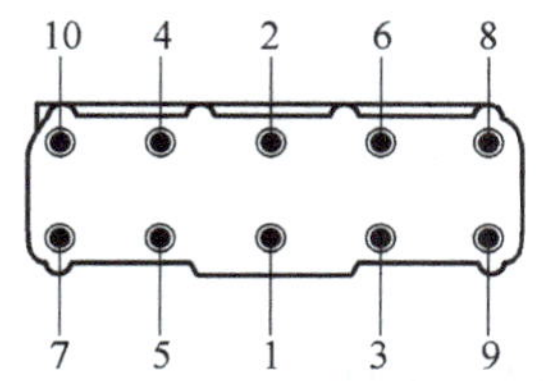

图 1-31　AJR 型发动机气缸盖螺栓紧固顺序

AJR 型发动机气缸盖螺栓紧固顺序如图 1-31 所示。

图 1-32　紧固气缸盖螺栓至规定角度

6）使用指针式扭力扳手、长双六角旋具套筒（M10）和角度规紧固气缸盖螺栓至规定角度，如图 1-32 所示。

气缸盖螺栓的紧固角度

图 1-33　清洁作业场地

8. 清洁作业场地

1）使用抹布清洁工具与量具。

2）使用抹布清洁工具车桌面和零件台台面。

3）使用抹布清洁发动机拆装翻转架。

4）使用拖把清洁作业场地，如图 1-33 所示。

五、质量保证

1）每次拆卸气缸盖后必须更换新的气缸盖螺栓、密封圈和气缸垫。

2）在拆卸和安装气缸盖螺栓时，必须严格按照维修手册上的拆卸与紧固顺序进行操作。

3）在紧固气缸盖螺栓时，必须严格按照维修手册上要求的紧固力矩和角度来紧固气缸盖螺栓。

4）在紧固气缸盖螺栓时，要确保气缸体上的气缸盖螺栓盲孔内没有机油或冷却液。

5）在安装之前才可以拆除气缸垫的包装，同时，安装气缸垫时要特别小心，防止损坏气缸垫导致机油和冷却液泄漏。

工作说明

1）拆卸气缸盖前，需要预先把相关电气元件的插接器脱开。

2）拆卸气缸盖前，需要预先把进气、排气歧管拆除。

3）拆卸气缸盖前，需要预先把正时带、凸轮轴和挺柱拆除。

4）操作完毕后需要把使用过的汽油和废旧零部件，按照环保要求处理。

拓展与提高

气缸盖内置排气歧管技术

气缸盖内置排气歧管的设计应用到四缸涡轮增压发动机上，能够提高发动机的工作性能。首先，排气歧管使用冷却液进行冷却，从排气管出来的气体温度会降低，那么涡轮增压器进气端的气体温度和压强也会降低，同时由于排气歧管内置，使得废气到达涡轮增压器的距离也缩短了，废气驱动涡轮增压器的能量也会更大，这样发动机的动力更充沛；其次，由于发动机的排气歧管集成于气缸盖内，同时，采用发动机冷却液冷却，冷却系统就多了一个热源，这样就能更快地实现暖机，使发动机更快地进入高效的工作状态；最后，在需要暖风时，现有的热水循环在辅助水泵的驱动下把热水从排气歧管中输送到热交换器中，从而更快地获得暖风，提高舒适性。

任务 2 拆装活塞

学习目标

1. 知识目标

1）指出活塞连杆组的组成及主要作用。

2）了解有关活塞连杆组的发动机术语。

2. 技能目标

1）使用设备和工具，按工艺规范拆装活塞连杆组。

2）使用量具，按照工艺规范测量活塞连杆组。

3）查阅维修资料，完成工作页。

3. 情感目标

1）遵守操作规则，保证质量。

2）遵守环保法规，保证安全。

任务描述

一辆桑塔纳 2000GSi 型轿车起动后排气管冒蓝烟，经检查发现由于活塞环损坏，造成烧机油，应更换活塞环。因此，需要掌握活塞连杆组的相关知识，制订工作计划，实施拆装活塞、完成更换活塞环的任务，并保证工作质量。

知识储备

活塞连杆组承受气缸中可燃混合气燃烧后产生的作用力，并将此力通过活塞销传给连杆，以推动曲轴旋转。

一、活塞连杆组的组成

活塞连杆组主要由活塞、活塞环、活塞销、连杆、连杆轴承盖和连杆轴承等零部件组成，如图 1-34 所示。

二、活塞

活塞的作用是与气缸盖、气缸体等共同组成燃烧室，承受气缸中气体压力所产生的作用力。活塞可分为顶部、头部和裙部三个部分，如图 1-35 所示。

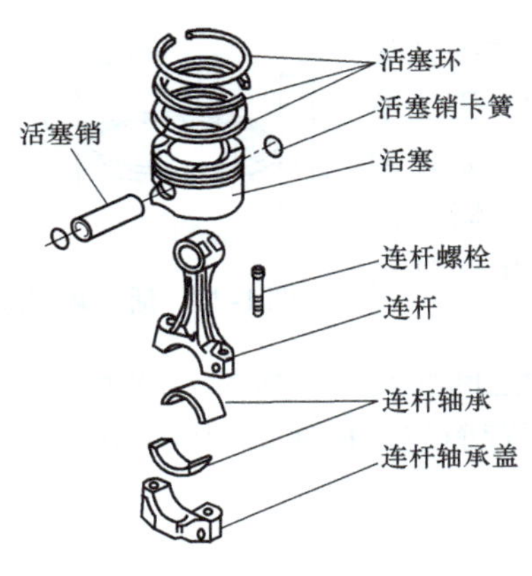

图 1-34　活塞连杆组

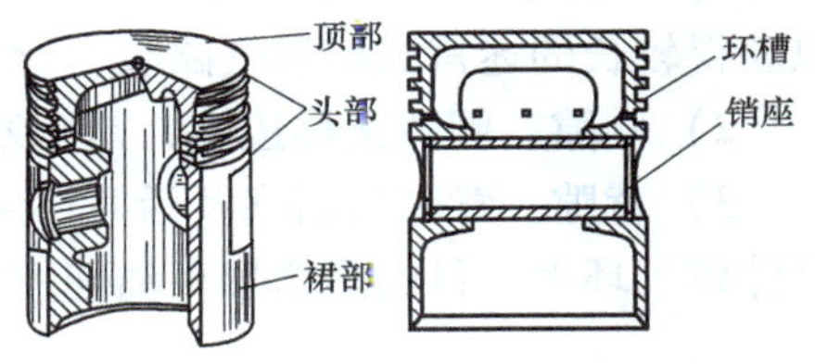

图 1-35　活塞的基本结构

1. 活塞顶部

活塞顶部是燃烧室的组成部分，用来承受气体压力。因此，活塞顶部的金属要有一定的厚度。

2. 活塞头部

活塞头部是包含活塞环槽的部分，其主要作用是安装活塞环；承受气体压力并传给连杆；与活塞环一起实现对气缸的密封；将活塞顶部所吸收的热量通过活塞环传给气缸壁。

3. 活塞裙部

活塞裙部是指自油环槽下端面起至活塞底面的部分，其作用是为活塞在气缸内作往复运动进行导向和承受侧压力。

三、活塞环

活塞环包括气环和油环两种，如图 1-36 所示。

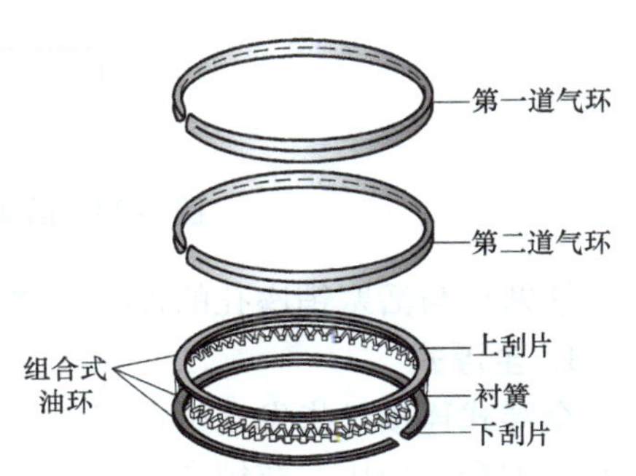

图 1-36　活塞环

1. 气环

气环也叫压缩环，其作用是保证活塞与气缸壁间的密封，防止气缸中的高温、高压可燃混合气大量漏入曲轴箱，同时还将活塞顶部的大部分热量传导到气缸壁，再由冷却液或空气带走。另外，还起到刮油、布油的辅助作用。轿车发动机的活塞一般设有两道气环。

2. 油环

汽车发动机采用的油环有整体式和组合式两种。目前，广泛应用的油环均为组合式油环。组合式油环由起刮油作用的上、下两个钢片（也称刮片）和产生径向、轴向弹力作用的衬簧组成。

3. 活塞环的三隙

发动机工作时，活塞和活塞环都会发生热膨胀。活塞环既要相对于气缸作往复运动，又要相对于活塞作横向移动。因此，活塞环在环槽内应留有三个间隙，即端隙、侧隙和背隙。

1）端隙。端隙又称开口间隙，是活塞环装入气缸内磨损量最小处的活塞环开口间隙，如图1-37所示。如果端隙过大，则会使漏气量增加；如果端隙过小，则活塞环受热后膨胀可使活塞环两端顶住，造成气缸壁擦伤或活塞环本身断裂。为了减小气体泄漏，装环时，各道环口应相互错开（可按维修手册要求错开开口），以获得较长的迷宫式的漏气路线，增加漏气阻力，减小漏气量。

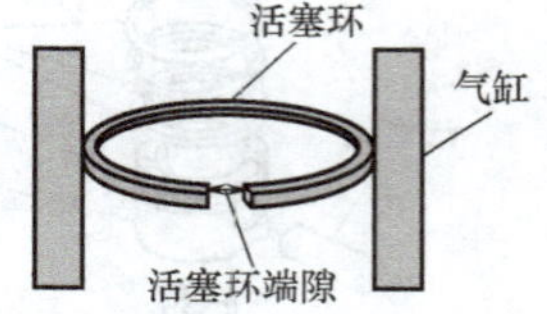

图1-37 活塞环端隙

2）侧隙。侧隙又称边隙，是活塞环高方向上与环槽之间的间隙，如图1-38所示。

3）背隙。背隙是活塞及活塞环装入气缸后，活塞环背面与环槽底部间的间隙，油环的背隙较气环大，目的是增加存油间隙，以利于减压泄油。

四、活塞销

活塞销的作用是连接活塞和连杆小端，将活塞承受的气体作用力传递给连杆，如图1-39所示。

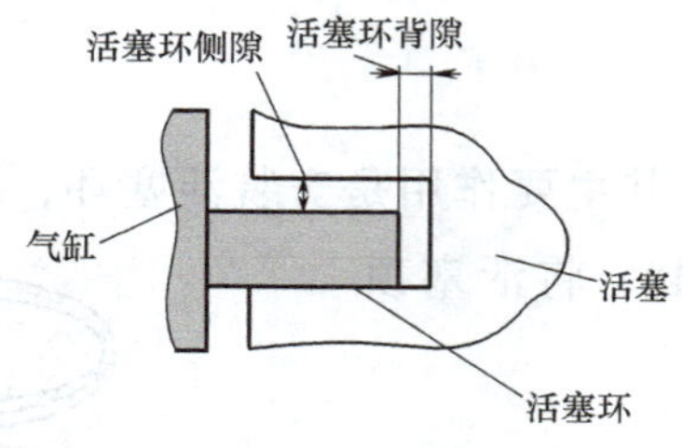

图1-38 活塞环侧隙与背隙

图1-39 活塞销

活塞销与活塞销座孔的连接方式有两种，即全浮式和半浮式。

1. 全浮式

全浮式连接是指发动机在正常工作温度时，活塞销在连杆小端的衬套孔和活塞销座孔均为间隙配合，使用活塞销卡簧对活塞销进行轴向定位，如图1-40所示。

2. 半浮式

半浮式连接是指活塞销与活塞销座孔或连杆小端两处，一处固定，一处浮动（即间隙配合），如图1-41所示。这种连接方式的销座孔内无卡簧，连杆小端处无衬套。

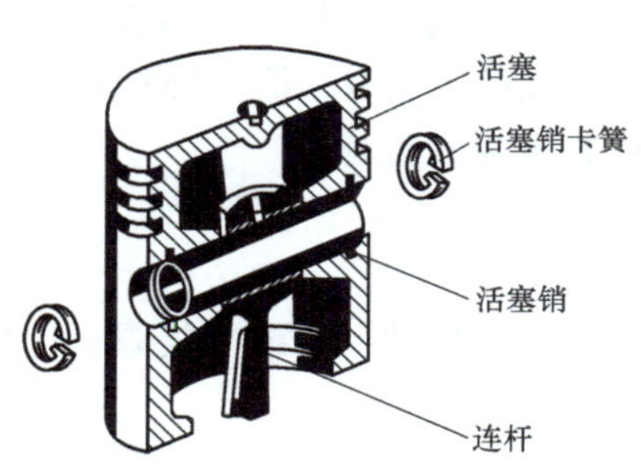

图1-40　全浮式活塞销连接

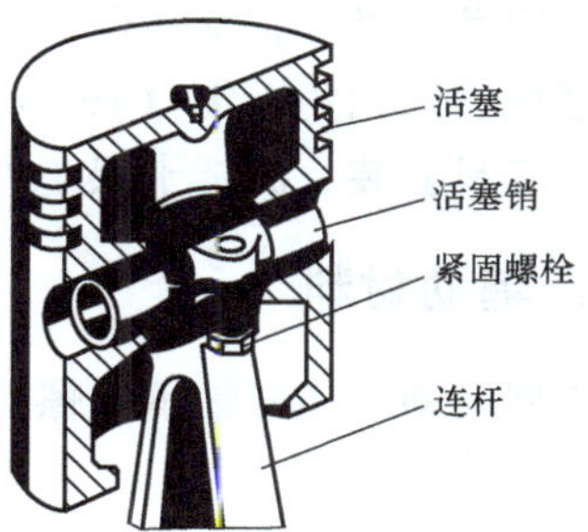

图1-41　半浮式活塞销连接

五、连杆

连杆的作用是将活塞承受的力传递给曲轴，并使活塞的往复运动转变为曲轴的旋转运动。

连杆由小端、杆身和大端（包括连杆轴承盖）三部分组成，如图1-42所示。连杆小端通过活塞销与活塞相连，连杆大端通过连杆轴承与曲轴相连。

六、活塞行程

活塞行程（S）指活塞从一个止点到另一个止点移动的距离，即上、下止点之间的距离，如图1-43所示。

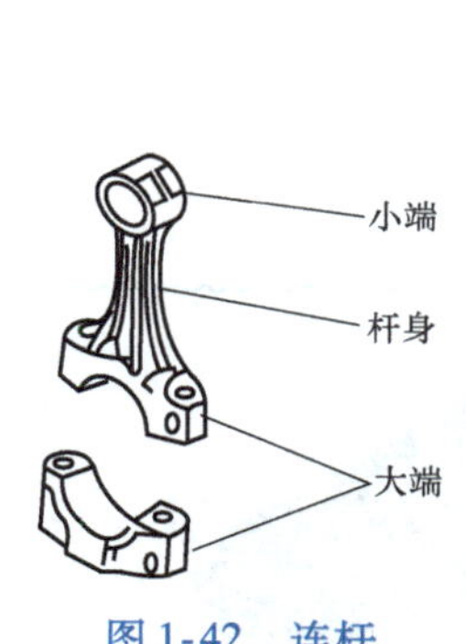

图1-42　连杆

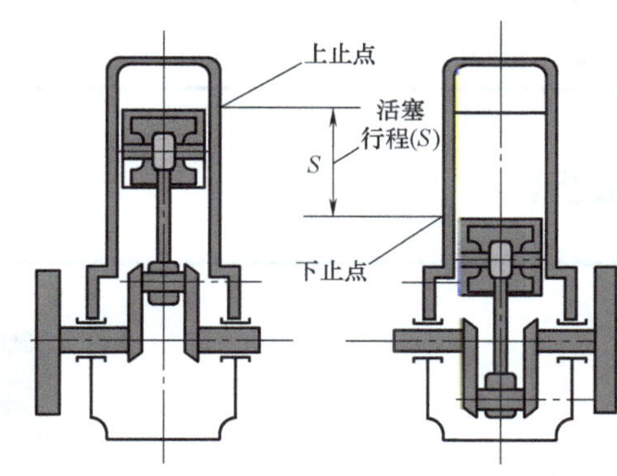

图1-43　活塞行程示意图

任务实施

拆装活塞

桑塔纳2000GSi型轿车发动机（AJR型发动机）活塞的顶部是凹顶型，可以减少往复惯性，改善混合气的形成和燃烧，活塞环由两道气环和一道组合式油环组成。下面以AJR型发动机活塞连杆组为例，介绍活塞连杆组的拆装。

一、设备、工具和量具

AJR 型发动机拆装翻转台架、工具车、零件台、油盆、指针式扭力扳手、预置式扭力扳手、角度规、双六角套筒（19mm）、双六角套筒（E10）、活塞环卡钳、活塞环抱箍、橡胶锤、常用工具套装、游标卡尺、外径千分尺（75～100mm）和塞尺。

二、辅助材料

AJR 型发动机连杆轴承盖螺栓、活塞环、连杆轴承、汽油、机油、压缩空气源、记号笔及抹布。

三、技术参数

AJR 型发动机活塞连杆组的技术参数见表 1-2。

表 1-2　AJR 型发动机活塞连杆组技术参数

项　目	技术参数
连杆螺栓拧紧力矩/N·m	30
连杆螺栓拧紧角度/(°)	90
活塞直径/mm	80.56～80.96
第一道气环端隙/mm	0.20～0.40
第一道气环侧隙/mm	0.06～0.09
第二道气环端隙/mm	0.20～0.40
第二道气环侧隙/mm	0.06～0.09

四、拆装步骤

1. 拆卸活塞连杆组

1）使用指针式扭力扳手和双六角套筒（19mm）顺时针转动曲轴，将待拆活塞连杆组移动至下止点位置，如图 1-44 所示。

图 1-44　转动曲轴至下止点位置

图 1-45　释放连杆轴承盖螺栓紧固力矩

2）使用指针式扭力扳手和双六角套筒（E10）分两次交替释放连杆轴承盖螺栓紧固力矩，如图 1-45所示。

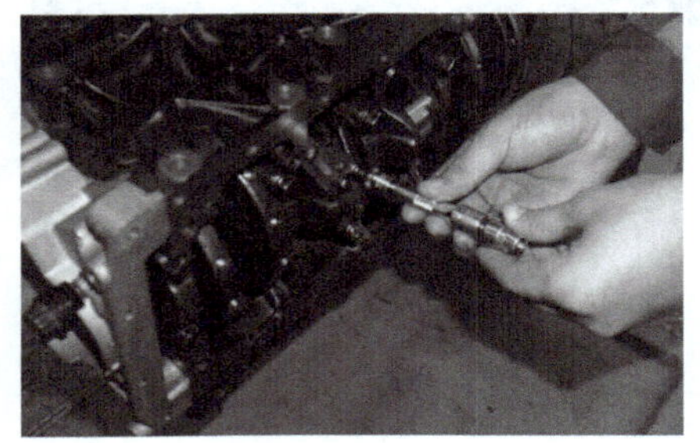
图 1-46　拆下连杆轴承盖螺栓

3）使用双六角套筒（E10）拆下连杆轴承盖螺栓，如图 1-46 所示。

图 1-47　顶出活塞连杆组

4）使用橡胶锤将活塞连杆组从气缸体中顶出，如图 1-47 所示。

图 1-48　拆下气环

5）使用活塞环卡钳拆下第一道气环和第二道气环，如图 1-48 所示。

拆卸气环

6）拆下油环，由于 AJR 型发动机采用的是组合式油环，因此，先拆两个刮片，再拆衬簧，如图 1-49 所示。

图 1-49　拆下油环

7）从连杆大端和连杆轴承盖上拆下连杆轴承，如图 1-50 所示。

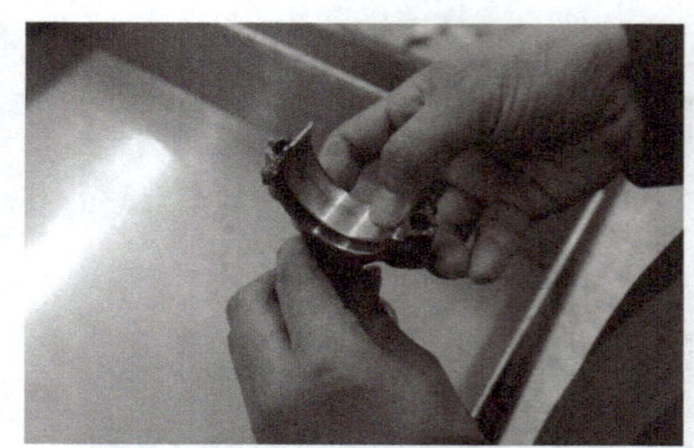

图 1-50　拆下连杆轴承

8）使用记号笔将拆下的活塞连杆组的零件按照对应气缸进行标记，同时需要在活塞头部标记朝前标志，如图 1-51 所示。

9）拆下活塞连杆组，并成套放置已拆下的活塞连杆组零件。

图 1-51　做标记

2. 清洁零件（图 1-52）

1）使用铲刀铲除活塞顶部和活塞环槽内的积炭。

2）使用汽油清洁活塞连杆组零部件。

3）使用压缩空气吹净活塞连杆组零部件。

图 1-52　清洁活塞连杆组零部件

图 1-53　目视检查连杆状态

3. 目视检查零件状况

1）目视检查连杆状态，如图 1-53 所示。

2）目视检查活塞状况。

3）目视检查连杆轴承状况。

4. 测量活塞连杆组

（1）测量活塞裙部直径

1）清洁千分尺和游标卡尺。

图 1-54　标记测量位置

2）使用游标卡尺和记号笔在活塞下缘离裙边约 10mm 处做标记，如图 1-54 所示。使用游标卡尺前需校零。

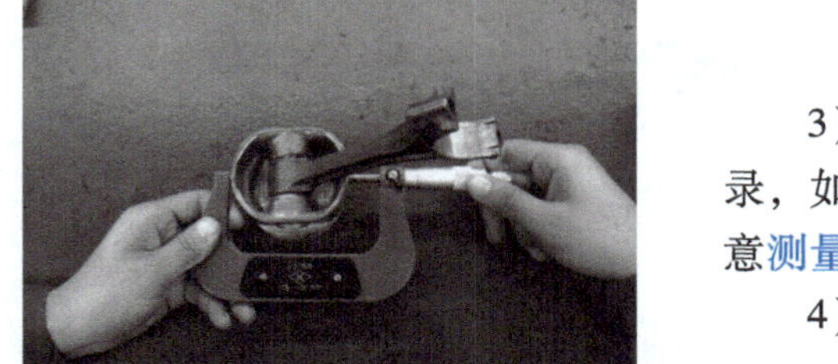
图 1-55　测量活塞裙部直径

3）使用千分尺对照标记测量活塞裙部直径并记录，如图 1-55 所示。使用千分尺前需校零，同时注意测量部位还需与活塞销保持垂直。

4）清洁量具和被测零部件。

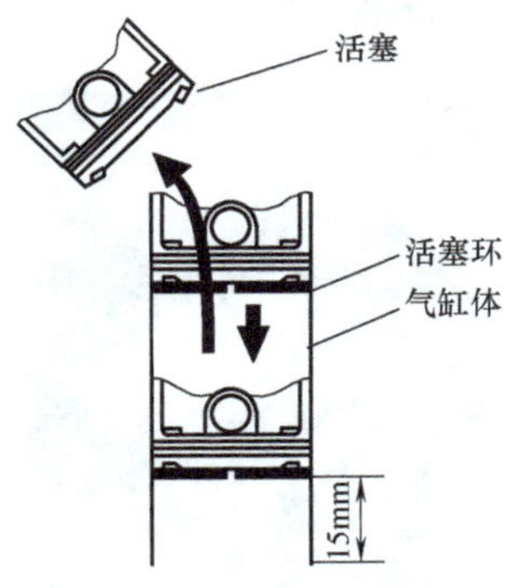

图 1-56　活塞环压入位置

测量活塞环端隙

（2）测量活塞环端隙

1）清洁塞尺。

2）使用活塞将活塞环从气缸体上端压入气缸至距气缸边缘约 15mm 处，如图 1-56 所示。注意活塞环“top”标记朝上。

3）使用塞尺测量活塞环端隙并记录，如图 1-57 所示。

4）清洁量具和被测零部件。

（3）活塞环侧隙测量

1）清洁塞尺。

测量活塞环侧隙

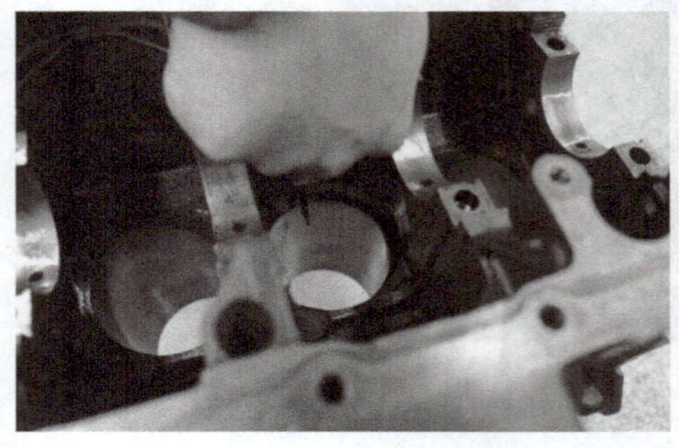

图 1-57 测量活塞环端隙

2）将活塞环放入相应的活塞环槽内，使用塞尺测量活塞环侧隙并记录，如图 1-58 所示。测量一道环侧隙需按圆周方向至少测量三个位置。

3）清洁量具和被测零部件。

5. 排除故障

经过测量，发现活塞环磨损超过极限值，导致发动机烧机油冒蓝烟现象，更换新活塞环后，故障排除。

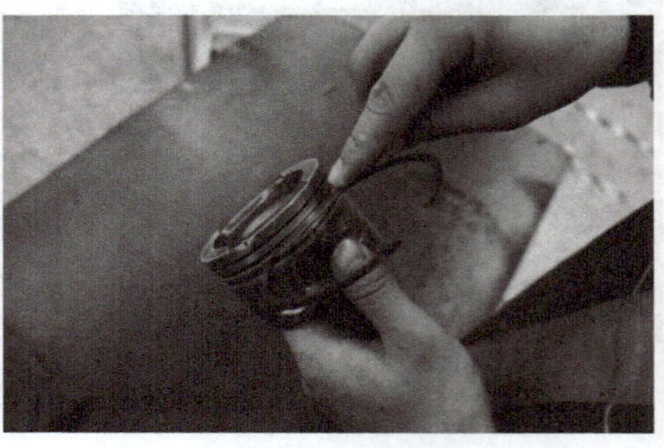

图 1-58 测量活塞环侧隙

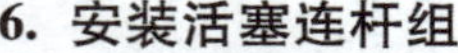

6. 安装活塞连杆组

1）将新的连杆轴承安装至连杆大端与连杆轴承盖中，如图 1-59 所示。

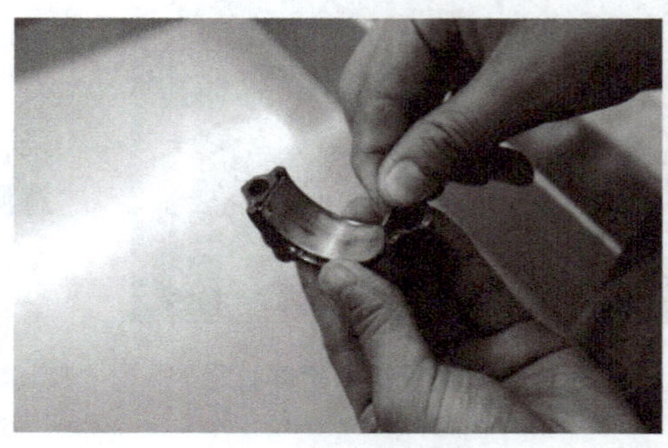

图 1-59 安装连杆轴承

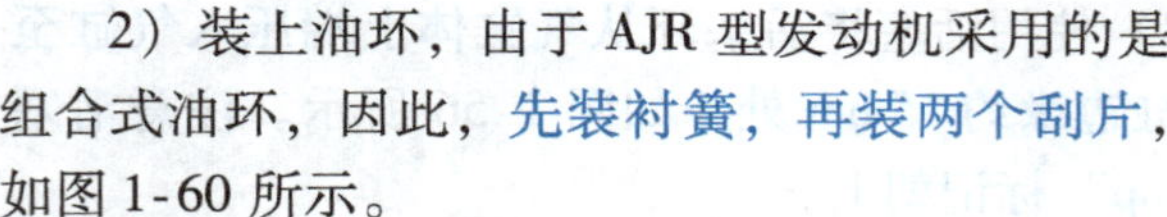

2）装上油环，由于 AJR 型发动机采用的是组合式油环，因此，先装衬簧，再装两个刮片，如图 1-60 所示。

图 1-60 安装油环

图 1-61　安装气环

3）使用活塞环卡钳安装第二道气环和第一道气环，如图 1-61 所示。注意活塞环“top”标记朝上。

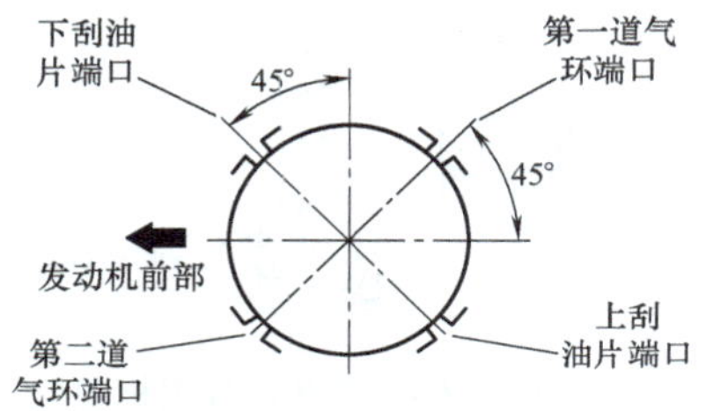

图 1-62　活塞环端口布置要求

4）调整活塞环端口方向至规定要求，如图 1-62 所示。

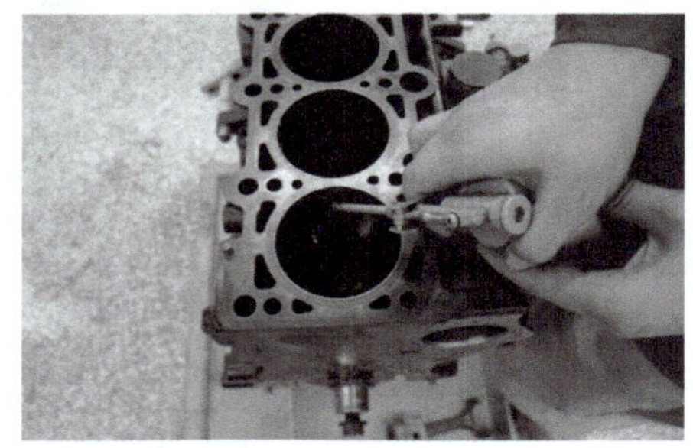
图 1-63　润滑气缸内壁

5）使用机油润滑气缸内壁和连杆轴承内表面并涂抹均匀，如图 1-63 所示。

图 1-64　润滑活塞抱箍内壁

6）使用机油润滑活塞抱箍内壁并涂抹均匀，如图 1-64 所示。

7）将已装有活塞环的活塞连杆组装入活塞抱箍，并拧紧活塞抱箍至没有间隙，如图1-65所示。

图1-65 抱紧活塞连杆组

8）确认即将安装的活塞连杆组的标记，并在后续安装活塞连杆组的过程中严格按照标记进行安装，如图1-66所示。

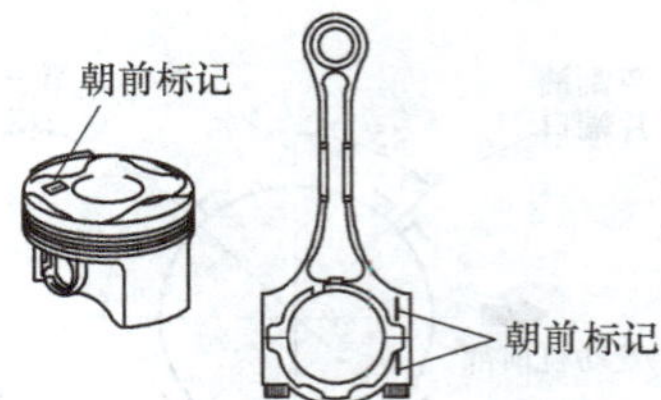

图1-66 活塞连杆组标记

9）转动曲轴至下止点，将已被活塞抱箍抱紧的活塞连杆组装入对应的气缸，再使用橡胶锤将活塞抱箍上缘敲平，如图1-67所示。

提示：一定要按照活塞连杆组朝前标记装入气缸。

图1-67 敲平活塞抱箍上缘

最后使用橡胶锤手柄将活塞装入气缸，如图1-68所示。

图1-68 将活塞装入气缸

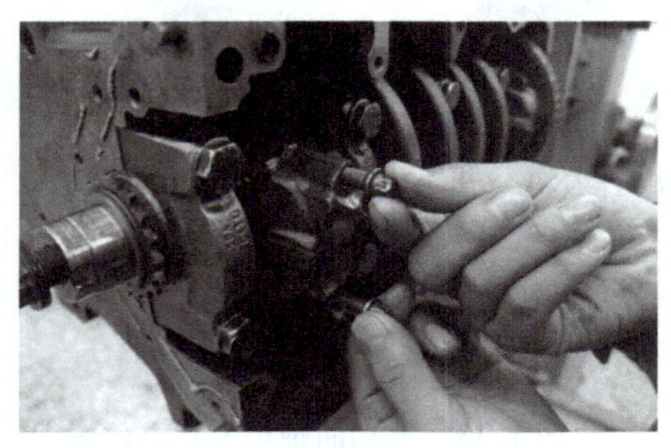
图 1-69　旋入连杆轴承盖螺栓

10）按标记将已装有连杆轴承的连杆轴承盖与连杆进行配对后用手将新的连杆轴承盖螺栓旋入两圈以上螺纹，如图 1-69 所示。

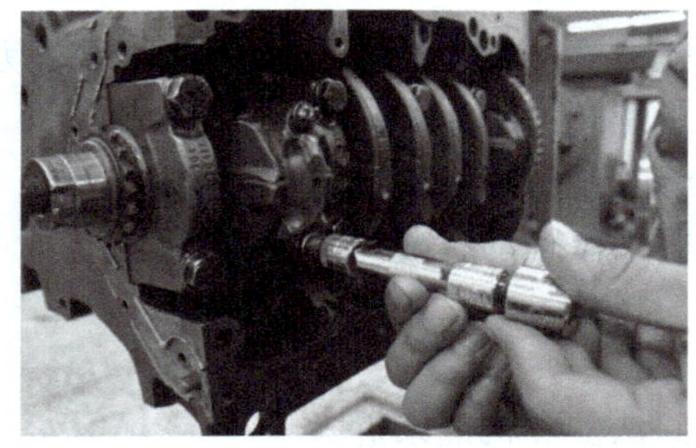
图 1-70　预紧连杆轴承盖螺栓

11）使用双六角套筒（E10）和短接杆交替预紧连杆轴承盖螺栓，如图 1-70 所示。

图 1-71　拧紧连杆轴承盖螺栓至规定力矩

12）使用预置式扭力扳手和双六角套筒（E10）交替拧紧连杆轴承盖螺栓至规定力矩，如图 1-71 所示。

图 1-72　拧紧气缸盖螺栓至规定角度

13）使用指针式扭力扳手、双六角套筒（E10）和角度规拧紧气缸盖螺栓至规定角度，如图 1-72 所示。

14）使用指针式扭力扳手和双六角套筒（19mm）顺时针转动曲轴，将活塞连杆组移动至上止点位置，如图1-73所示。

图1-73 转动曲轴至上止点位置

五、质量保证

1）每次拆卸活塞连杆组后，必须更换新的连杆轴承盖螺栓。按照维修手册上要求的紧固力矩和角度来拧紧连杆轴承盖螺栓。在紧固前要确保连杆上的螺栓盲孔内没有机油或其他液体。

2）在拆卸和安装活塞连杆组时，必须严格按照维修手册和零部件上的标记进行操作。

3）每安装完一个活塞连杆组后，需要转动曲轴观察活塞运动状况和曲轴转动阻力。

工作说明

1）拆卸活塞连杆组前，需要预先把油底壳、前密封法兰和机油泵拆除。

2）拆装活塞连杆组前，需要预先将待拆活塞连杆组转动至下止点位置。

3）操作完毕后，需要把使用过的汽油和废旧零部件，按照环保要求处理。

拓展与提高

活塞陶瓷化处理技术

陶瓷绝热活塞就是顶部喷涂陶瓷绝热材料和压铸陶瓷纤维的活塞。美国Cummin公司曾试验顶部喷陶瓷绝缘材料的绝热活塞，即在陶瓷顶和铝合金体中间用一块表面粗糙的薄型金属盘隔开，然后把三者用螺栓拧在一起。这种绝热活塞顶，可以使燃烧过程中产生的热损失大为减少，从而大大提高了发动机的热效率。美国福特汽车公司研制出了塑料活塞裙部和常规的铝合金活塞头部连接起来的组合活塞，以减轻活塞的质量。另外，还有等离子喷涂陶瓷技术及俄罗斯发明的微弧陶瓷化处理技术，都可以应用于活塞顶部陶瓷化处理。总之，随着发动机功率的不断提高，人们越来越重视陶瓷化处理技术，其原因是采用陶瓷化处理后，允许的工作温度可显著的提高，从而提高热效率，降低尾气排放。

任务3 检查气缸体

学习目标

1. 知识目标

1）指出气缸体和油底壳的作用。

2）了解气缸体的种类和气缸套的种类。

3）了解有关气缸体的发动机术语。

2. 技能目标

1）使用设备和工具，按工艺规范检查气缸体。

2）查阅维修资料，完成工作页。

3. 情感目标

1）遵守操作规则，保证质量。

2）遵守环保法规，保证安全。

任务描述

一辆桑塔纳2000GSi型轿车怠速不稳且加速无力，使用气缸压力表进行缸压检查后，第三缸压力偏低，经检查发现该缸活塞连杆组和配气机构状态均正常，应需进一步确定气缸参数是否正常。因此，需要掌握气缸体的相关知识，制订工作计划，实施测量气缸参数的任务，并保证工作质量。

知识储备

水冷发动机的气缸体和曲轴箱常铸成一体，可称为气缸体—曲轴箱，也可简称为气缸体。

一、气缸体的构造

气缸体是承载发动机上其他机械机构的一个重要零部件，如图1-74所示。气缸体上半部是能容纳活塞在其中运动导向的圆柱形空腔，称为气缸。气缸体下半部的上曲轴箱内腔为曲轴运动的空间。气缸体内还制有油道和冷却水道。气缸体的上、下两个平面用来安装气缸盖和下曲轴箱（也称油底壳），这两个平面是修理气缸时的加工基准。

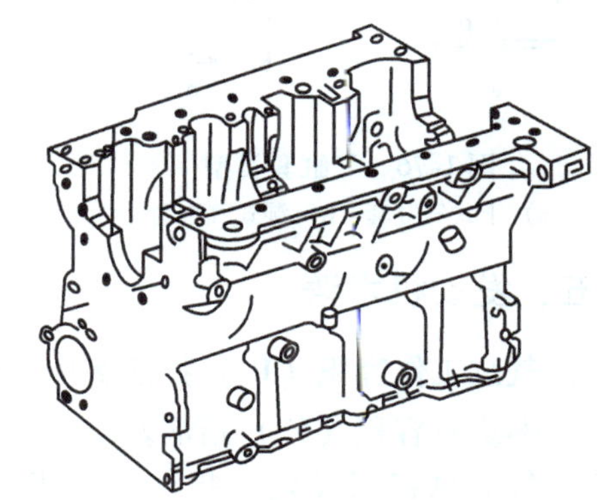
图1-74　桑塔纳2000GSi型轿车发动机气缸体

二、气缸体的排列形式

气缸体排列形式一般分为单列式、双列式和对置式。按气缸体的排列形式、发动机相应地分为单列式发动机、双列式发动机和对置式发动机。

单列式（直列式）发动机的各个气缸排成一列，一般是垂直布置的。双列式发动机的左右两列气缸中心线的夹角 $\gamma<180°$，称为V形发动机；当 $\gamma=180°$，称为对置式发动机，如图1-75所示。

三、气缸套的种类

有的气缸体配有气缸套，气缸套有干式气缸套和湿式气缸套两种，如图1-76所示。冷却液不与气缸套直接接触的称为干式气缸套；冷却液与气缸套直接接触的称为湿式

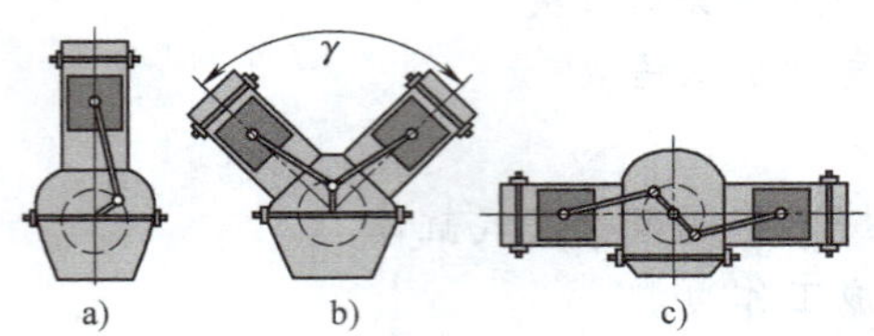

图 1-75 气缸体排列形式

a）单列式（直列式）发动机 b）V 形发动机 c）对置式发动机

气缸套。

四、油底壳的作用

油底壳用来封闭机体的下部和储存机油。汽车发动机的油底壳大部分是用薄钢板冲压而成的，通过螺栓紧固在曲轴箱底面上，其间有密封圈或涂密封胶以防止漏油。油底壳总成如图 1-77 所示。

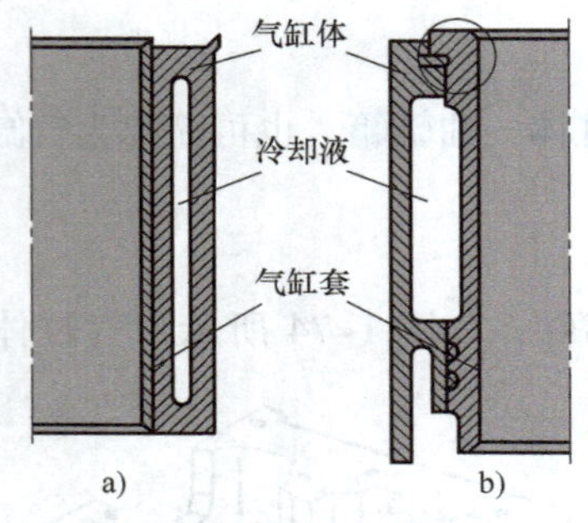

图 1-76 气缸套类型

a）干式气缸套 b）湿式气缸套

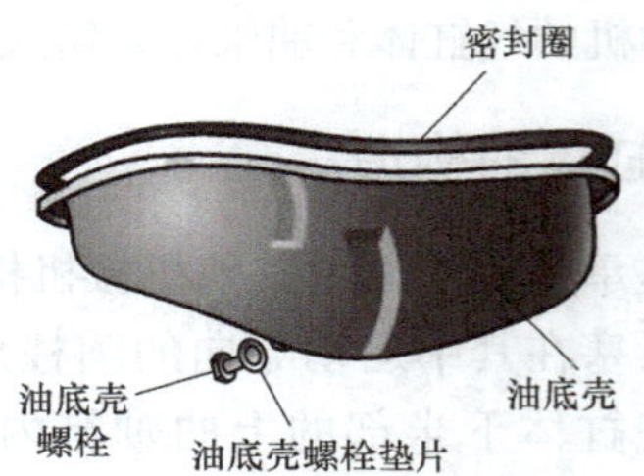

图 1-77 油底壳总成

五、发动机术语

1）气缸工作容积（V_h）指活塞从上止点运动到下止点所扫过的容积。

2）燃烧室容积（V_c）指活塞位于上止点时，其顶部与气缸盖之间的容积。

3）气缸总容积（V_a）指活塞位于下止点时，其顶部与气缸盖之间的容积，也就是气缸工作容积和燃烧室容积之和。

4）发动机排量（V_L）指多缸发动机各气缸工作容积的总和，也就是气缸工作容积与发动机气缸数之积。

5）压缩比（ε）指气缸总容积与燃烧室容积之比。

气缸容积示意如图 1-78 所示。

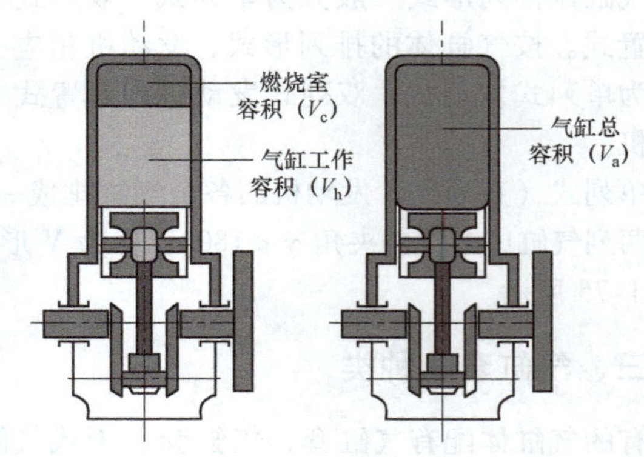

图 1-78 气缸容积示意图

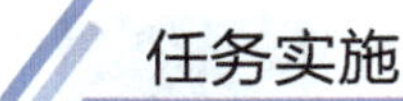

任务实施

检查气缸体

桑塔纳2000GSi型轿车装备的AJR型发动机的气缸体为四缸直列、水冷、无缸套、全支承（有五个主轴颈）、龙门式（曲轴轴线在气缸体下平面之上）结构，用合金铸铁铸造而成。气缸体上下平面、前后端面和两侧的安装平面都进行了加厚并增设了加强肋。下面以AJR型发动机气缸体为例，介绍气缸体的检查。

一、设备和量具

AJR型发动机拆装翻转台架、游标卡尺、外径千分尺和量缸表。

二、辅助材料

台虎钳、抹布。

三、技术参数

AJR型发动机气缸体的技术参数见表1-3。

表1-3　AJR型发动机气缸体的技术参数

项　　目	技术参数
气缸直径/mm	81.01
气缸直径偏差/mm	最大允许偏差：0.08
圆度误差/mm	最大允许误差：0.005
圆柱度误差/mm	最大允许误差：0.005

四、拆装步骤

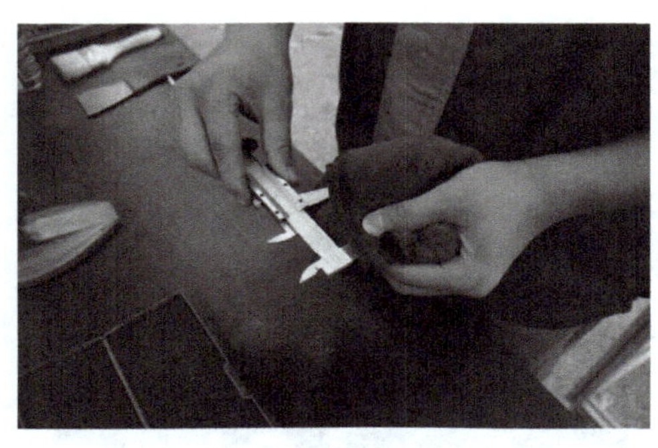

图1-79　清洁游标卡尺

1. 清洁量具

1）清洁游标卡尺，如图1-79所示。

2）清洁外径千分尺。

3）清洁量缸表。

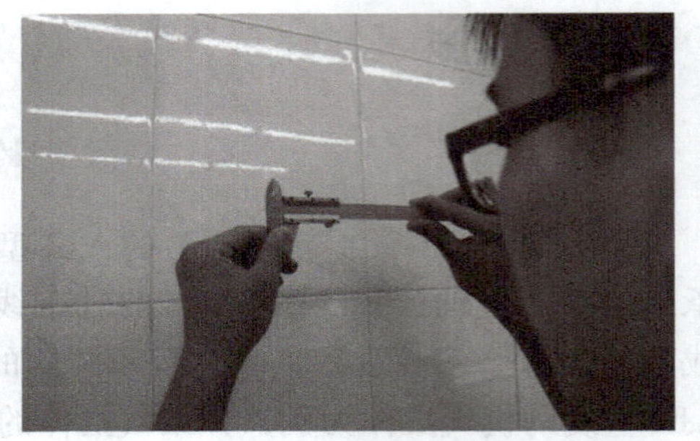

图 1-80 游标卡尺校零

2. 量具校零

1）游标卡尺校零，如图 1-80 所示。

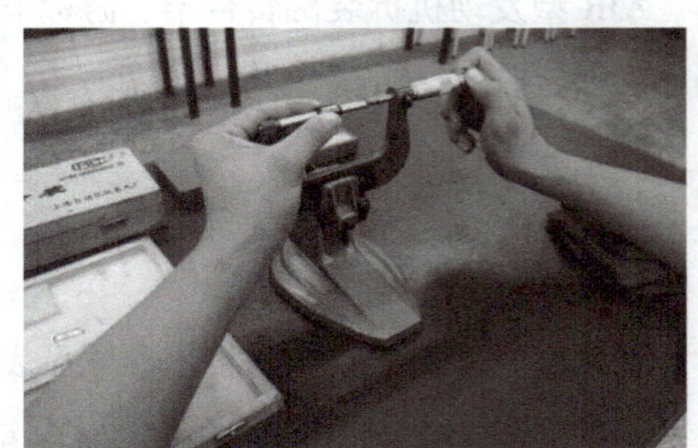

图 1-81 外径千分尺校零

2）外径千分尺校零，如图 1-81 所示。

3）根据维修数据和游标卡尺实测的气缸直径，选择合适的量缸表量杆并对量缸表校零，如图 1-82 所示。

图 1-82 量缸表校零

量缸表校零

图 1-83 检查气缸体状况

3. 目视检查零件状况

1）目视检查气缸体状况，如图 1-83 所示。

2）目视检查气缸磨损状况。

图 1-84　清洁气缸内壁

4. 测量气缸

1）使用抹布清洁被测气缸内壁，如图 1-84 所示。

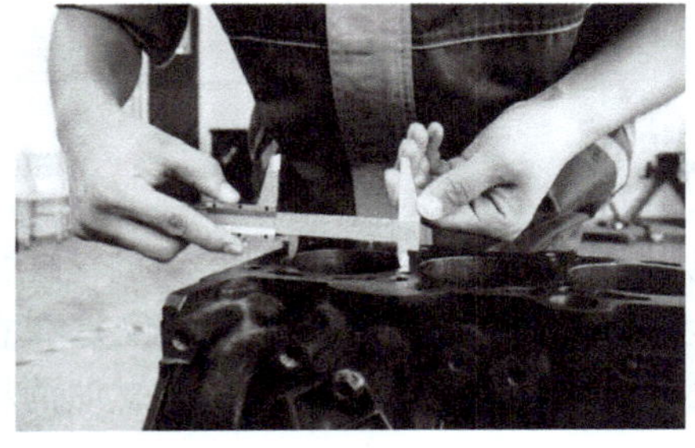
图 1-85　使用游标卡尺测量气缸直径

2）使用游标卡尺在纵向和横向位置测量气缸直径并记录，如图 1-85 所示。

测量气缸直径

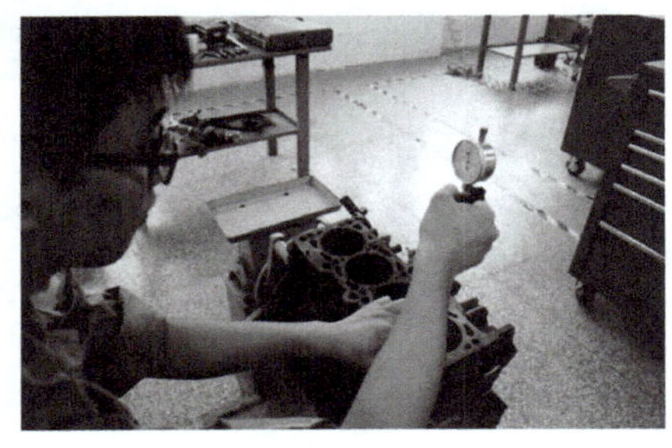
图 1-86　使用量缸表测量气缸直径

3）使用量缸表测量气缸直径，如图 1-86 所示。

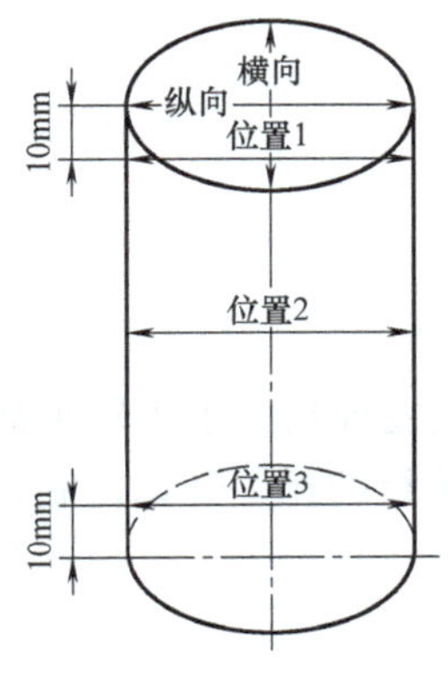

图 1-87　气缸直径测量位置

检查时应在上中下三个位置上，进行横向和纵向垂直测量并记录，如图 1-87 所示。

计算气缸圆度和圆柱度并记录。

圆度误差 =（同一截面最大直径 - 最小直径）/2

圆柱度误差 =（不同截面最大直径 - 最小直径）/2

5. 排除故障

经过对气缸直径的测量，发现检查结果与标准尺寸的偏差为 0.10mm，已经超过最大偏差 0.08mm。因此，需要更换新的气缸体。

五、质量保证

1）测量气缸直径前需对游标卡尺、外径千分尺和量缸表进行检查，以提高测量数据的精确性。

2）测量气缸直径前，需对被测气缸进行清洁，以提高测量数据的精确性。

工作说明

1）测量前需对气缸进行目视检查，排除气缸体划痕的可能。

2）测量前需要拆除发动机所有外围部件。

拓展与提高

主动气缸管理技术

主动气缸管理的最终目标是节油与环保，在发动机起动时，车辆只会启用发动机气缸数的一半气缸进行工作，当踩下加速踏板时，其余气缸才会加入工作。其实，不仅仅是在怠速，当发动机处于匀速或低负荷的时候，一半的气缸也会停止工作，这样可以节省燃油消耗和降低排放污染。

任务4 拆装曲轴

学习目标

1. 知识目标

1）指出曲轴飞轮组的组成及主要总成的作用。

2）了解有关曲轴飞轮组的发动机术语。

2. 技能目标

1）使用设备和工具，按工艺规范拆装和测量曲轴。

2）查阅维修资料，完成工作页。

3. 情感目标

1）遵守操作规则，保证质量。

2）遵守环保法规，保证安全。

任务描述

一辆桑塔纳2000GSi型轿车出现曲轴主轴承盖异响现象，经检查发现是由于主轴承故障所引起的，应拆装曲轴以更换曲轴主轴承。因此，需要掌握曲轴飞轮组的相关知识，制订工作计划，实施拆装曲轴任务，并保证工作质量。

知识储备

曲轴飞轮组承受连杆传来的力，转变为转矩向外输出，驱动汽车行驶。曲轴还用来驱动发动机的配气机构、水泵、发电机、空调压缩机和转向助力泵等总成。

一、曲轴飞轮组的组成

曲轴飞轮组主要由曲轴和飞轮及其他不同作用的零部件和附件组成，如图 1-88 所示。

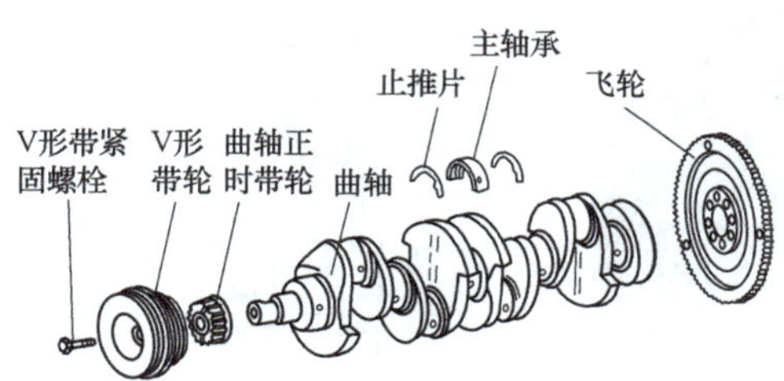

图 1-88 曲轴飞轮组的组成

二、曲轴的作用及其结构

曲轴的作用是承受连杆传来的力，并将其转换为转矩。

曲轴主要由曲轴前端、主轴颈、连杆轴颈、曲柄、曲轴后端和平衡块等组成，如图 1-89 所示。

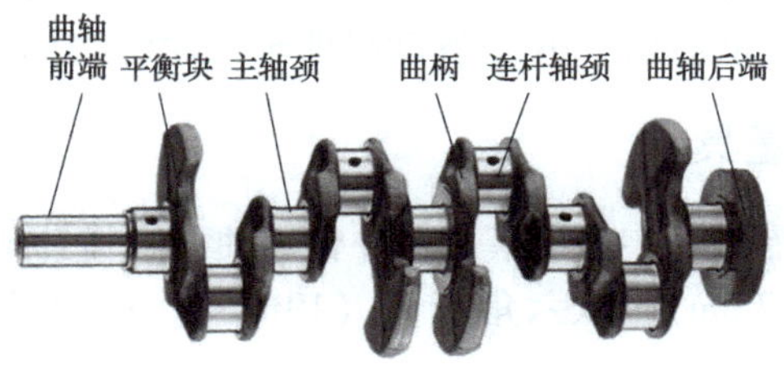

图 1-89 曲轴结构

一个连杆轴颈和它两端的曲柄以及前后两个主轴颈组成一个曲拐。

三、曲轴轴承的作用

曲轴轴承也称为主轴承，装在缸体的主轴承孔内，其作用是保护主轴颈及主轴承孔，如图 1-90 所示。

图 1-90 曲轴轴承

四、飞轮的作用

飞轮是一个转动惯量很大的圆盘，如图 1-91 所示，其主要作用是储存一部分做功行程中曲轴的动能，用以在其他行程中克服阻力，带动曲柄连杆机构越过上、下止点，保证曲轴的旋转角速度和输出转矩尽可能均匀，并使发动机有可能克服短时间的超载荷。此外，飞轮又用作汽车传动系统中摩擦离合器的驱动件。

五、发动机术语

曲柄半径（R）指曲轴旋转中心到连杆轴颈中心之间的距离。通常活塞行程为曲柄半径的两倍，如图 1-92 所示。

图 1-91　飞轮

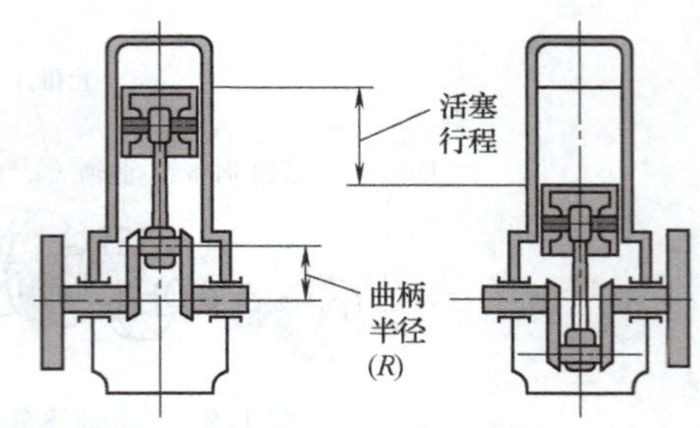

图 1-92　曲柄半径示意图

任务实施

拆装曲轴

桑塔纳 2000GSi 型轿车发动机（AJR 型发动机）的曲轴是通过 5 个主轴承盖和 10 颗缸盖螺栓固定在气缸体上的。下面以 AJR 型发动机曲轴飞轮组为例，介绍曲轴的拆装。

一、设备、工具和量具

AJR 型发动机拆装翻转台架、工具车、零件台、油盆、指针式扭力扳手、预置式扭力扳手、角度规、六角套筒（17mm）、双六角套筒（19mm）、弓形摇把、橡胶锤、常用工具套装和外径千分尺。

二、辅助材料

AJR 型发动机曲轴主轴承盖螺栓、主轴承、汽油、压缩空气源及抹布。

三、技术参数

AJR 型发动机曲轴飞轮组的技术参数见表 1-4。

表 1-4　AJR 型发动机曲轴飞轮组的技术参数

项　　目	技术参数
曲轴主轴承盖拧紧力矩/N·m	65
曲轴主轴承盖拧紧角度/(°)	90
曲轴主轴颈直径/mm	54
曲轴连杆轴颈直径/mm	47.8

四、拆装步骤

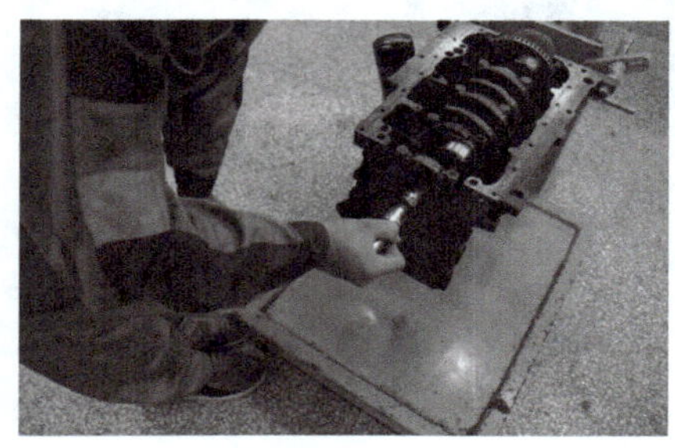

图 1-93　转动曲轴到拆卸位置

1. 拆卸曲轴

1）使用指针式扭力扳手和双六角套筒（19mm）将曲轴顺时针转动到曲柄与气缸体下缘相平行的位置，如图 1-93 所示。

图 1-94　释放曲轴主轴承盖螺栓紧固力矩

2）使用指针式扭力扳手和六角套筒（17mm）分两次释放曲轴主轴承盖螺栓紧固力矩，如图 1-94 所示。

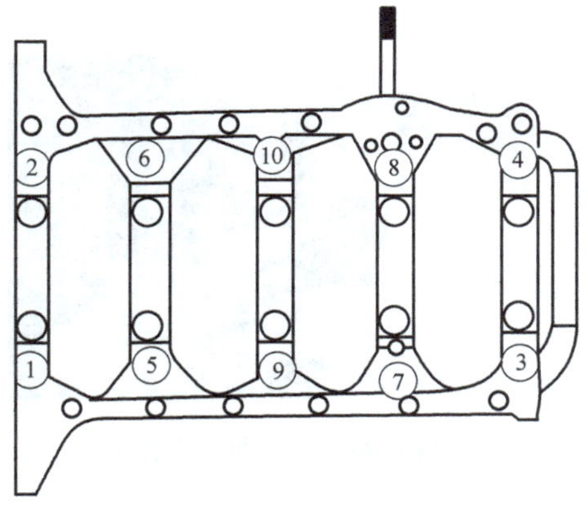

图 1-95　曲轴主轴承盖螺栓拆卸顺序

曲轴主轴承盖螺栓拆卸顺序如图 1-95 所示。

图 1-96　拆下曲轴主轴承盖螺栓

3）使用弓形摇把和六角套筒（17mm）按照顺序拆下曲轴主轴承盖螺栓，如图 1-96 所示。

4）拧松曲轴主轴承盖螺栓，拆下曲轴主轴承盖并取下曲轴止推片，如图 1-97 所示。

图 1-97 拆下曲轴主轴承盖

5）取下曲轴并将其放置在 V 形铁上，如图 1-98 所示。

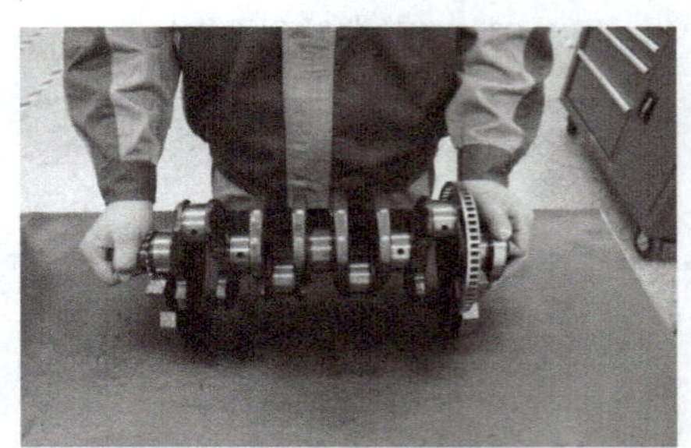

图 1-98 将曲轴放置在 V 形铁上

6）从气缸体和曲轴主轴承盖上拆下曲轴主轴承，如图 1-99 所示。拆下的零部件按照曲轴轴承盖上的标志整齐放置。

图 1-99 拆下曲轴主轴承

2. 清洁零部件

1）使用汽油清洁曲轴主轴承盖、气缸体曲轴主轴承安装面、曲轴的主轴颈和连杆轴颈，如图 1-100 所示。

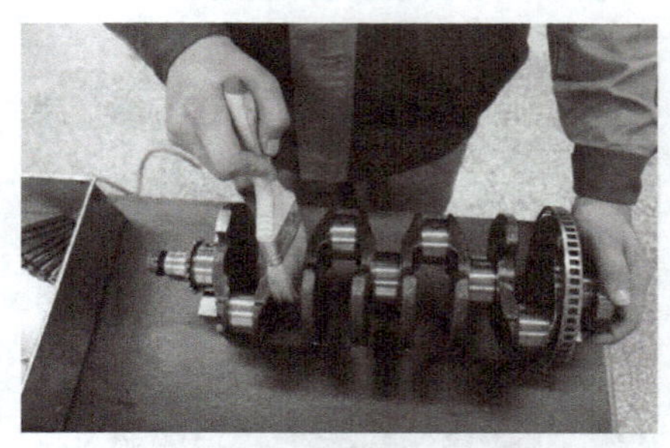

图 1-100 用汽油清洁曲轴

图 1-101　用压缩空气吹净

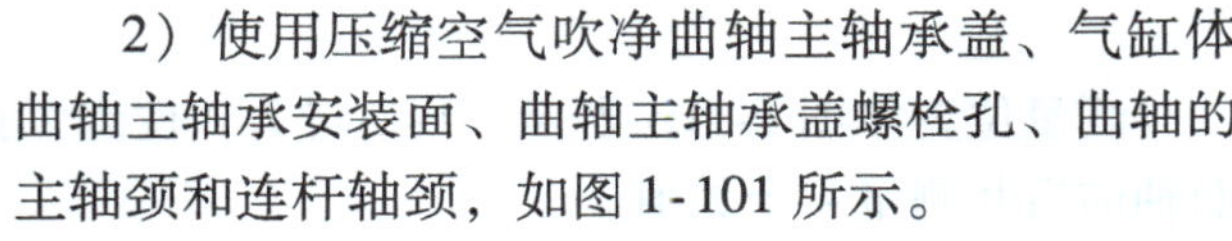

2）使用压缩空气吹净曲轴主轴承盖、气缸体曲轴主轴承安装面、曲轴主轴承盖螺栓孔、曲轴的主轴颈和连杆轴颈，如图 1-101 所示。

图 1-102　目视检查曲轴主轴承状况

3. 目视检查零部件状况

1）目视检查曲轴主轴承状况，如图 1-102 所示。

2）目视检查曲轴状况。

3）目视检查曲轴主轴承盖状况。

4）目视检查气缸体上曲轴主轴承盖螺栓孔状况。

4. 排除故障

经过目视检查，发现曲轴主轴承上有异常磨损状况，需要更换全套曲轴主轴承。更换后故障排除。

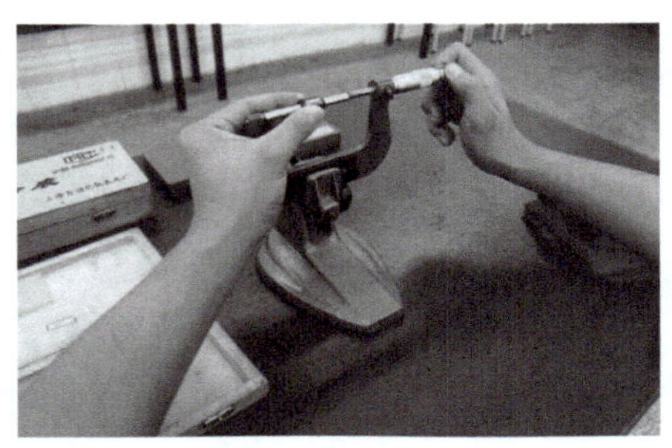

图 1-103　外径千分尺校零

5. 测量曲轴主轴颈

1）清洁外径千分尺并校零，如图 1-103 所示。

测量曲轴主轴颈直径

图 1-104　测量曲轴主轴颈直径

2）测量曲轴主轴颈直径和连杆轴颈直径并记录，如图 1-104 所示。

测量位置如图 1-105 所示，1-1 与 2-2 位置，按曲轴前后共测量 4 个数值。

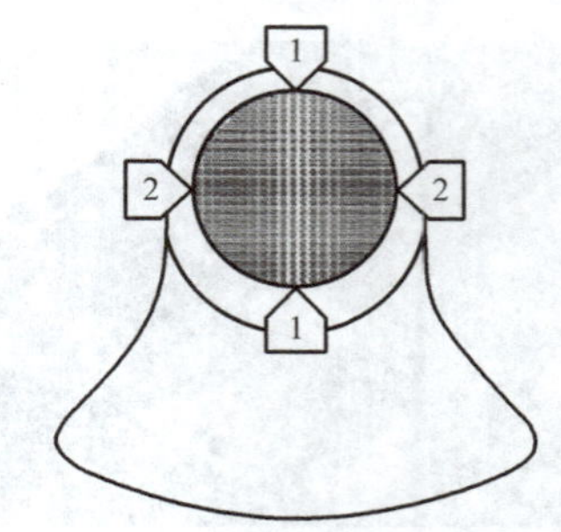

图 1-105　曲轴主轴颈直径测量位置

6. 安装曲轴

1）将新的曲轴主轴承安装至气缸体与曲轴主轴承盖中，如图 1-106 所示。

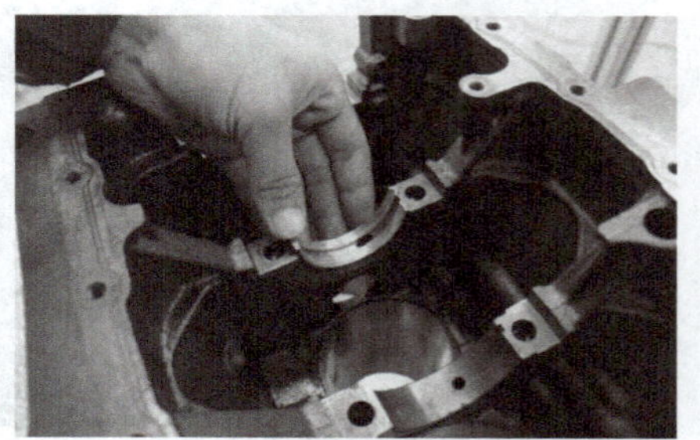

图 1-106　安装曲轴主轴承

2）使用机油润滑曲轴主轴承内表面和曲轴主轴颈表面并涂抹均匀，如图 1-107 所示。

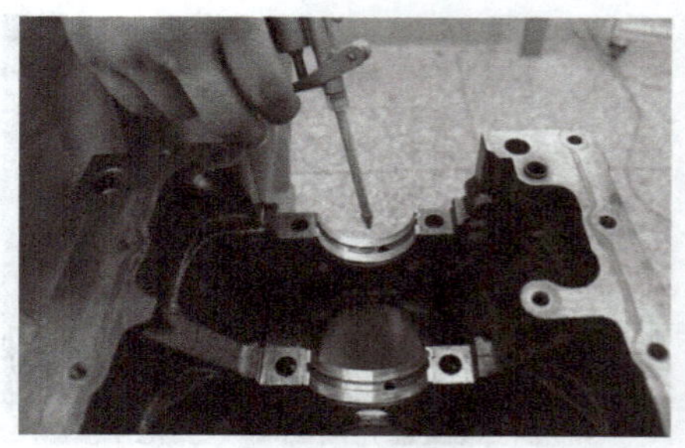

图 1-107　润滑曲轴主轴承内表面

3）将曲轴放入气缸体中，如图 1-108 所示。

图 1-108　将曲轴放入气缸体中

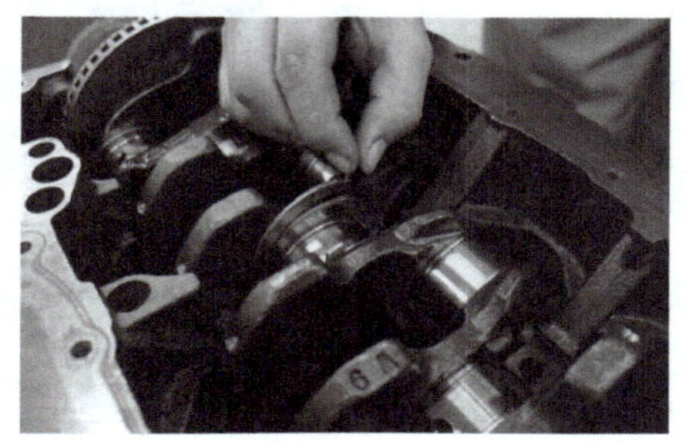
图 1-109　安装曲轴止推片

4）安装曲轴止推片，如图 1-109 所示。

图 1-110　安装曲轴主轴承盖

5）按照曲轴主轴承盖上的标志，将曲轴主轴承盖安装至气缸体上，并将曲轴主轴承盖螺栓手动旋入螺纹至少两圈以上，如图 1-110所示。

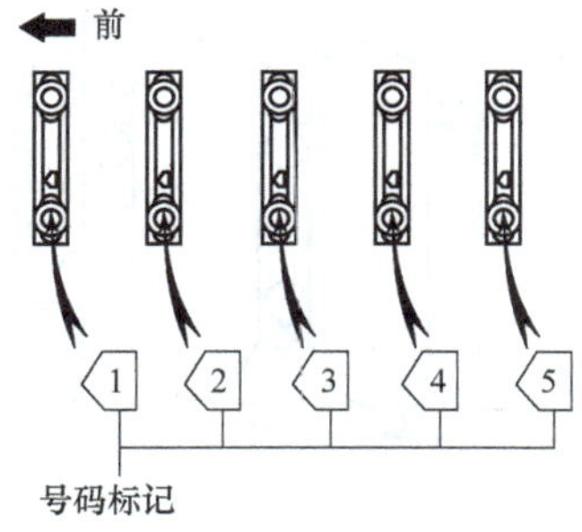

图 1-111　曲轴主轴承盖标志

曲轴主轴承盖标志，如图 1-111 所示。

图 1-112　敲平曲轴主轴承盖

6）使用橡胶锤将曲轴主轴承盖敲平，如图 1-112 所示。

7）使用弓形摇把和六角套筒（17mm）按照顺序预紧曲轴主轴承盖螺栓，如图 1-113 所示。

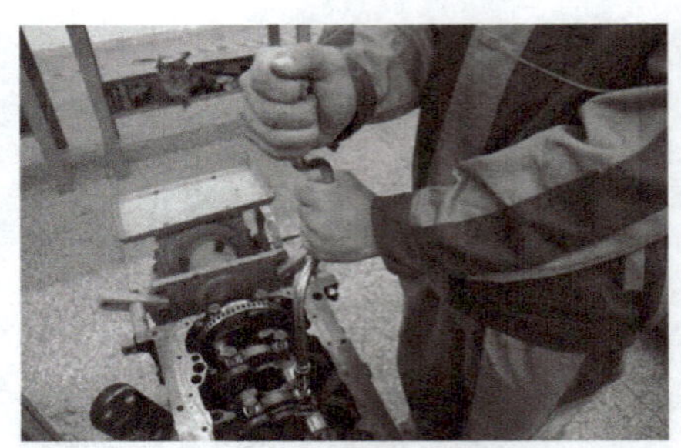

图 1-113 预紧曲轴主轴承盖螺栓

8）使用预置式扭力扳手和六角套筒（17mm）按照正确地拧紧顺序，拧紧曲轴主轴承盖螺栓至规定力矩，如图 1-114 所示。

图 1-114 拧紧曲轴主轴承盖螺栓至规定力矩

紧固曲轴轴承盖螺栓

曲轴主轴承盖螺栓拧紧顺序如图 1-115 所示。

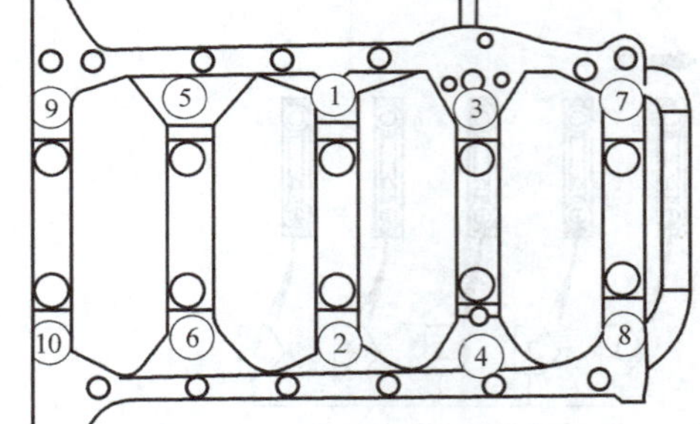

图 1-115 曲轴主轴承盖螺栓拧紧顺序

9）使用指针式扭力扳手、角度规和六角套筒（17mm）按顺序拧紧曲轴主轴承盖螺栓至规定角度，如图 1-116 所示。

图 1-116 拧紧曲轴主轴承盖螺栓至规定角度

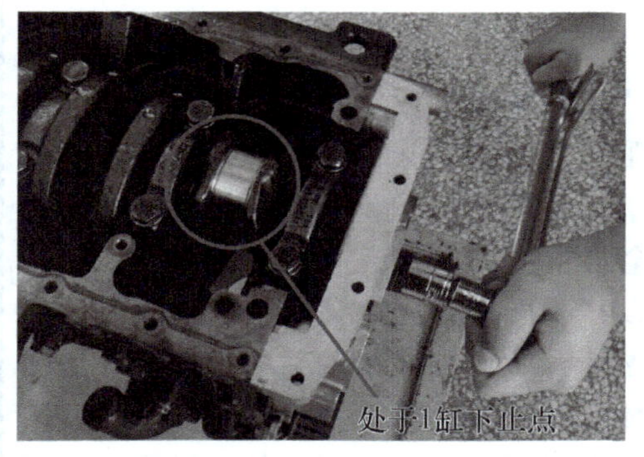

图 1-117　转动曲轴至下止点

10）使用指针式扭力扳手和双六角套筒（19mm）将曲轴顺时针转动至下止点位置，如图 1-117 所示。

五、质量保证

1）每次拆卸曲轴飞轮组后，必须更换新的曲轴主轴承盖螺栓，并确保气缸体上的螺栓盲孔内没有机油或其他液体，按照维修手册上要求的紧固力矩和角度来拧紧。紧固后，转动曲轴观察曲轴转动状况，感受转动阻力。

2）在拆卸和安装曲轴飞轮组时，必须严格按照维修手册和零部件上的标记进行操作。

3）在检查和测量完曲轴飞轮组的零件后，根据结果及时更换不合格零部件。

4）不能润滑曲轴主轴承安装表面。

工作说明

1）拆卸曲轴前，需要预先把前、后密封法兰，飞轮和机油泵拆除。

2）拆装曲轴前，需要预先将曲轴转动到曲柄与气缸体下缘相平行的位置。

3）操作完毕后，需要把使用过的汽油和废旧零部件，按照环保要求处理。

拓展与提高

双质量飞轮系统

现代轿车也越来越多地采用双质量飞轮，双质量飞轮就是将原来的一个飞轮分成两个部分：一部分保留在原来发动机一侧的位置上，起到原来飞轮的作用，用于起动和传递发动机的转矩，这一部分称为初级质量；另一部分则放置在传动系统中变速器的一侧位置上，用于提高变速器的转动惯量，这一部分称为次级质量。两部分飞轮之间有一个环形的油腔，在腔内装有弹簧减振器，弹簧减振器将两部分飞轮连接成一个整体。由于次级质量能在不增加飞轮的惯性矩的前提下提高传动系统的惯性矩，令共振转速下降到怠速转速以下。例如，德国鲁克（LUK）公司的发动机双质量飞轮将共振转速从 1300r/min 降到了 300r/min。双质量飞轮的次级质量与变速器的分离和结合由一个不带减振器的刚性离合器盘来完成，由于离合器没有了减振器机构，质量明显减小。

【小资料】

“中国天眼”背后的“工匠精神”

我国重大科技基础设施被称为“中国天眼”的“500米口径球面射电望远镜（Five-hundred-meter Aperture Spherical Telescope，简称FAST）”坐落于贵州省平塘县克度镇金科村大窝凼。“中国天眼”具有我国完全自主知识产权，从1994年提出设想，经过22年的论证、选址、设计、制造、建设，以“中国天眼”之父南仁东为代表的中国科学家们把它变成了现实。“中国天眼”是世界上最大且最灵敏的射电望远镜，是又一大国重器。建造“中国天眼”，难就难在如此巨大的庞然大物，要实现毫米级精度，挑战前所未有。“天眼”建设，天工开物；“天眼”建设，巧夺天工。整个过程，最需要把科学精神熔铸在工匠精神中，理论联系实际，务虚结合务实；科学精神就是要追求真理，弘扬理性，崇尚创新，尊重实践；科学精神向来鼓励知识的创造性应用，要走在前列谋求新篇。

项目二 配气机构的构造与拆装

项目描述

配气机构是按照发动机每个气缸所进行的工作循环和点火次序的要求，定时开启和关闭各气缸的进、排气门，使新鲜可燃混合气（汽油机）或空气（柴油机）及时进入气缸，废气及时从气缸排出的一套机构。配气机构主要由凸轮轴、挺柱、气门弹簧、气门导管、气门、曲轴正时带轮、正时带和凸轮轴正时带轮等组成。因此，本项目主要围绕配气机构的构造与拆装进行学习和训练。

任务1 更换正时带

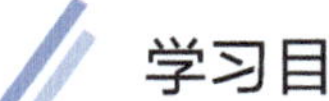

学习目标

1. 知识目标

1）指出配气机构的组成及主要总成的作用。

2）了解有关配气机构的发动机术语。

2. 技能目标

1）使用设备和工具，按工艺规范更换正时带。

2）查阅维修资料，完成工作页。

3. 情感目标

1）遵守操作规则，保证质量。

2）遵守环保法规，保证安全。

任务描述

一辆桑塔纳2000GSi型轿车在行驶中出现加速无力现象，经过检查发现正时带齿面严重

磨损，必须更换正时带。因此，需要掌握配气机构的相关知识，制订工作计划，实施更换正时带任务，并保证工作质量。

知识储备

发动机配气机构由气门传动组和气门组组成。按气门的布置形式，主要有气门顶置式和气门侧置式；按凸轮轴的布置位置，可分为凸轮轴下置式、凸轮轴中置式和凸轮轴上置式；按曲轴和凸轮轴的传动方式，可分为齿轮传动式、链条传动式和正时带传动式；按每个气缸的气门数目，可分为二气门式和四气门式等。

一、气门传动组的构造

桑塔纳2000GSi型轿车AJR型发动机的气门传动组主要包括凸轮轴正时带轮、凸轮轴、挺柱、正时带、正时带张紧轮（又称张紧器）和曲轴正时带轮等零部件，如图2-1所示。

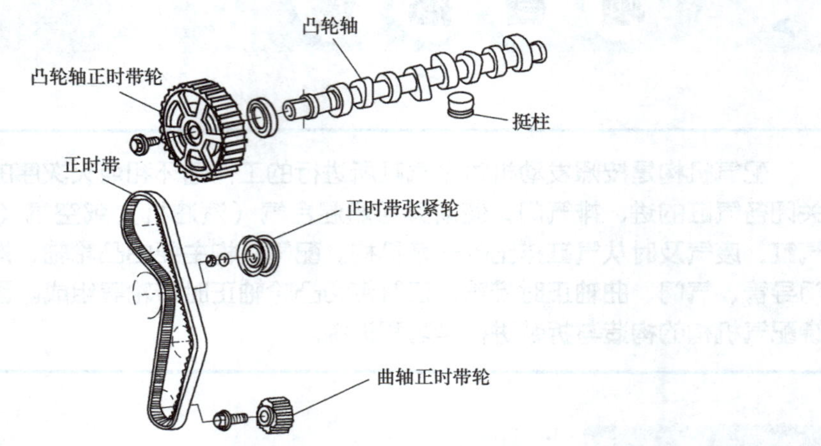

图2-1　桑塔纳2000GSi型轿车AJR型发动机气门传动组结构

二、配气机构的工作过程

凸轮轴是通过正时带轮由曲轴驱动。四冲程发动机完成一个工作循环，曲轴旋转两周（720°），各气缸进、排气门各开启一次，而凸轮轴只需旋转一周。故曲轴转速与凸轮轴转速之比为2∶1。气门的开启是通过气门传动组的作用来完成的，而气门的关闭则是由气门组来完成。

三、正时带

正时带是发动机配气系统的重要组成部分，通过与曲轴和凸轮轴的连接并配合一定的传动比来保证进、排气时间的准确，如图2-2所示。

四、正时带张紧轮

正时带张紧轮对发动机正时带起导向和张紧的作用，如图2-3所示。

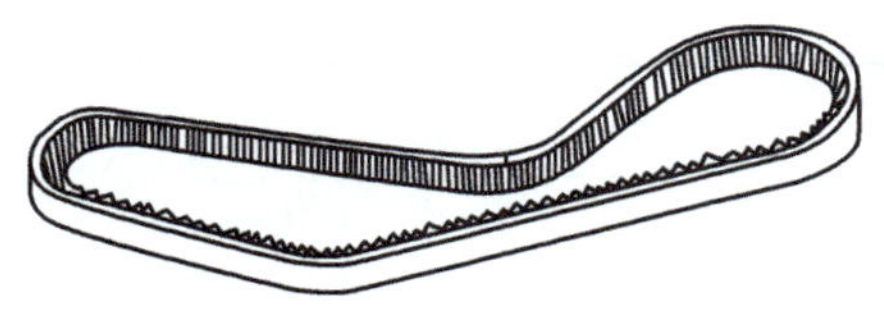

图 2-2 正时带

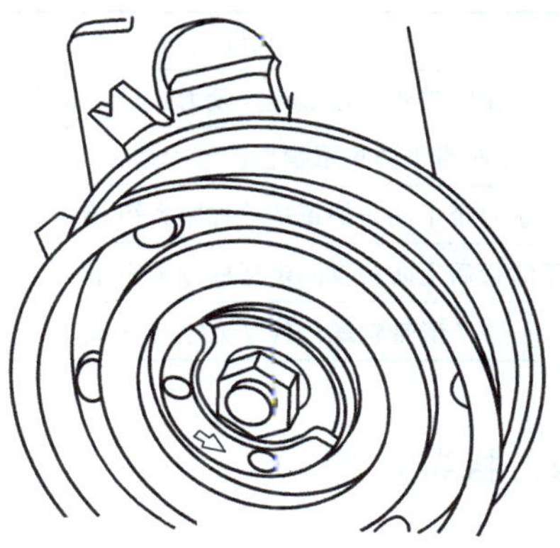

图 2-3 正时带张紧轮

五、充气系数

充气系数是在进气行程中实际进入气缸内的新鲜空气或可燃混合气的质量与在进气状态下充满气缸工作容积的新鲜空气或可燃混合气的质量之比，常用充气效率表示。

充气效率越高，表明进入气缸内的新鲜空气或可燃混合气就越多，可燃混合气燃烧时可能放出的热量越多，所以发动机输出的功率也越大。

任务实施

更换正时带

桑塔纳 2000GSi 型轿车发动机（AJR 型发动机）配气机构采用气门顶置式、凸轮轴上置式，并且使用正时带进行传动，每个气缸有进、排气门各一个。下面以 AJR 型发动机配气机构为例，介绍正时带的更换方法。

一、设备和工具

AJR 型发动机拆装翻转台架、工具车、指针式扭力扳手、预置式扭力扳手、Matra V159 专用工具、10-201A 专用工具、六角旋具套筒（HW6）、双六角套筒（19mm）、六角套筒（10mm 和 13mm）和常用工具套装。

二、辅助材料

AJR 型发动机正时带、压缩空气和抹布。

三、技术参数

AJR 型发动机气门传动组技术参数见表 2-1。

表 2-1 AJR 型发动机气门传动组技术参数

项　目	技术参数
正时带张紧轮螺栓拧紧力矩/N·m	15
正时带下防护罩螺栓拧紧力矩/N·m	10
正时带中间防护罩螺栓拧紧力矩/N·m	10
正时带后上防护罩固定螺栓拧紧力矩/N·m	10
V 形带轮螺栓拧紧力矩/N·m	25

四、拆装步骤

1. 拆下正时带

1）拆下正时带上防护罩，如图 2-4 所示。

图 2-4 拆下正时带上防护罩

2）使用指针式扭力扳手和双六角套筒（19mm）顺时针转动曲轴至第一缸活塞处于压缩行程上止点位置，如图 2-5 所示。

图 2-5 转动曲轴至第一缸活塞处于压缩行程上止点位置

3）目视检查 V 形带轮上的正时标记对准正时带下防护罩上的标记，如图 2-6 所示。

图 2-6 目视检查 V 形带轮正时标记对齐

图 2-7　目视检查凸轮轴正时带轮正时标记对齐

4）目视检查凸轮轴正时带轮上的正时标记对准正时带后防护罩上的标记，如图 2-7 所示。

图 2-8　标注正时带旋转方向

5）用粉笔在正时带上标注发动机旋转方向，如图 2-8 所示。

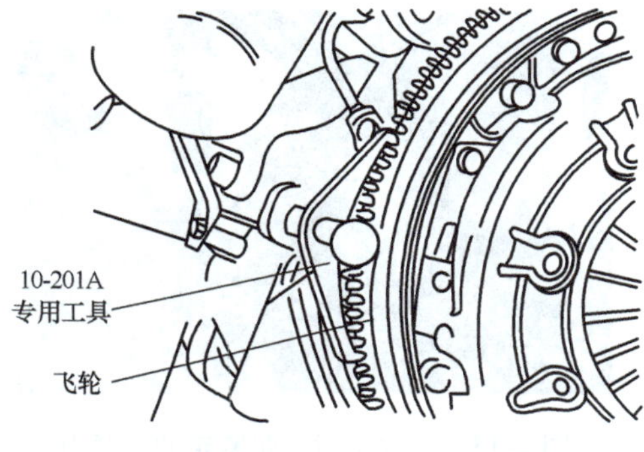

图 2-9　固定飞轮

6）使用专用工具 10-201A 固定飞轮，如图 2-9 所示。

图 2-10　拆下 V 形带轮

7）使用棘轮扳手和六角旋具套筒（HW6）释放带轮螺栓力矩并拆下 V 形带轮，如图 2-10所示。

8）使用棘轮扳手和六角套筒（10mm）拆下正时带中间防护罩，如图2-11所示。

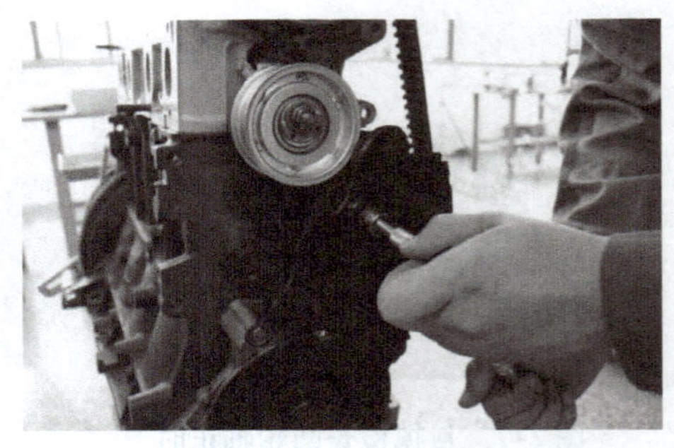
图2-11 拆下正时带中间防护罩

9）使用棘轮扳手和六角套筒（10mm）拆下正时带下防护罩，如图2-12所示。

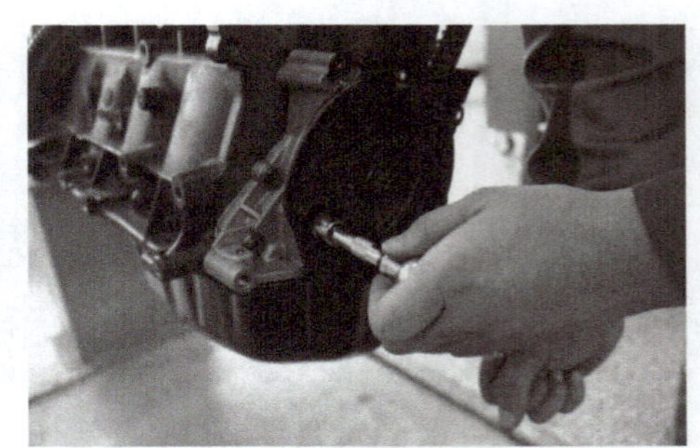
图2-12 拆下正时带下防护罩

10）使用专用工具Matra V159、棘轮扳手和六角套筒（13mm）释放正时带张紧轮的张紧力，如图2-13所示。

图2-13 释放正时带张紧轮的张紧力

11）沿正时带的松边取下正时带，如图2-14所示。

图2-14 取下正时带

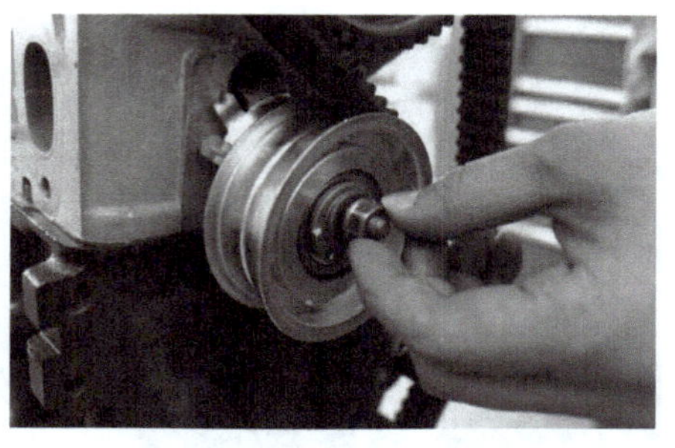
图 2-15 拆下正时带张紧轮

12）使用棘轮扳手和六角套筒（13mm）拆下正时带张紧轮，如图 2-15 所示。

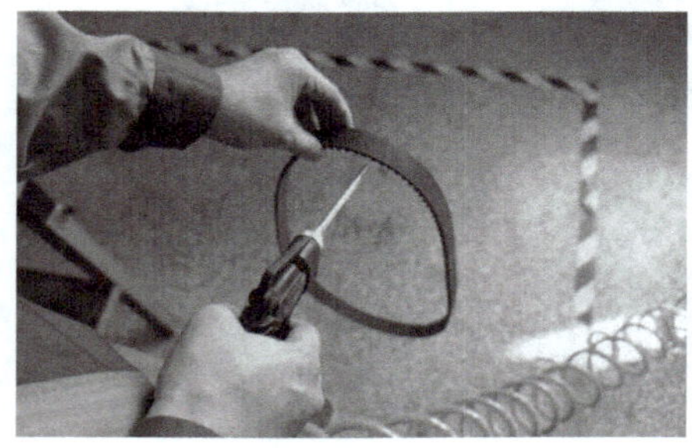
图 2-16 清洁正时带

2. 清洁零部件

1）使用压缩空气吹净正时带，如图 2-16所示。

2）使用压缩空气吹净曲轴正时带轮。

3）使用压缩空气吹净凸轮轴正时带轮。

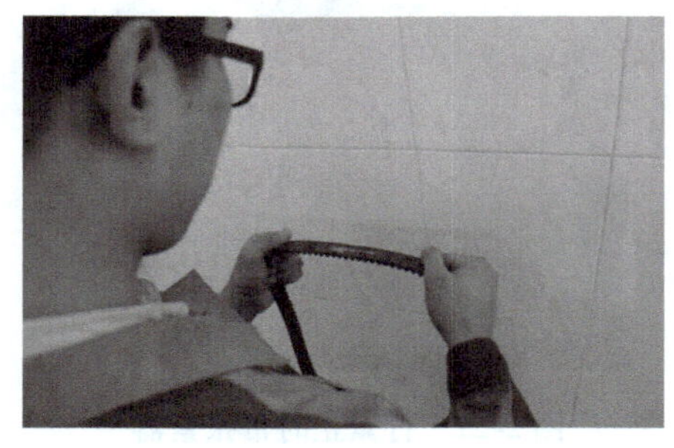
图 2-17 目视检查正时带状态

3. 目视检查零部件状况

1）目视检查正时带状态，如图 2-17 所示。经过对正时带的检查，发现其齿面严重磨损，并且表面有龟裂现象。

2）目视检查曲轴正时带轮状况。

3）目视检查凸轮轴正时带轮状况。

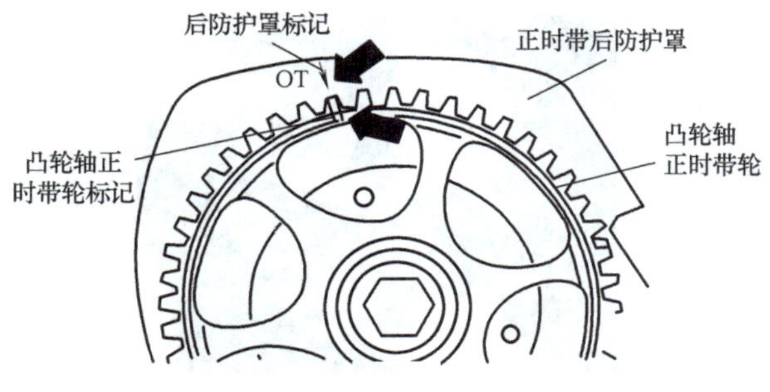

图 2-18 凸轮轴正时带轮对齐标记

4. 安装正时同步带

1）目视检查凸轮轴正时带轮上的标记对准正时带后防护罩上的标记，若标记没有对齐，则使用指针式扭力扳手和六角套筒（19mm）顺时针转动凸轮轴正时带轮对齐标记，如图 2-18所示。

图 2-19 安装正时带张紧轮

2）使用棘轮扳手和六角套筒（13mm）安装正时带张紧轮，注意要把正时带张紧轮的定位装置放入气缸盖上的定位槽中，如图 2-19所示。

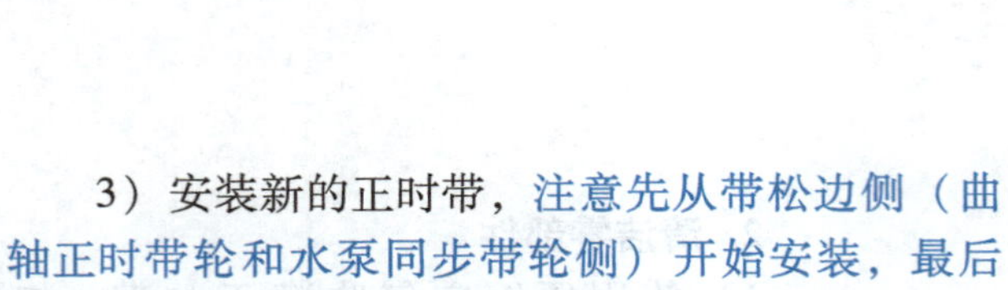

图 2-20 安装新的正时带

3）安装新的正时带，注意先从带松边侧（曲轴正时带轮和水泵同步带轮侧）开始安装，最后安装至紧边侧（张紧轮和凸轮轴正时带轮侧），如图 2-20 所示。

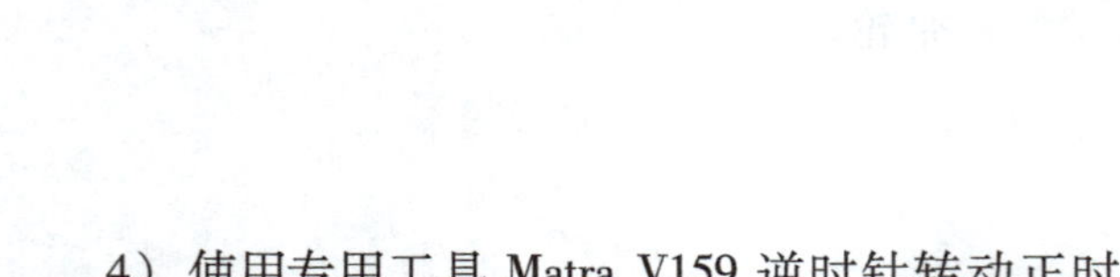

图 2-21 拧紧正时带张紧器

4）使用专用工具 Matra V159 逆时针转动正时带张紧轮直到张紧轮上指针对准缺口，如图 2-21 所示，再使用预置式扭力扳手和六角套筒（13mm）拧紧至规定力矩。

紧固正时带张紧轮

图 2-22 检查正时带张紧轮安装情况

5）检查正时带张紧力。拇指用力弯曲正时带，张紧轮上指针应移向一侧；放松正时带，指针应回到初始位置（与缺口对齐），如图 2-22 所示。

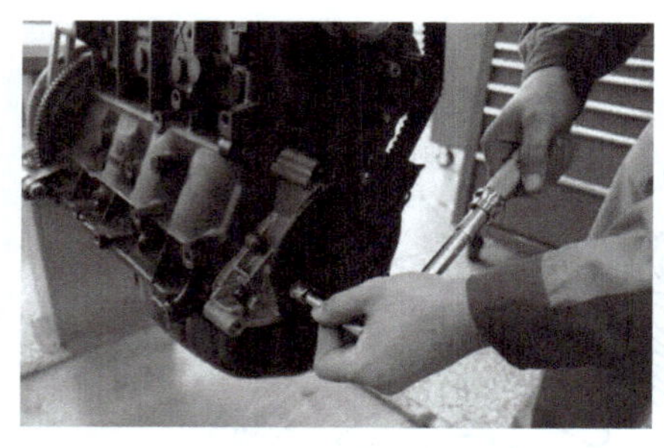

图 2-23　安装正时带下防护罩

6）安装正时带下防护罩。先旋入正时带下防护罩螺栓，再使用预置式扭力扳手和六角套筒（10mm）拧紧至规定力矩，如图 2-23所示。

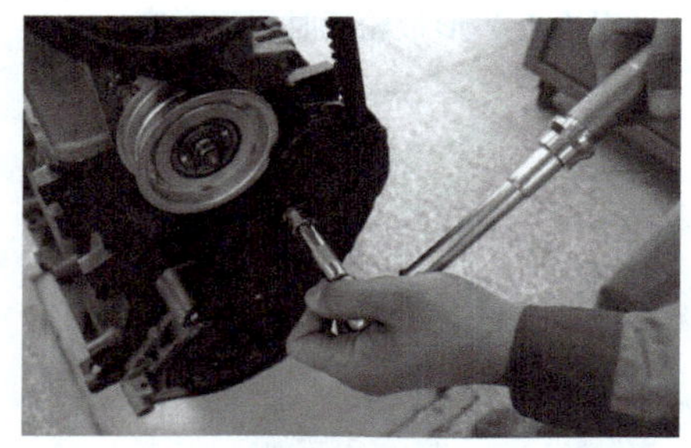

图 2-24　安装正时带中间防护罩

7）安装正时带中间防护罩。先旋入带中间防护罩螺栓，再使用预置式扭力扳手和六角套筒（10mm）拧紧至规定力矩，如图 2-24所示。

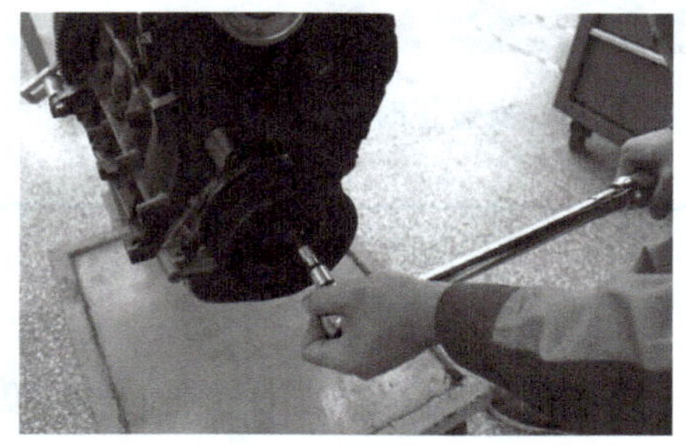

图 2-25　安装 V 形带轮

8）安装带轮。先旋入 V 形带轮螺栓，再使用预置式扭力扳手和六角旋具套筒（HW6）拧紧至规定力矩，如图 2-25 所示。

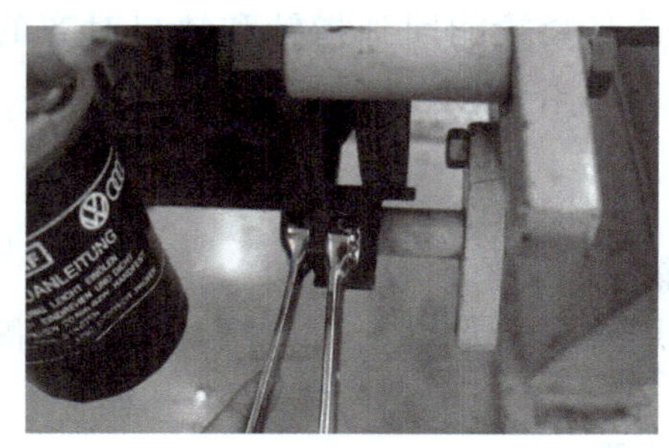

图 2-26　拆下专用工具 10-201A

9）从飞轮上拆下专用工具 10-201A，如图 2-26 所示。

10）使用指针式扭力扳手和双六角套筒（19mm）顺时针转动曲轴至少两圈以上至第一缸活塞处于压缩行程上止点位置。

检查正时标记

目视检查凸轮轴正时带轮上的正时标记是否对准正时带后防护罩上的标记。

目视检查 V 形带轮上的正时标记是否对准正时带下防护罩上的标记，如图 2-27所示。

若正时标记不对准，则需要重新安装正时带。

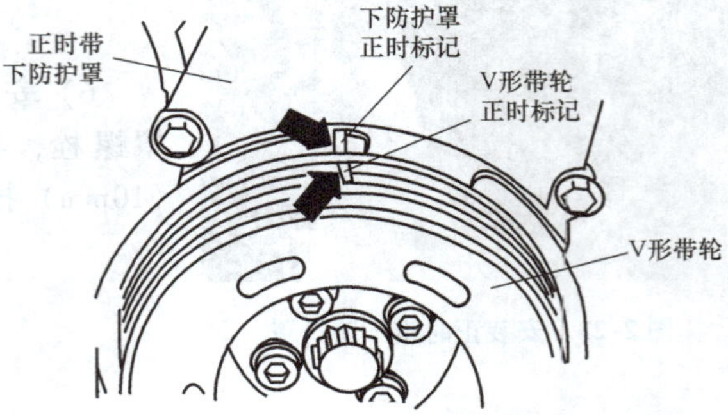

图 2-27 目视检查 V 形带轮正时标记对齐

11）安装正时带上防护罩，如图 2-28所示。

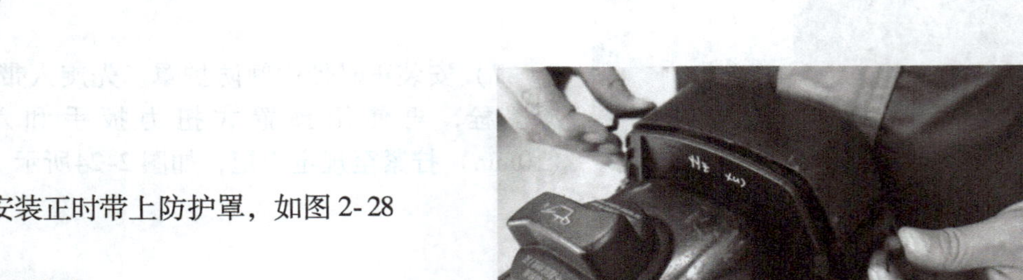

图 2-28 安装正时带上防护罩

5. 排除故障

更换新的正时带后，故障排除。

五、质量保证

1）在拆卸正时带之前，用粉笔标出传动方向记号。只能按正时带上的记号在同一个位置上安装。

2）安装正时带时，必须调整正时带张紧轮的位置，使张紧轮的定位装置嵌入气缸盖上的定位槽内。

3）必须检查安装正时带后的张紧力，保证正时带张紧轮能回到指针和缺口对齐的位置。

工作说明

1）更换正时带时，不必拆下曲轴正时带轮和凸轮轴正时带轮。

2）清洁发动机装配场地，将发动机拆装用的通用工具、专用工具及辅助材料准备齐全。

3）操作完毕后，需要把废旧零部件按照环保要求处理。

拓展与提高

正时链条传动式配气机构

目前，部分发动机的正时带已被正时链条所替代，与正时带传动式配气机构相比，正时链条传动配气机构的传动更加可靠，耐久性好并且还可节省空间。整个系统由曲轴正时链轮、凸轮轴正时链轮、正时链条和液压正时链条张紧装置等零部件组成。机构中的液压正时链条张紧装置可自动调节张紧力，使链条张力始终不变，一般可以终身免维护，使其与发动机同寿命，不但安全性和可靠性得到提升，而且降低了发动机的使用和维护成本。

任务 2 拆装凸轮轴

学习目标

1. 知识目标

1）指出配气机构中气门传动组及主要总成的作用。

2）了解有关配气机构中的发动机术语。

2. 技能目标

1）使用设备和工具，按工艺规范拆装凸轮轴。

2）查阅维修资料，完成工作页。

3. 情感目标

1）遵守操作规则，保证质量。

2）遵守环保法规，保证安全。

任务描述

一辆桑塔纳 2000GSi 型轿车在运行过程中发生气门异响现象，经检查发现挺柱过度磨损，应拆下凸轮轴，更换挺柱。因此，需要掌握凸轮轴的相关知识，制订工作计划，实施拆装凸轮轴更换挺柱任务，并保证工作质量。

知识储备

气门传动组的主要作用是使进、排气门能按配气相位规定的时刻开闭，且保证有足够的开度。

一、凸轮轴的作用

凸轮轴（图 2-29）是气门传动组中的一个主要零部件，利用凸轮的轮廓控制气门的开启和关闭时刻。轿车发动机通常采用顶置布置，即将凸轮轴安装在气缸盖中，由曲轴通过传动带或传动链条来驱动。

二、挺柱的作用

挺柱（图 2-30）的作用是将凸轮的推力传给气门杆（或推杆），并承受凸轮轴旋转时所施加的侧向力。

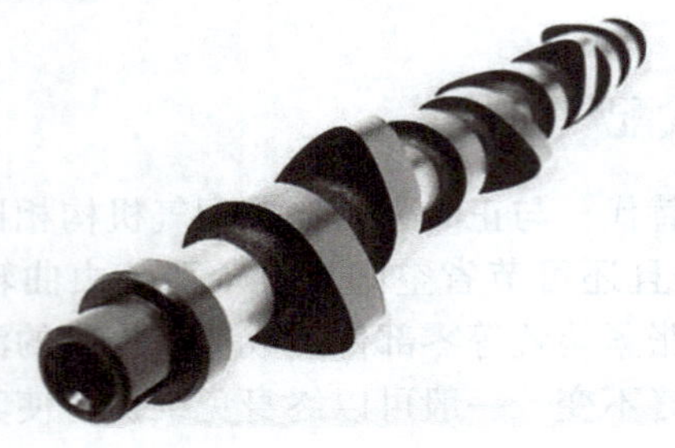

图 2-29 凸轮轴

图 2-30 挺柱

气门及其传动件，因温度升高而膨胀，或者因磨损而缩短时，传统挺柱无法补偿由此产生的异常气门间隙，导致气门传动组的冲击及噪声。

液压挺柱可以自动补偿气门间隙，从而消除了由异常气门间隙引起的气门传动组冲击及噪声。因此，汽车发动机上广泛采用液压挺柱，如图 2-31 所示。

三、发动机术语

配气相位是指进、排气门的实际开闭时刻和开启过程。

配气相位图是指用曲轴转角表示曲拐相对于上、下止点的角位置的环形图，如图 2-32 所示。

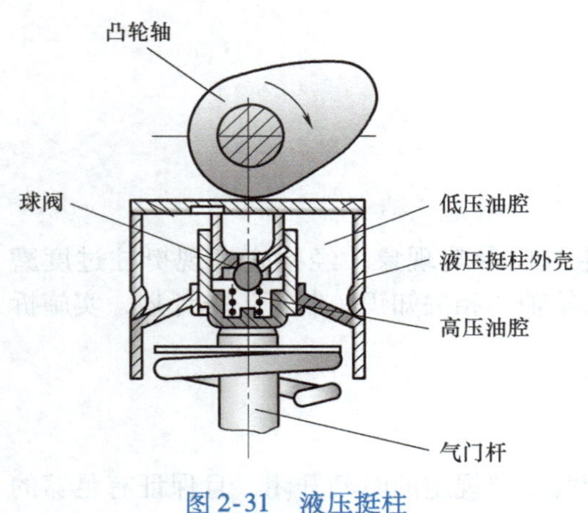

图 2-31 液压挺柱

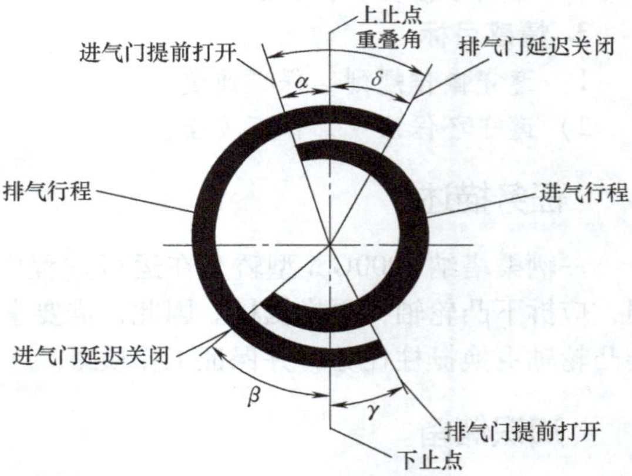

上止点
重叠角
进气门提前打开
排气门延迟关闭
α
δ
排气行程
进气行程
进气门延迟关闭
β
γ
排气门提前打开
下止点

图 2-32 配气相位图

α—进气提前角 β—进气延迟角（进气迟闭角）

γ—排气提前角 δ—排气延迟角（排气迟闭角）

气门重叠角是指发动机进气门和排气门处于同时开启的一段时间所对应的曲轴转角。

任务实施

拆装凸轮轴

桑塔纳 2000GSi 型轿车发动机（AJR 型发动机）的凸轮轴通过 10 颗凸轮轴盖螺栓固定

在气缸体上，凸轮轴的前部与凸轮轴正时带轮相连，凸轮轴由曲轴通过正时带驱动。下面以AJR型发动机凸轮轴为例，介绍凸轮轴的拆装。

一、设备、工具和量具

AJR型发动机拆装翻转台架、工具车、预置式扭力扳手、六角套筒（13mm和19mm）和常用工具套装。

二、辅助材料

AJR型发动机凸轮轴盖螺栓、AJR型发动机挺柱、汽油、压缩空气源及抹布。

三、技术参数

AJR型发动机凸轮轴的技术参数见表2-2。

表2-2　AJR型发动机凸轮轴的技术参数

项　　目	技术参数
凸轮轴轴承盖螺母拧紧力矩/N·m	20

四、拆装步骤

1. 拆下凸轮轴

1）目视检查凸轮轴正时带轮上的标记对准正时带后防护罩上的标记，若标记没有对齐则使用指针式扭力扳手和六角套筒（19mm）顺时针转动凸轮轴正时带轮对齐标记，如图2-33所示。

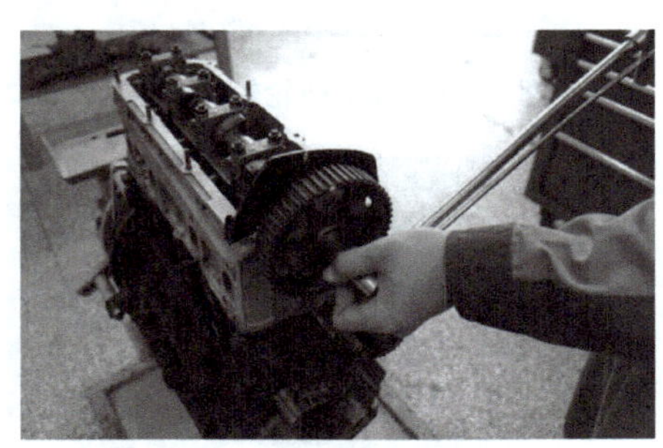

图2-33　转动凸轮轴正时带轮

检查凸轮轴侧正时标记

2）使用棘轮扳手和六角套筒（13mm）按照规定顺序拆下凸轮轴轴承盖螺母，如图2-34所示。

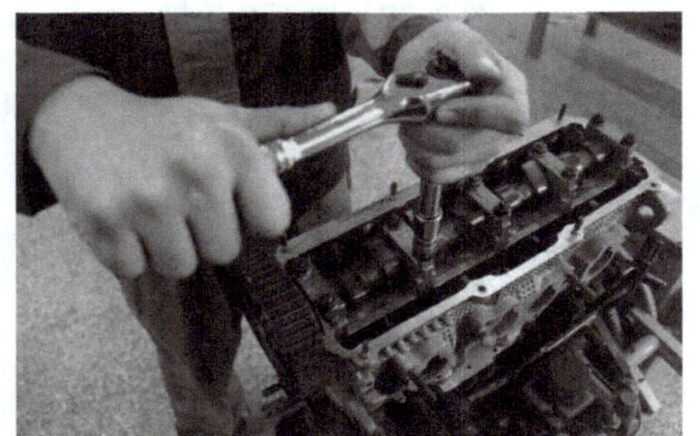

图2-34　拆下凸轮轴轴承盖螺母

松开凸轮轴轴承盖螺母

拆卸顺序为先对角、交替、分次松开第一、五、三号轴承盖螺母，再对角、交替、分次松开第二、四号轴承盖螺母，如图2-35所示。

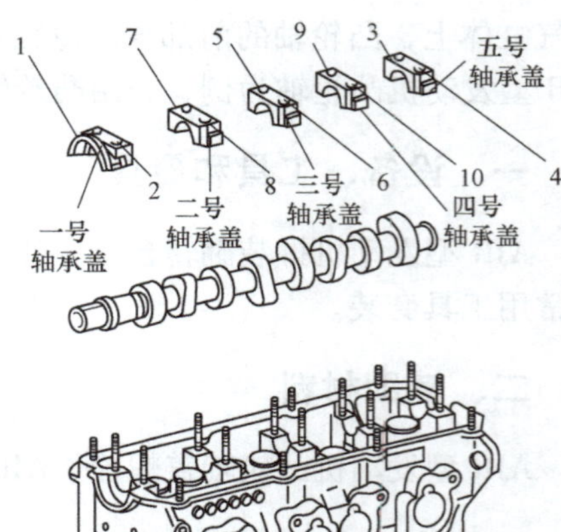

图2-35 凸轮轴轴承盖螺母拆卸顺序

3）依次取下各道凸轮轴轴承盖，按顺序放好，以免错乱，如图2-36所示。

图2-36 取下凸轮轴轴承盖

4）取下凸轮轴，如图2-37所示。

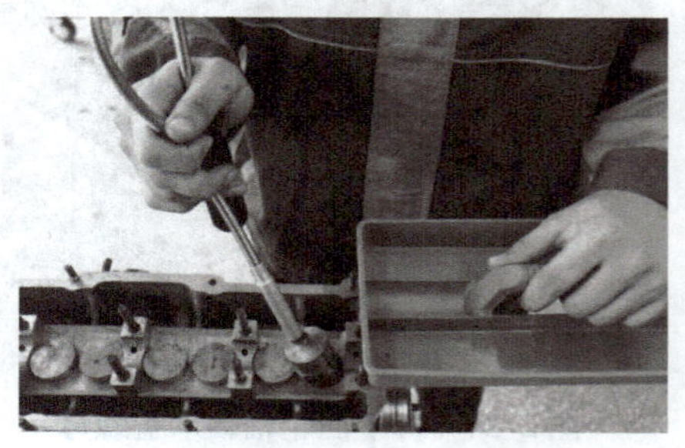

图2-37 取下凸轮轴

5）使用磁性吸棒依次吸出挺柱并按照顺序放好，以免错乱，如图2-38所示。

图2-38 吸出挺柱

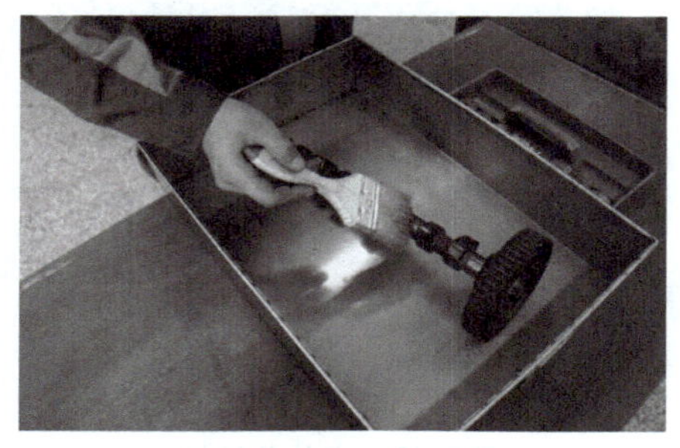

图 2-39　清洁凸轮轴

2. 清洁零部件

1）使用汽油清洁凸轮轴（图 2-39）、凸轮轴轴承盖和挺柱。

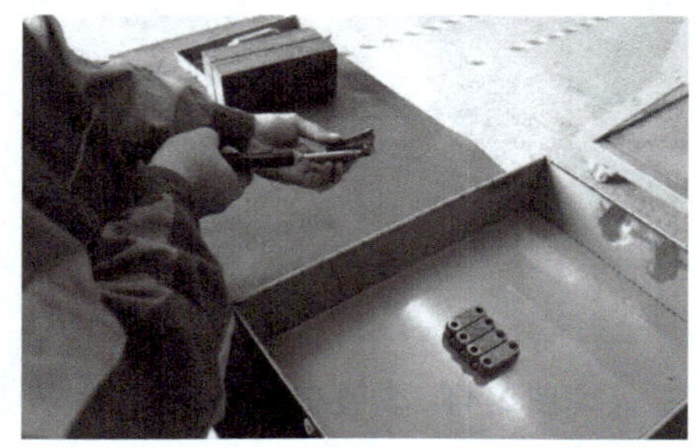

图 2-40　吹净凸轮轴轴承盖

2）使用压缩空气吹净凸轮轴、凸轮轴轴承盖（图 2-40）和挺柱。

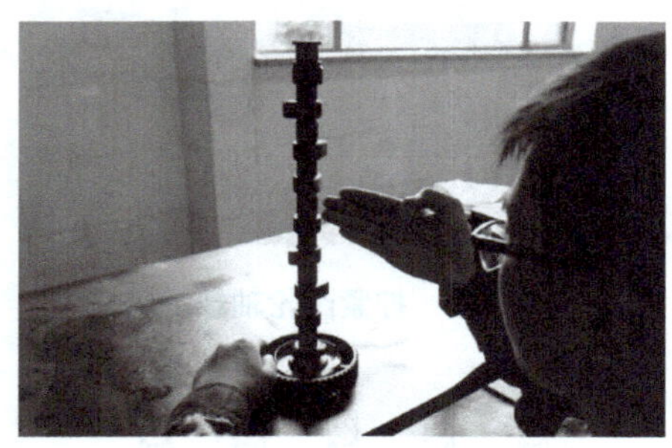

图 2-41　目视检查凸轮轴状态

3. 目视检查零部件状况

1）目视检查凸轮轴状态，如图 2-41 所示。

2）目视检查凸轮轴轴承盖状况。

3）目视检查挺柱状况，发现挺柱磨损异常。

图 2-42　安装挺柱

4. 安装凸轮轴

1）润滑新的挺柱并安装挺柱，如图 2-42 所示。若是安装原来的挺柱，则要注意需要按照原位置装回挺柱并保证对号入座。

2）将凸轮轴装回气缸盖上，转动凸轮轴，使第一缸进、排气凸轮朝上并润滑凸轮轴轴颈表面，如图 2-43 所示。

图 2-43　安装凸轮轴

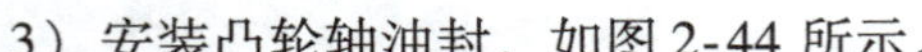

3）安装凸轮轴油封，如图 2-44 所示。

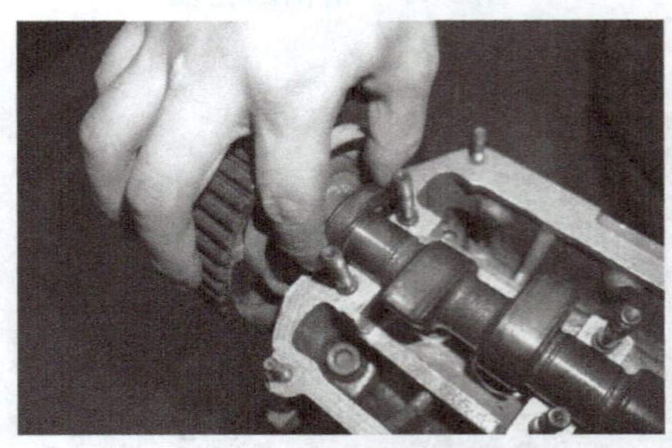

图 2-44　安装凸轮轴油封

4）润滑凸轮轴轴承内表面并依次安装各凸轮轴轴承盖，保证对号入座，拧紧凸轮轴轴承盖螺母，如图 2-45 所示。

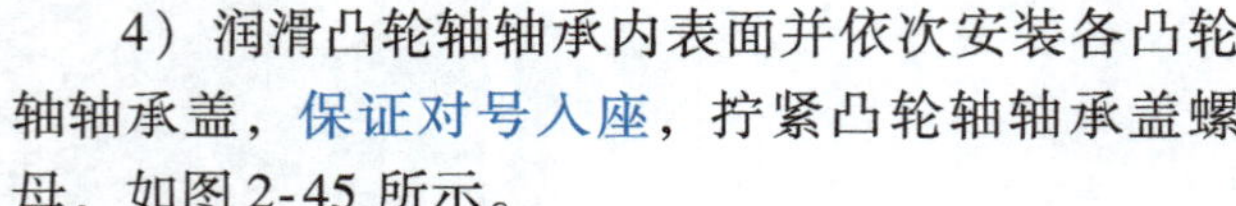

图 2-45　拧紧凸轮轴轴承盖

注意安装凸轮轴轴承盖时，必须保证中心对准，凸轮轴轴承盖标记顺序正确，如图 2-46所示。

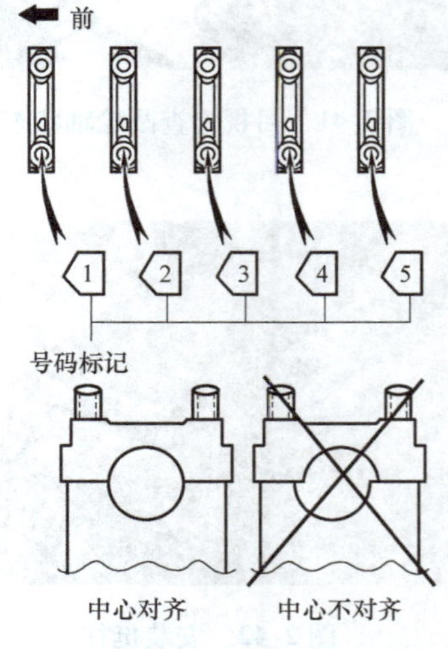

图 2-46　凸轮轴轴承盖安装要求

图 2-47　拧紧凸轮轴轴承盖螺母至规定力矩

5）使用预置式扭力扳手和六角套筒（13mm）按照规定顺序和力矩，拧紧凸轮轴轴承盖螺母，如图 2-47 所示。

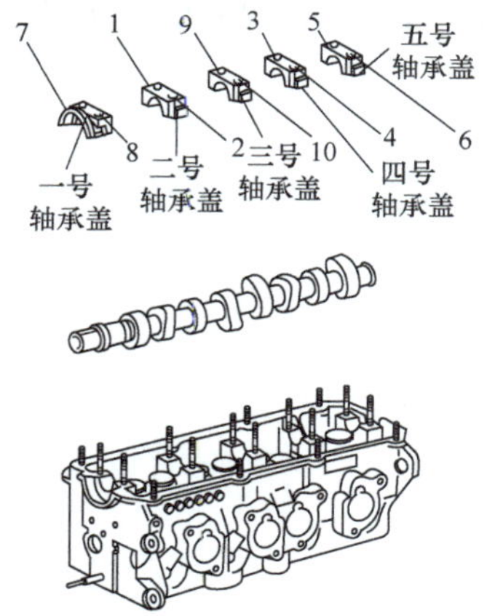

图 2-48　凸轮轴轴承盖螺母拧紧顺序

拧紧顺序为先对角、交替、分次拧紧第二、四号轴承盖螺母再对角、交替、分次拧紧第五、一、三号轴承盖螺母，如图 2-48 所示。

紧固凸轮轴轴承盖螺母

图 2-49　转动凸轮轴至正时标记对齐位置

6）使用指针式扭力扳手和六角套筒（19mm）顺时针转动凸轮轴正时带轮至凸轮轴正时带轮上的标记对准正时同步带后上防护罩上的标记，如图 2-49 所示。

5. 排除故障

更换新的挺柱后故障排除。

五、质量保证

1）必须按规定的顺序拆卸和拧紧凸轮轴轴承盖固定螺母。

2）安装凸轮轴轴承盖时，必须保证中心对准和顺序正确。

3）凸轮轴密封圈一经拆卸，必须更换。

工作说明

1）拆卸凸轮轴前，必须拆下正时带并转动曲轴，使得各缸活塞均不处于上止点位置。

2）拆下的凸轮轴轴承盖和挺柱，若不更换则必须按顺序放好，以便装复原位。

3）操作完毕后，需要把使用过的汽油和废旧零部件，按照环保要求处理。

拓展与提高

发动机可变气门正时技术

可变气门正时系统（Variable Valve Timing）是通过配备的控制及执行系统，对发动机凸轮的配气相位进行调节，从而使得气门开启和关闭的时间随发动机转速的变化而变化，以提高充气效率，增加发动机功率。可变气门正时系统的原理是根据发动机的运行情况，调整进气（或排气）量、气门开闭时间和角度，使进入的空气量达到最佳，提高燃烧效率。优点是省油，功升比大；缺点是中段转速转矩不足。

任务3 拆装气门组

学习目标

1. 知识目标

1）指出气门组的组成及主要零部件的作用。

2）说明气门组的构造和工作过程。

2. 技能目标

1）使用设备和工具，按工艺规范拆装气门组。

2）查阅维修资料，完成工作页。

3. 情感目标

1）遵守操作规则，保证质量。

2）遵守环保法规，保证安全。

任务描述

一辆桑塔纳2000GSi型轿车在发动机工作时，气门有异响。在发动机怠速运转时，气门杆尾端与其驱动件之间发出连续不断的敲击声，随转速增大而增强，发动机温度改变或断火时声响无变化。经检查发现气门弹簧磨损严重，气门杆与导管磨损过甚，应更换气门和气门弹簧。因此，需要掌握气门组的相关知识，制订工作计划，实施拆装气门组任务，并保证工作质量。

知识储备

发动机配气机构中的气门组主要作用是在发动机工作时，受气门传动组的控制，定时地开启或关闭进、排气门，让新鲜的可燃混合气或空气进入气缸，废气及时地从气缸中排出。通过气门传动组中凸轮轴的转动来控制凸轮打开气门，通过气门组中气门弹簧的弹力来关闭气门。发动机工作时，气门作高速的往复运动，所以需要润滑；气门在进、排气以外的时间里需要完全封闭燃烧室，防止混合气窜出燃烧室；气门组各部件之间必须精确地配合，才能

防止各部件异常磨损或损坏，使发动机能够高效率地正常工作。

一、气门组的组成

四冲程往复活塞式汽油发动机一般采用控制进、排气门的开闭来完成换气过程。可燃混合气通过打开的进气门进入燃烧室，燃烧后的废气通过打开的排气门排出燃烧室。气门组主要由气门、气门座、气门导管、气门弹簧、气门油封、气门弹簧座和气门锁片等零部件组成，桑塔纳2000GSi型轿车发动机气门组安装情况如图2-50所示。

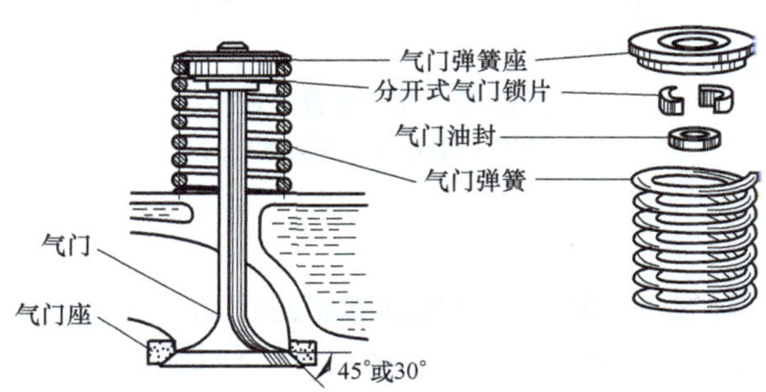

图2-50 桑塔纳2000GSi型轿车发动机气门组安装情况

二、气门

1. 构造

汽车发动机的进、排气门均为菌形气门，由气门头部和气门杆两部分组成，气门顶部有平顶、凸顶和凹顶等形状，如图2-51所示。气门与气门座或气门座圈之间靠锥面密封。气门锥面与气门顶面之间的夹角称为气门锥角（α）。进、排气门的气门锥角一般均为45°，只有少数发动机的进气门锥角为30°。

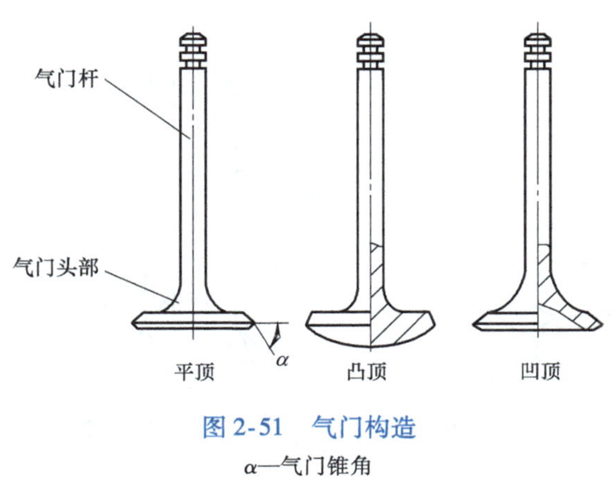

图2-51 气门构造

α—气门锥角

2. 气门布置形式

气门的布置形式有两种：侧置气门式和顶置气门式（图2-52），现在发动机一般采用顶置气门式配气机构。

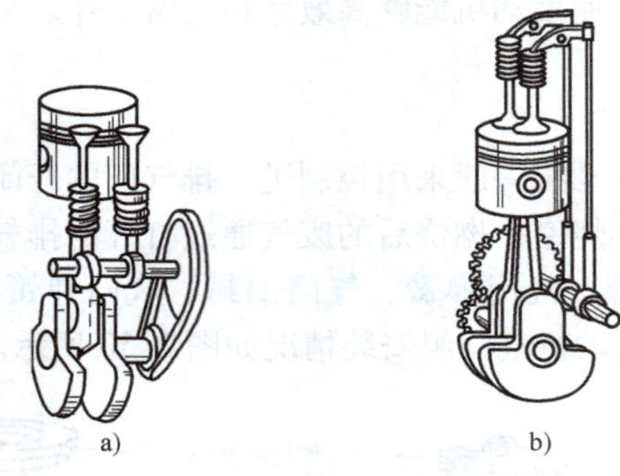

图 2-52 气门布置形式

a）侧置气门式 b）顶置气门式

三、气门座

气门座（图 2-53）与气门头部共同对气缸起密封作用，并接收气门传来的热量。气门座有两种：一种是在气缸盖上直接镗削加工而成；另一种是用合金铸铁或奥氏体钢单独制作成气门座圈，用冷缩法镶入气缸盖中。

四、气门导管

气门导管（图 2-54）的作用是起导向作用，保证气门作直线往复运动，使气门与气门座正确贴合。气门导管还起导热作用，将气门杆的热量传给气缸盖或气缸体。

五、气门弹簧

气门弹簧（图 2-55）的主要作用是克服在气门关闭过程中气门及传动件的惯性力，防止各传动件之间因惯性力的作用而产生间隙；保证气门及时落座并紧密贴合；防止气门跳动，破坏其密封性。

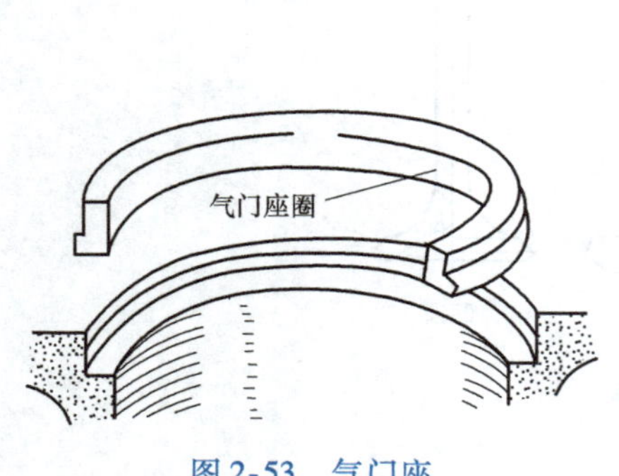

图 2-53 气门座

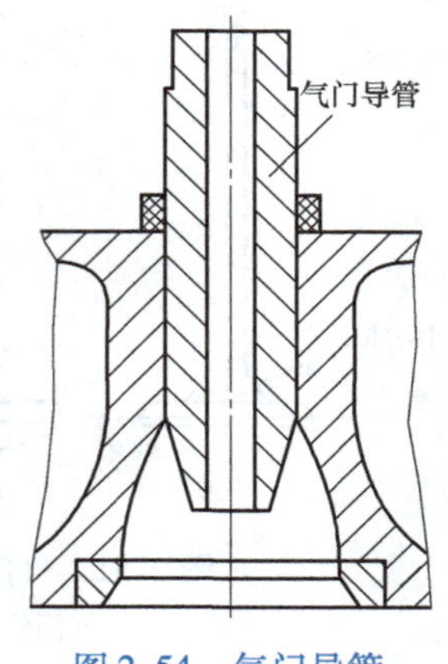

图 2-54 气门导管

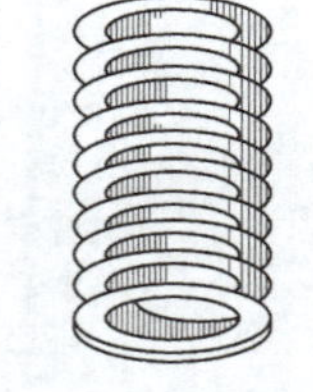
图 2-55 气门弹簧

六、气门油封

气门油封可以防止润滑油进入进、排气管，造成机油流失；防止混合气或空气及废气泄漏；防止机油进入燃烧室。

任务实施

拆装气门组

桑塔纳2000GSi型轿车发动机（AJR型发动机）采用直列顶置气门、筒形液压挺柱，气门组直接安装在气缸盖上，通过凸轮轴直接驱动气门的开闭，在国产轿车中具有典型的代表性。下面以AJR型发动机气门组为例，介绍气门组的拆装。

一、设备和工具

桑塔纳2000GSi型轿车或AJR型发动机实验台架（气缸盖已拆下）、工作台、气门弹簧拆装钳、尖嘴钳和橡胶锤。

二、辅助材料

汽油、黄油（固体润滑剂）、安全防护材料和抹布。

三、结构参数

AJR型发动机气门的结构参数见表2-3。

表2-3 AJR型发动机气门的结构参数

项目	结构参数
进气门头部直径/mm	39.5 ±0 15
排气门头部直径/mm	32.9±0.15
进气门气门杆直径/mm	6.98±0.007
排气门气门杆直径/mm	6.965±0.007
进气门顶部到尾部长度/mm	91.85
排气门顶部到尾部长度/mm	91.15
进气门气门锥角/(°)	45
排气门气门锥角/(°)	45

四、拆装步骤

图2-56 压下气门弹簧

1. 拆卸气门组

1）将发动机气缸盖置于维修位置，用气门弹簧拆装钳压下气门弹簧，如图2-56所示。

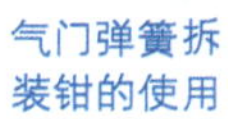

气门弹簧拆装钳的使用

2）使用尖嘴钳夹出气门锁片，如图 2-57 所示。

图 2-57 取出气门锁片

3）取下气门弹簧拆装钳，如图 2-58 所示。

图 2-58 取下气门弹簧拆装钳

4）取出上气门弹簧座，如图 2-59 所示。

拆卸气门组

图 2-59 取出上气门弹簧座

5）取出气门弹簧，如图 2-60 所示。

图 2-60 取出气门弹簧

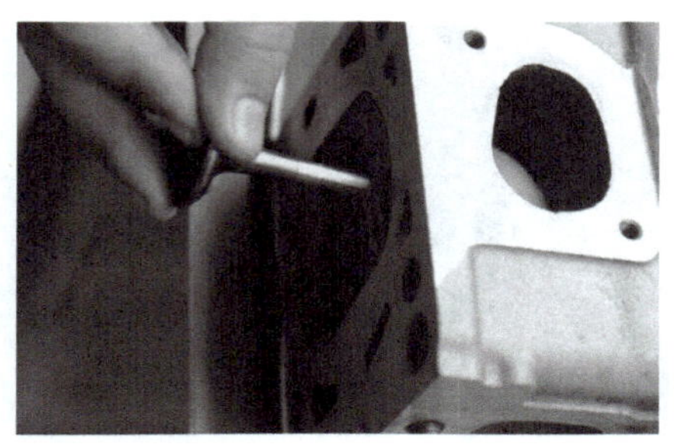
图 2-61 取出气门

6）取出气门，如图 2-61 所示。

2. 安装气门组

图 2-62 安装新气门

1）清洁气门组零部件，使用汽油清洗气门表面积炭。目视检查，发现气门弹簧与气缸盖连接部分磨损严重，气门杆变形。初步诊断：由于气门弹簧异常磨损，导致气门弹簧弹力不足，气门不在直线上上下运动，对其他零部件的撞击加剧，产生异响。需更换新的气门和气门弹簧。

2）更换新气门，使用少量机油润滑气门杆，使用汽油清洗气门座，安装新的气门，如图 2-62 所示。

图 2-63 安装新气门弹簧

3）安装新的气门弹簧，如图 2-63 所示。

图 2-64 安装上气门弹簧座

4）安装上气门弹簧座，如图 2-64 所示。

5）使用气门弹簧拆装钳压下气门弹簧，如图 2-65 所示。

图 2-65 压下气门弹簧

6）将黄油涂抹在气门锁片内表面，将气门锁片装入气门杆尾部凹槽内，如图 2-66 所示。

图 2-66 装上气门锁片

7）取下气门弹簧拆装钳，如图 2-67 所示。

图 2-67 取下气门弹簧拆装钳

8）使用橡胶锤敲击气门杆尾部，确保气门锁片安装牢固，如图 2-68 所示。

图 2-68 敲击气门杆

9）清洁气门组及气缸盖表面。

3. 排除故障

检查气门座、气门导管、气门油封及上气门弹簧座均正常，更换新的气门弹簧和气门后，发现发动机气门组工作正常，无异响。至此，排除气门异响故障。

五、质量保证

1）拆卸气门组之前应先清洁气缸盖，吹净气门组周围异物。拆卸过程中应正确使用工具，不可破坏气门顶部；使用气门弹簧拆装钳时应注意安全，保证气门弹簧拆装钳上下两部分与气门顶部和上气门弹簧紧密贴合。

2）安装气门组零部件前应仔细检查各部件，清洁各部件并润滑气门杆。安装气门锁片时要注意气门锁片上下方向，应保证安装正确，安装完应检查安装情况，保证各部件接触良好。

工作说明

1）拆卸多个气门组时应做好标记，不可调换，应保证每个气门组安装在原来的气门座上。

2）安装气门组前，应充分清洁气门组各零部件，清除气门座上的积炭，以确保新气门与气门座贴合严密，防止排除气门异响故障后又存在气门漏气故障，出现燃烧不正常、废气污染严重。

拓展与提高

多气门发动机

多气门发动机是指每个气缸的气门数目超过两个，即两个进气门和一个排气门的三气门式；两个进气门和两个排气门的四气门式；三个进气门和两个排气门的五气门式。

随着技术的发展，汽车发动机的转速越来越高，传统的两气门已经不能胜任在短暂的时间内完成换气工作，限制了发动机性能的提高。多气门技术是解决问题的最好方法。

轿车上的多气门发动机都是四气门式的，一般由两根顶置式凸轮轴来控制排列在气缸燃烧室中心线两侧的气门。气门布置在气缸燃烧室中心两侧倾斜的位置上，是为了尽量扩大气门头的直径，加大气流通过面积，改善换气性能；形成一个火花塞位于中央的紧凑型燃烧室，有利于混合气的迅速燃烧。

多气门发动机与传统的两气门发动机相比，前者能吸进更多的空气来混合燃油，燃烧做功，节省燃油；能更快地排出废气，降低排放污染；能提高发动机的功率和降低噪声，符合保护环境和节省能源的发展方向，所以多气门技术得到了广泛应用。

【小资料】

“长五”团队的“五精”精神

从2011年长征五号B运载火箭正式批复立项，长征五号团队历经近10年鏖战，于2020年5月5日首飞圆满成功。长征五号系列运载火箭是“梦想之箭”，是实现航天强国梦想的“顶梁柱”。从大型高轨卫星到月球采样返回、火星着陆巡视探测器，都要由长征五号系列运载火箭发射；从空间站核心舱、实验舱到后续模块，都要靠长征五号B

运载火箭托举。从大推力发动机、大直径箭体结构到国际先进的控制系统，中国运载火箭技术的一系列跨越，乃至相关领域材料、工艺、装备的升级，都要通过长征五号系列运载火箭工程来牵引。跨代工程、圆梦工程，非技术精湛者恐难为之。所谓精湛，不仅要通晓并应用前沿技术，还要顶得住攻关中的质疑与压力，同时也要平衡好先进技术与工程总体目标的关系，有所为，有所不为。放眼长征五号系列运载火箭研制全程，自2006年长征五号系列运载火箭立项，乃至更早的1986年启动论证，无数个日夜里，几代长五人呕心沥血铸巨箭，也铸就了“技术精湛、作风精细、操作精准、分析精确、合作精诚”的“五精”精神。这种精神已融入团队成员的血液，成为他们攻坚克难、协同创新的不竭动力。

项目三 燃料供给系统的构造与拆装

项目描述

汽油机燃料供给系统包括空气的供给、燃油的供给、可燃混合气的形成以及废气的排放。起动发动机后，曲轴带动活塞在气缸内作往复运动，气缸内容积由小变大时会在气缸内产生负压，这时进气门打开，新鲜的空气被吸进入进气歧管，发动机 ECU 检测出进气信号后，控制喷油器将汽油喷入进气歧管内与空气混合后一起被吸入气缸内。燃油的供给是通过电动汽油泵的工作把油箱里的汽油输送至喷油器的过程；空气的供给是通过节气门开度的大小控制进气量的过程。因此，本项目主要围绕节气门体、汽油泵和喷油器的构造与拆装进行学习和训练。

任务1 拆装节气门体

学习目标

1. 知识目标

1）指出燃油供给系统中空气供给部分的组成及主要总成的作用。

2）说明节气门体的构造和工作过程。

2. 技能目标

1）使用设备和工具，按工艺规范拆装节气门体。

2）查阅维修资料，完成工作页。

3. 情感目标

1）遵守操作规则，保证质量。

2）遵守环保法规，保证安全。

任务描述

一辆桑塔纳2000GSi型轿车起动后发动机抖动，怠速偏高，检测发现节气门开度偏大，经检查发现节气门灰尘太多，有积炭，应清洗节气门。因此，需要掌握空气供给系统的相关知识，制订工作计划，实施拆装节气门体任务，并保证工作质量。

知识储备

汽油机燃料供给系统的作用是根据发动机不同工况的要求，配制出一定浓度的可燃混合气，供入气缸，并在燃烧做功后，将废气排入大气。空气供给系统的主要任务是为发动机提供必要的空气，并检测出进入气缸的空气量。在桑塔纳2000GSi型轿车发动机进气行程时，活塞下移，气缸内产生真空吸力，进气门打开，在真空吸力的作用下，空气经过空气滤清器滤清后流过空气流量传感器，空气流量传感器计算通过的空气量，并将此信号送给发动机ECU。通过改变节气门开度来控制进入气缸的空气量，从而调节发动机的输出功率。充气效率的高低直接影响发动机的输出功率。

一、空气供给系统的组成

汽车发动机空气供给系统主要由空气滤清器、进气软管、节气门体（节气门体内有怠速调节器、节气门及节气门位置传感器等）、进气温度传感器、空气流量传感器、稳压箱和进气歧管等元器件组成。桑塔纳2000GSi型轿车发动机空气供给系统，如图3-1所示。

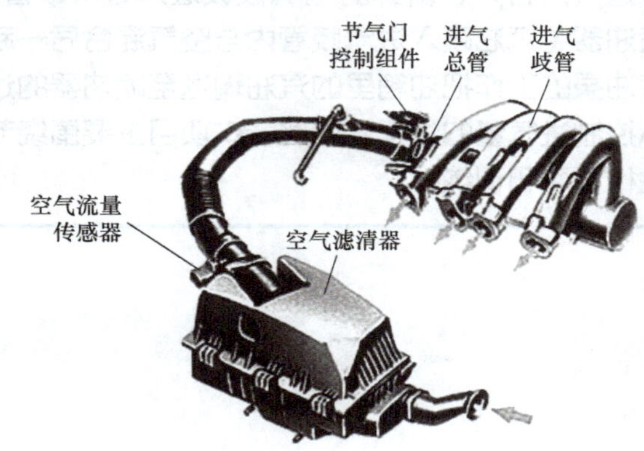

图3-1 桑塔纳2000GSi型轿车发动机空气供给系统

二、空气滤清器

1. 空气滤清器的作用

空气滤清器的作用主要是滤去空气中的杂质或灰尘，让洁净的空气进入气缸。

2. 空气滤清器的类型

1）综合式空气滤清器。综合式空气滤清器由外壳、盖和滤芯等主要零部件组成，其构造如图3-2所示。

2）纸质空气滤清器。纸质空气滤清器在纸质滤芯的上、下两端用密封圈密封改成，其构造如图3-3所示。

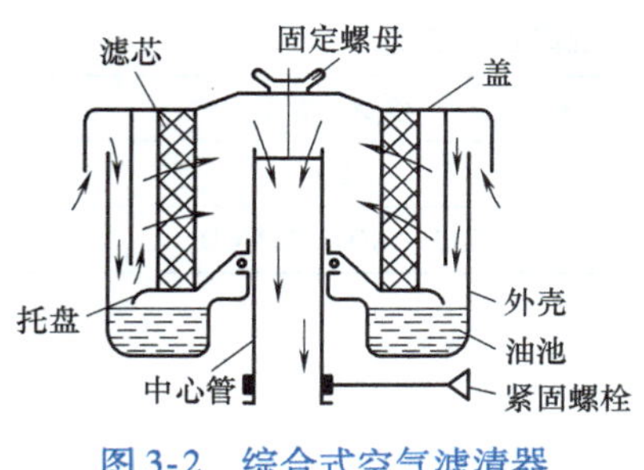

图 3-2　综合式空气滤清器

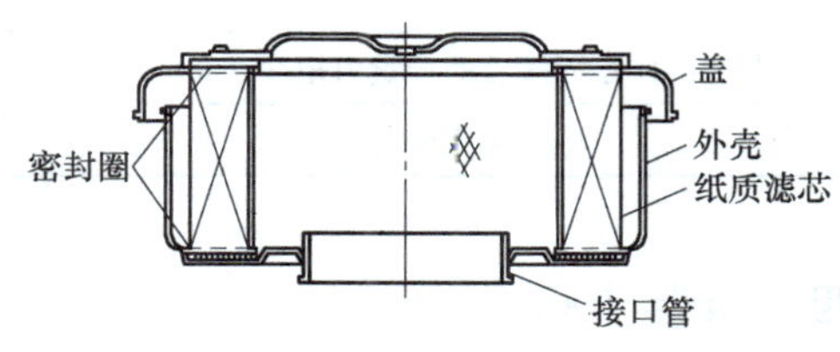

图 3-3　纸质空气滤清器

三、节气门体

节气门体的作用是通过与加速踏板联动，控制进气通道截面积的变化，从而实现对发动机转速和负荷的控制。节气门体安装在空气滤清器和稳压箱之间，如图 3-4 所示。

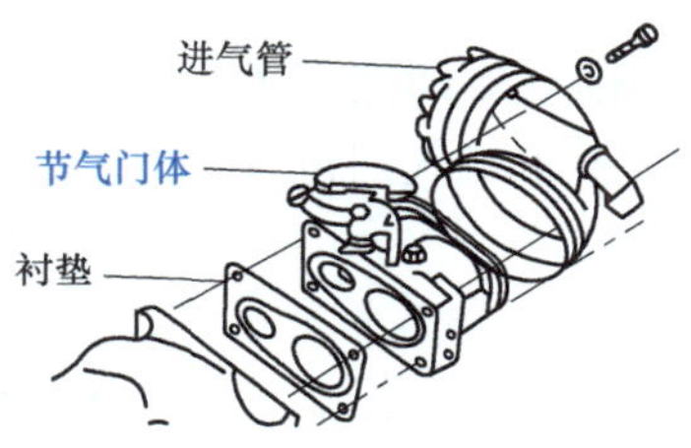

图 3-4　节气门体相关零部件

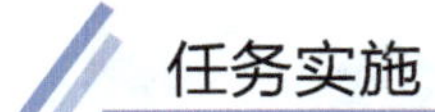

任务实施

拆装节气门体

桑塔纳 2000GSi 型轿车发动机（AJR 型发动机）空气供给系统通过调节节气门的开度来控制进气量，从而调节发动机的输出功率。节气门体位于空气滤清器和稳压箱之间，与加速踏板联动。节气门体还为燃油压力调节器提供真空度；冷却液也流过节气门体给进入气缸的空气预加热；同时发动机在热态工作时，活性炭罐电磁阀在 ECU 的控制下打开，通过新鲜空气带走汽油蒸汽，并经管路通过节气门体吸入进气管。下面以 AJR 型发动机空气供给系统为例，介绍节气门体的拆装。

一、设备和工具

桑塔纳 2000GSi 型轿车或 AJR 型发动机实验台架、工作台、世达 150 件套和 K81 诊断仪。

二、辅助材料

冷却液、化油器清洗剂、安全防护材料和抹布。

三、技术参数

AJR 型发动机空气供给系统的技术参数见表 3-1。

表 3-1 AJR 型发动机空气供给系统的技术参数

项 目	技术参数
节气门体紧固螺栓的拧紧力矩/N·m	20
冷却液添加剂	G12（NO52 744 CO）

四、拆装步骤

1. 拆卸节气门体

1）将发动机置于维修位置，排空冷却液，关闭点火开关，并断开蓄电池负极。拆下节气门位置传感器插接件，如图 3-5 所示。

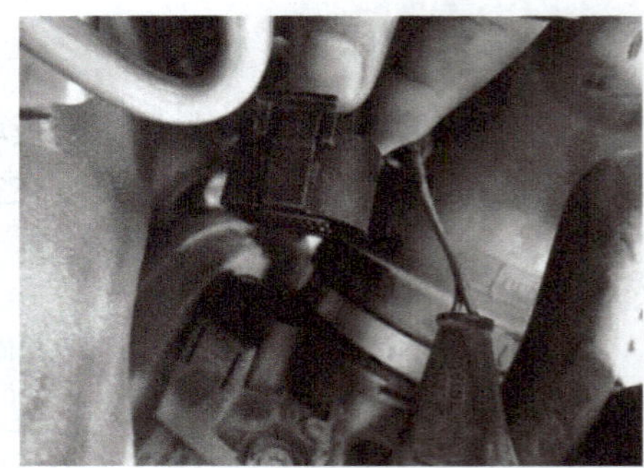

图 3-5 拆下节气门位置传感器插接件

2）取下节气门控制拉索，如图 3-6 所示。

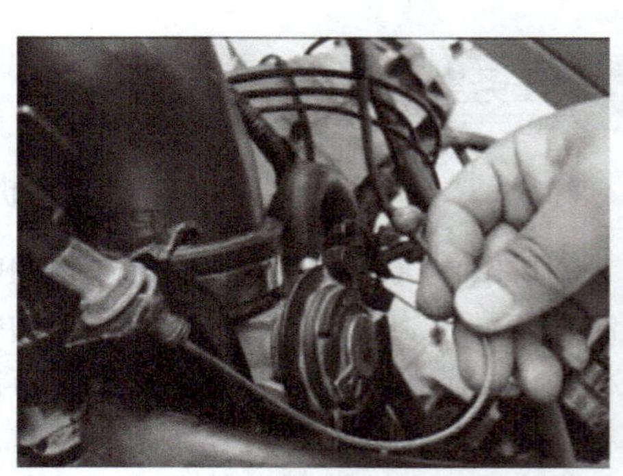

图 3-6 取下节气门控制拉索

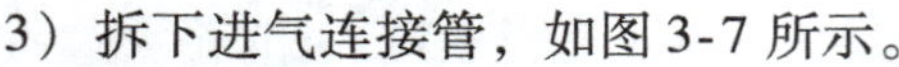

3）拆下进气连接管，如图 3-7 所示。

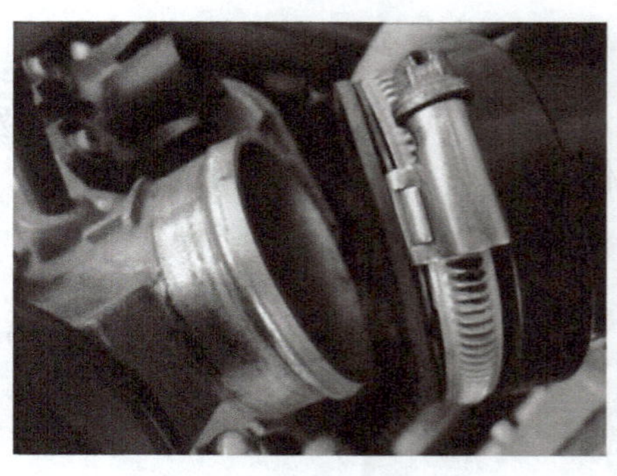

图 3-7 拆下进气连接管

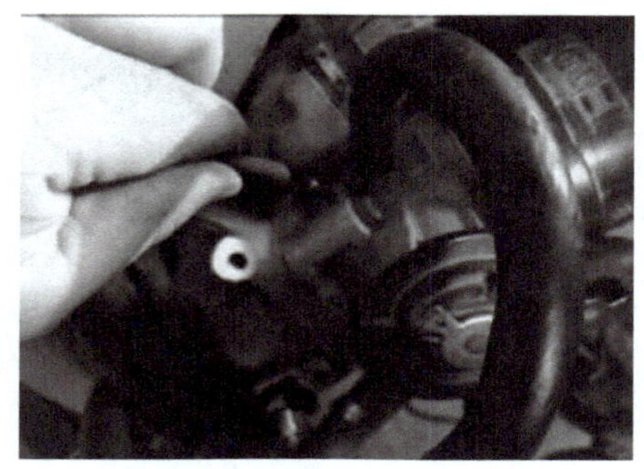

图 3-8　拆下连接燃油压力调节器真空软管

4）拆下连接燃油压力调节器的真空软管，如图 3-8 所示。

图 3-9　拆下连接活性炭罐电磁阀的真空软管

5）拆下连接活性炭罐电磁阀的真空软管，如图 3-9 所示。

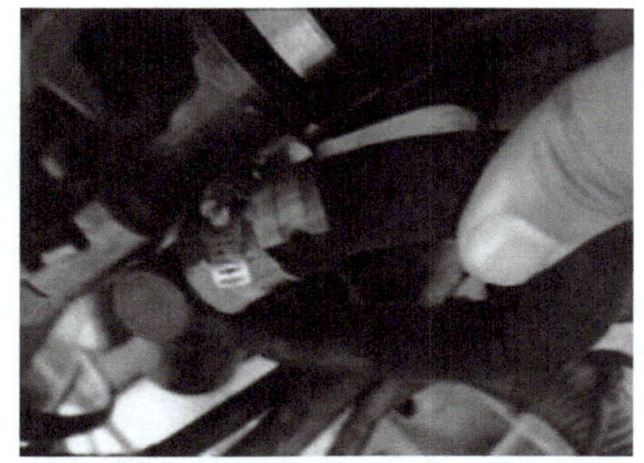

图 3-10　拆下冷却液旁通软管

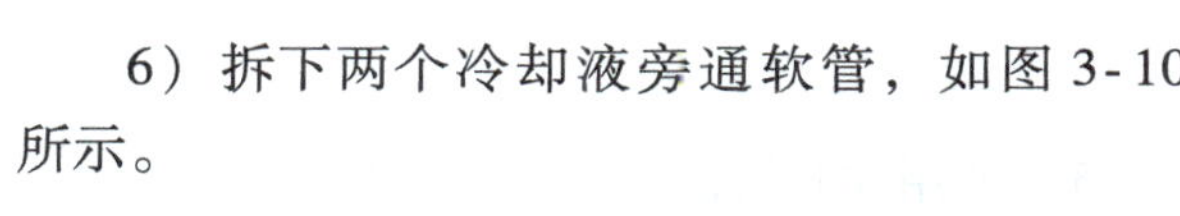

6）拆下两个冷却液旁通软管，如图 3-10 所示。

图 3-11　拆下节气门体

7）拆下节气门体，如图 3-11 所示。

拆卸节气门体

8）取下垫片，如图3-12所示。

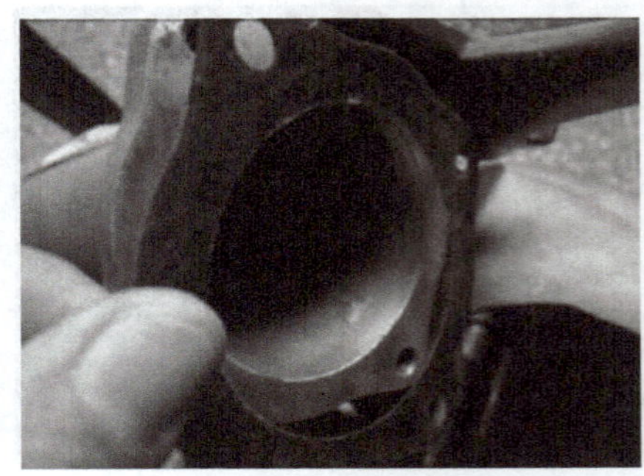

图3-12　取下垫片

2. 清洗节气门

1）目视检查节气门后发现节气门表面有明显的积炭，初步诊断：因节气门积炭严重导致节气门开度变大，造成发动机怠速异常。

2）使用化油器清洗剂清洁节气门表面积炭（图3-13），减小怠速时节气门的开度，降低发动机怠速转速，减少废气排放。

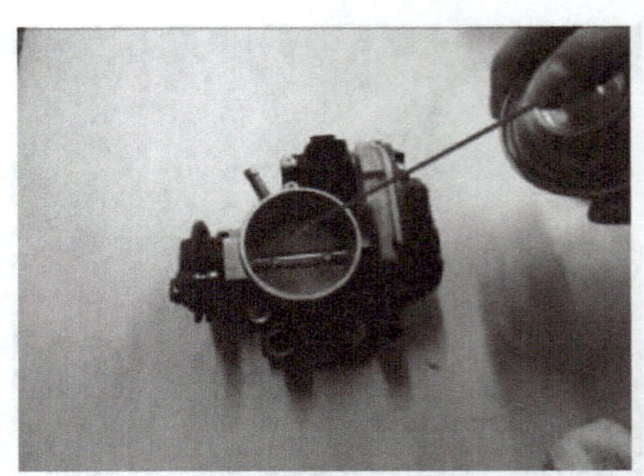

图3-13　使用化油器清洗剂清洁节气门

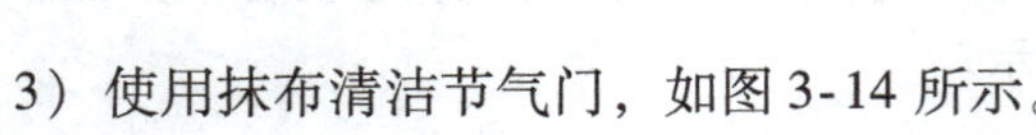

3）使用抹布清洁节气门，如图3-14所示。

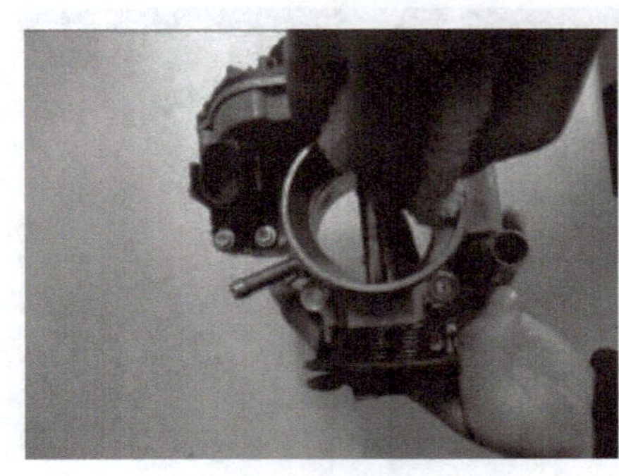

图3-14　使用抹布清洁节气门

3. 安装节气门体

1）安装新的垫片，如图3-15所示。

安装节气门体

图3-15　安装新垫片

图 3-16　安装节气门体

2）安装节气门体，紧固力矩为 20N · m，如图 3-16 所示。

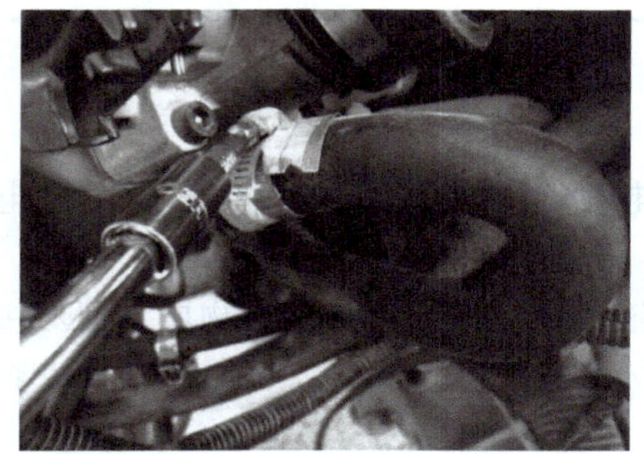

图 3-17　安装节气门体各连接软管及进气管卡箍

3）安装进气管卡箍，连接燃油压力调节器的真空软管，连接活性炭罐电磁阀的真空软管以及两个冷却液旁通软管，并紧固，如图 3-17 所示。

图 3-18　安装节气门控制拉索

4）安装节气门控制拉索，如图 3-18 所示。

安装节气门控制拉索

图 3-19　安装节气门位置传感器插接件

5）安装节气门位置传感器插接件并连接好蓄电池负极，如图 3-19 所示。

6）使用 K81 进行节气门设定，如图 3-20 所示。

4. 排除故障

重新加注冷却液后起动发动机，发现怠速稳定，发动机怠速转速正常，空气流量传感器等传感器读数均正常。至此，排除发动机怠速偏高故障。

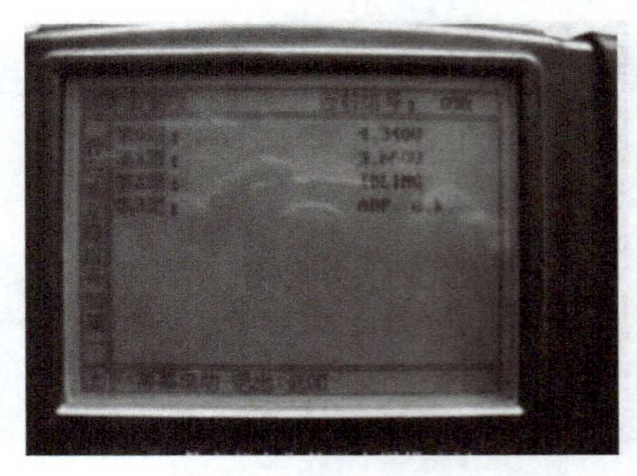

图 3-20 节气门设定

五、质量保证

1）拆卸电气设备前应先关闭点火开关，并断开蓄电池负极，以免影响发动机 ECU 和电气设备。

2）拆卸冷却液软管前应先放出冷却液，以免冷却液溅出。冷却液为有毒物质，请勿接触，并置于安全场所。放出的冷却液不宜再使用，应严格按有关法规处理废弃的冷却液，否则易引起化学反应。

3）节气门体拆下清洗，重新安装好后需进行设定。

工作说明

1）节气门体上连接有冷却液软管，所以拆卸节气门体前需排出冷却液。

2）清洗节气门体时要注意进气孔和排气孔都要清洁。

3）节气门控制拉索支架安装在进气歧管上，所以可不拆卸节气门控制拉索支架。

4）节气门上的各软管、气门控制拉索、节气门传感器接插件以及进气连接管的拆装顺序可调换。

拓展与提高

可变进气系统

为了提高发动机的动力性能，大多采用提高充气效率的方法。提高充气效率的途径除了采用增压之外，还可以采用适当的配气相位并能随发动机转速不同而变化，也可以利用进气的惯性及谐振效应。

可变进气系统分为多气门分别投入工作和可变进气道系统两类，其目的都是为了改变进气涡流强度，提高充气效率；另外，可形成谐振及进气脉冲惯性效应，以适应低速及中高速工况。

多气门分别投入工作的方式有以下两种：一是通过凸轮或摇臂控制气门按时打开或关闭；二是在气道中设置旋转阀门，按需要打开或关闭该气门的进气通道。后者比前者控制简单。

可变进气系统是根据发动机不同的工况，采用不同长度及容积的进气管向气缸内充气，以便形成脉冲惯性效应及谐振效应，从而提高充气效率及发动机的动力性能。可变进气系统有三种工作形式：双脉冲进气系统、四气门二段进气系统和三段进气系统。

任务 2 拆装汽油泵

学习目标

1. 知识目标

1）指出燃料供给系统中燃油供给部分的组成及主要总成的作用。

2）说明汽油泵的构造及其工作过程。

2. 技能目标

1）使用设备和工具，按工艺规范拆装电动汽油泵。

2）查阅维修资料，完成工作页。

3. 情感目标

1）遵守操作规则，保证质量。

2）遵守环保法规，保证安全。

任务描述

一辆桑塔纳 2000GSi 型轿车无法起动，燃油输送管里没有汽油，但油箱里还有很多汽油，经检查发现电动汽油泵壳体有裂纹，所以应更换电动汽油泵。因此，需要掌握燃油供给系统的相关知识，制订工作计划，实施拆装电动汽油泵任务，并保证工作质量。

知识储备

发动机燃油供给部分的主要作用是根据发动机运转工况的需要，向发动机供给一定量的、清洁的、雾化良好的燃油，以便与一定量的空气混合形成可燃混合气。汽油发动机使用的燃油是汽油，当发动机开始工作时，电动汽油泵把汽油从油箱泵出并加压，经汽油滤清器过滤后送至燃油分配管，在汽油压力调节器的作用下使油压与进气歧管内气压的差值始终保持恒定，ECU 控制喷油器适时开启，将定量定压的汽油喷入进气歧管，多余的汽油经回油管回到油箱。汽油发动机燃油供给方式有化油器式和喷射式两种，电控汽油喷射系统以电控单元为控制中心，利用发动机上的各种传感器检测其工作状况，经 ECU 判断及计算，控制执行器动作，使发动机在不同工况下都能获得最佳的可燃混合气，从而达到良好的经济性能和排气净化效能。

一、燃油供给部分的组成

电控汽油喷射系统中的燃油供给部分是由汽油箱、电动汽油泵、汽油滤清器、燃油分配管、燃油压力调节器和喷油器等组成，其作用是提供汽油喷射所需的压力燃油，并在电脑的控制下将燃油喷入进气歧管。桑塔纳 2000GSi 型轿车 AJR 型发动机燃油供给系统，如

图 3-21所示。

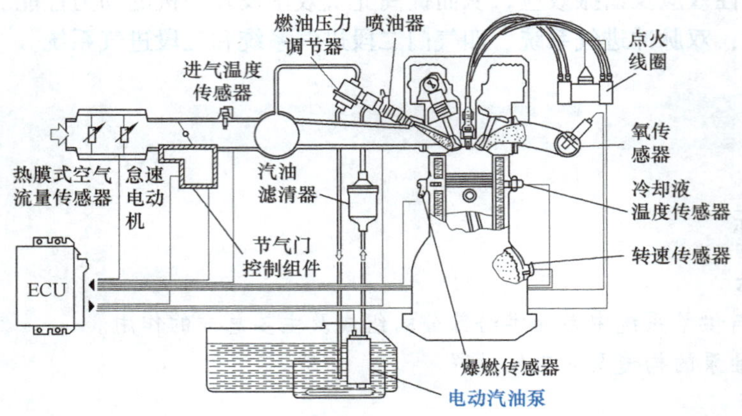

图 3-21 AJR 型发动机燃油供给系统示意图

二、电动汽油泵

滚柱式电动汽油泵是由永磁电动机驱动的带滚柱的转子泵，主要由直流电动机、滚柱式油泵、保持汽油输送管压力不致过高的限压阀和保持剩余压力的单向阀组成，如图 3-22 所示。

三、燃油压力调节器

燃油压力调节器的作用是要自动保持整个油压系统的燃油压力为一定值，使供油总管内的油压与进气歧管压力之差为恒定值。其安装位置，如图 3-23 所示。

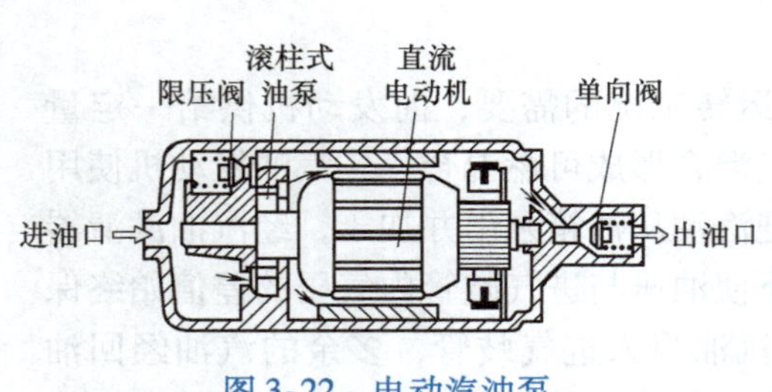

图 3-22 电动汽油泵

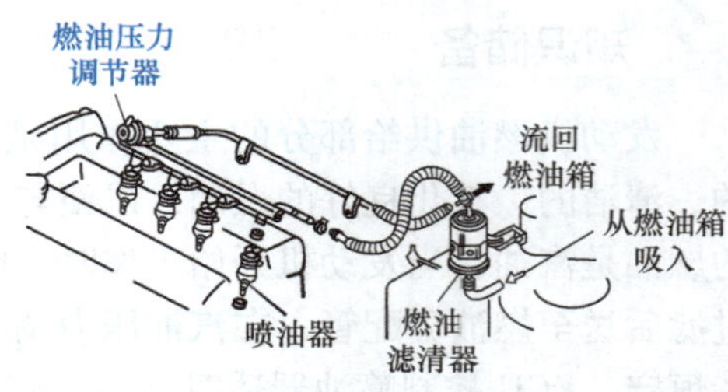

图 3-23 燃油压力调节器安装位置示意图

任务实施

拆装汽油泵

桑塔纳 2000GSi 型轿车（AJR 型发动机）采用了电子控制燃油喷射系统，汽油泵（汽油泵安装在汽油箱中）将汽油从汽油箱中吸出，经汽油滤清器过滤后，送往燃油分配管。下面以 AJR 型发动机燃油供给部分为例，介绍汽油泵的拆装。

一、设备和工具

桑塔纳2000GSi型轿车或AJR型发动机实验台架、工作台、十字螺钉旋具、一字螺钉旋具、鲤鱼钳、10号六角套筒和中号棘轮扳手。

二、辅助材料

汽油、安全防护材料和抹布。

三、技术参数

AJR型发动机燃油供给系统的技术参数见表3-2。

表3-2　AJR型发动机燃油供给系统的技术参数

项　目	技术参数
怠速转速/(r/mim)	800±30
怠速时燃油供给系统压力（真空管连接）/kPa	250±20
熄火10min后汽油系统保持压力/kPa	大于150

四、拆装步骤

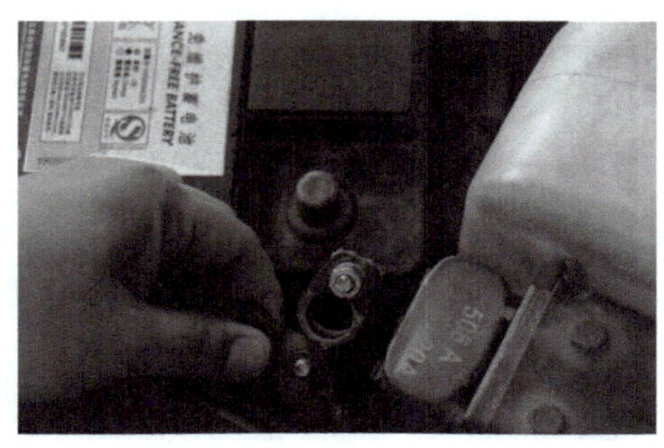

图3-24　拆下蓄电池负极线

1. 拆卸汽油泵

1）关闭点火开关，拆下蓄电池负极线，如图3-24所示。

图3-25　拆下汽油箱密封凸缘盖板

2）使用专用设备抽取汽油箱里的汽油，拆下位于行李舱内地毯下的汽油箱密封凸缘的盖板，如图3-25所示。

拆卸汽油泵

3）从密封凸缘上拔下进油管、回油管、通气管以及导线接头，如图 3-26 所示。

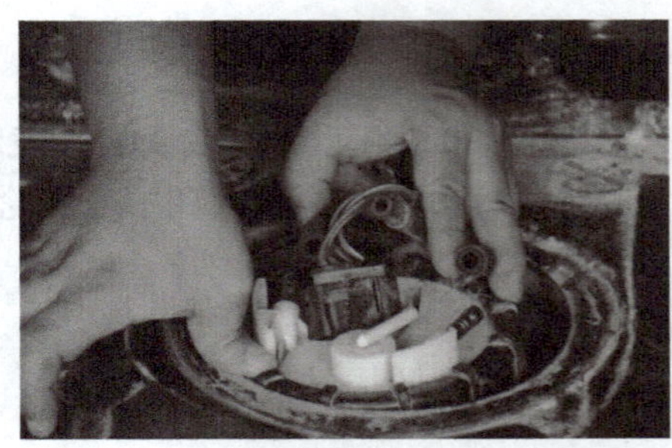

图 3-26　拔下进油管、回油管、通气管以及导线接头

4）从汽油箱开口处拉出密封凸缘，如图 3-27 所示。

图 3-27　拉出密封凸缘

5）取出橡胶密封件，如图 3-28 所示。

图 3-28　取出橡胶密封件

6）取出汽油泵总成，如图 3-29 所示。

图 3-29　取出汽油泵总成

图 3-30 安装汽油泵总成

2. 安装汽油泵

1）目视检查发现汽油泵壳体有裂纹，初步诊断：因汽油泵壳体有裂纹，导致燃油管路里面油压不足，发动机无法起动。

2）更换新的汽油泵，将汽油泵总成放入汽油箱内，如图 3-30 所示。

安装汽油泵

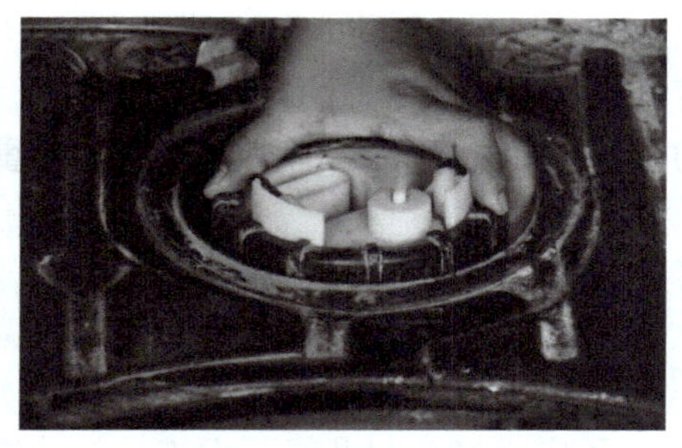

图 3-31 安装密封凸缘

3）在汽油箱开口上安装好密封圈，安装密封圈时用汽油将密封圈润湿。

4）安装密封凸缘，密封凸缘上的箭头必须对准汽油箱上的箭头，如图 3-31 所示。

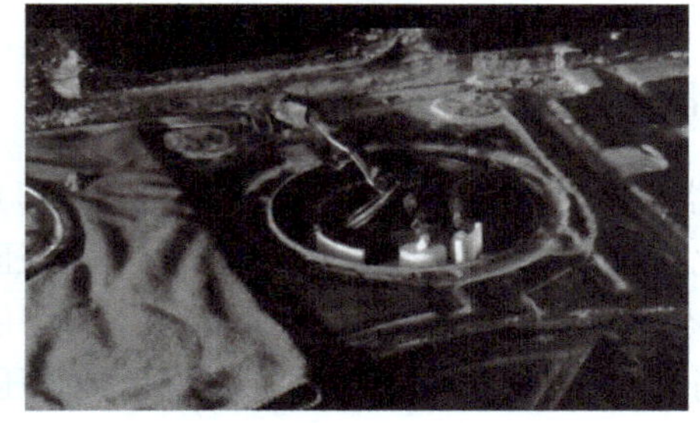

图 3-32 接上输油管、回油管、通气管以及导线插头

5）接上密封凸缘上部的输油管、回油管、通气管以及导线插头，如图 3-32 所示。

图 3-33 装上汽油箱密封凸缘的盖板

6）装上汽油箱密封凸缘的盖板，如图 3-33 所示。

7）装上行李舱地毯，加注汽油，连接蓄电池负极线，如图 3-34 所示。

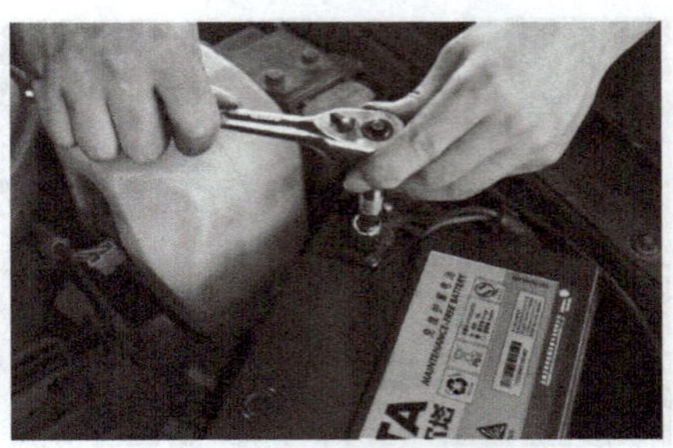
图 3-34 连接蓄电池负极线

3. 排除故障

检查燃油管路及其连接件、汽油泵、燃油压力调节器和油压表，均正常。至此，排除燃油压力异常故障。

五、质量保证

1）在拆卸汽油泵之前应先关闭点火开关，断开蓄电池负极，抽尽燃油箱里的汽油。

2）抽取汽油的过程应保持无污染，且应用正确的容器存储抽出的汽油，确保汽油能重新使用。

3）取出汽油泵总成时，要注意燃油表浮子，不可弄坏。

工作说明

拆卸汽油泵总成时，可以将其总成一起取出汽油箱，不需拆卸密封凸缘下面连接的输油管、回油管及导线接头。

拓展与提高

柴油机高压共轨供油技术

柴油机高压共轨技术指在高压油泵、共轨腔、喷油器、压力传感器和电子控制单元（ECU）等组成的闭环系统中，将喷射压力的产生和喷射过程彼此完全分开的一种供油方式。它是由高压油泵将高压燃油输送到公共供油管（共轨腔），通过公共供油管内的油压实现精确控制，即利用较大容积的共轨腔将油泵输出的高压燃油蓄积起来，并消除燃油中的压力波动。所以高压油管压力大小与发动机的转速无关，这样可以大幅度减小柴油机供油压力随发动机转速变化的程度。

共轨腔内的高压直接用于喷射，可以省去喷油器内的增压机构，而且共轨腔内是持续高压，高压油泵所需的驱动力矩比传统油泵小得多。

通过高压油泵上的压力调节电磁阀，可以根据发动机负荷状况以及经济性和排放性的要求，对共轨腔内的油压进行灵活调节，尤其优化了发动机的低速性能。

任务 3 拆装喷油器

学习目标

1. 知识目标

1）指出喷油器的类型及主要区别。

2）说明喷油器的构造和工作过程。

2. 技能目标

1）使用设备和工具，按工艺规范拆装喷油器。

2）查阅维修资料，完成工作页。

3. 情感目标

1）遵守操作规则，保证质量。

2）遵守环保法规，保证安全。

任务描述

一辆桑塔纳2000GSi型轿车起动困难、怠速不稳、加速不良，且有一个喷油器不喷油，经检查发现喷油器损坏，应更换喷油器。因此，需要掌握喷油器的相关知识，制订工作计划，实施拆装喷油器任务，并保证工作质量。

知识储备

起动汽油发动机后，发动机曲轴带动活塞在气缸内作往复运动，在进气行程中进气门打开，新鲜的空气被吸入进气管，发动机ECU检测出进气信号后，控制喷油器将汽油喷入进气歧管内，与空气混合后形成可燃混合气进入气缸。发动机ECU根据空气流量传感器、节气门开度、冷却液温度和进气温度等传感器的信号，通过喷油器的喷油时间来控制喷油量，以达到理想的可燃混合气情况。为保证喷油质量，喷油器电磁阀应有良好的响应特性、一定的喷雾锥角和贯穿距离，且喷完油之后应能迅速关闭，不能发生滴漏现象。

可燃混合气是指空气与燃油的混合物，其成分对发动机的动力性、经济性和排放性等都有很大的影响。对混合气成分，欧美各国及日本一般都直接以其中所含空气与燃油的质量比——空燃比来表示，理想的空燃比为14.7∶1。在我国除用空燃比表示混合气成分外，还常用过量空气系数来表示混合气的浓与稀。过量空气系数是指燃烧过程中1kg燃油实际供给的空气质量与1kg燃油理论上完全燃烧所需要的空气质量之比。

一、汽油机喷油器

1. 喷油器的类型及结构

电子控制汽油喷射系统采用的是电磁式喷油器，按照喷油器针阀的结构特点可分为轴针式、球阀式和片阀式电磁喷油器。

喷油器的作用是根据ECU的指令将汽油以雾状形式喷入进气管，其主要由滤网、电磁线圈、磁心、针阀、阀体、螺旋弹簧、调整垫片和壳体等构成。轴针式喷油器的结构，如图3-35所示。

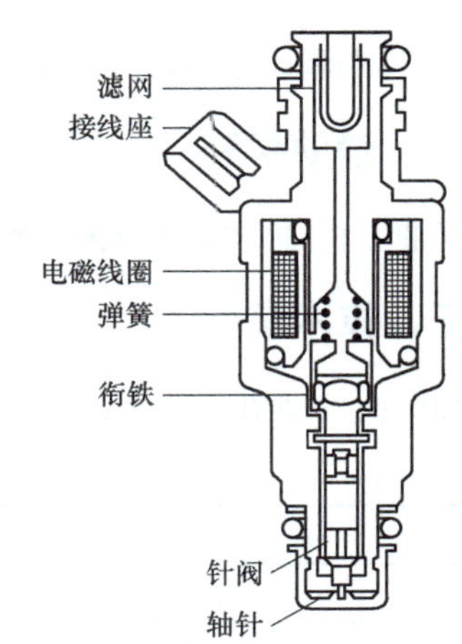

图3-35 轴针式电磁喷油器

2. 工作过程

当电磁线圈中无电流通过时，喷油器针阀被弹簧压在喷油器出口处的密封锥座上。当电磁线圈通电时，磁铁被激励，针阀从其座面上升约0.1mm，汽油从精密环形间隙中流出，与空气一起被吸入气缸，并通过旋流作用在进气和压缩行程中形成易于点燃的均匀空气——汽油混合气。

二、柴油机喷油器

1. 柴油机喷油器的类型及结构

柴油机多采用闭式喷油器，其常见形式有两种：孔式喷油器和轴针式喷油器。

孔式喷油器多用于直接喷射式燃烧室上，其由针阀、针阀体、顶杆、调压弹簧、调压螺钉及喷油器体等零部件组成，如图3-36所示。

2. 工作过程

喷油泵输出的高压柴油由进油管接头经过在喷油器体与针阀体的油道孔进入针阀中部高压油腔。油压作用在针阀的承压锥面上，形成一个轴向推力。当此推力足以克服调压弹簧的预紧力以及针阀与针阀体之间的摩擦力后，针阀随即移动而打开喷孔，高压柴油便从针阀体下端的喷油孔喷射出去。当喷油泵停止供油时，由于高压油路内油压迅速下降，针阀在调压弹簧的作用下及时回位，将喷孔关闭。

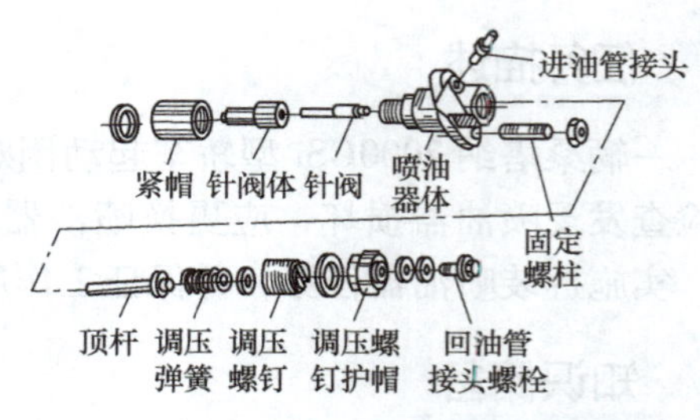

图3-36 孔式喷油器的结构

任务实施

拆装喷油器

桑塔纳2000GSi型轿车发动机（AJR型发动机）燃油供给系统采用电子控制燃油喷射系统，喷油器通常安装在进气歧管及气缸盖上，通过发动机ECU发出的喷油脉冲信号控制喷油器电磁阀的开闭来实现喷油和断油。下面以AJR型发动机燃油供给系统为例，介绍喷油器的拆装。

一、设备和工具

桑塔纳轿车或AJR型发动机实验台架、工具车、鲤鱼钳和世达150件套。

二、辅助材料

汽油、机油、安全防护材料和抹布。

三、技术参数

AJR型发动机喷油器的技术参数见表3-3。

表3-3 AJR型发动机喷油器的技术参数

项　目	技术参数
喷油器形式	4孔喷油器
30s喷油量/mL	70~85
室温时喷油器电阻/Ω	13~18

四、拆装步骤

图 3-37 清洁发动机喷油器周围

1. 拆卸喷油器

1）关闭点火开关，断开蓄电池负极，排出燃油管路里的汽油，清洁喷油器周围，如图 3-37 所示。

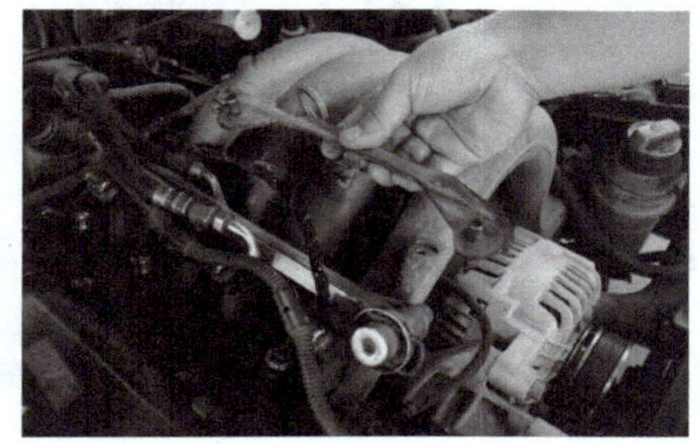
图 3-38 拆下支架

2）拆下燃油压力调节器真空管的支架，如图 3-38所示。

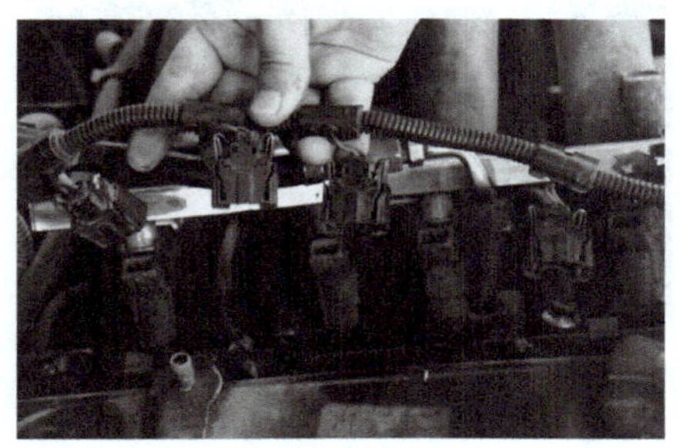
图 3-39 拔下 4 个喷油器的线束插接头

3）拔下 4 个喷油器的线束插接头，如图 3-39 所示。

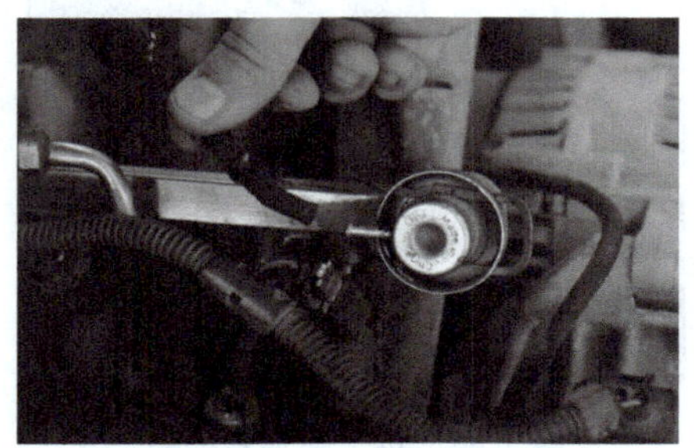
图 3-40 拆下燃油压力调节器真空管

4）拆下燃油压力调节器真空管，如图 3-40 所示。

5）拆下进油管，如图 3-41 所示。

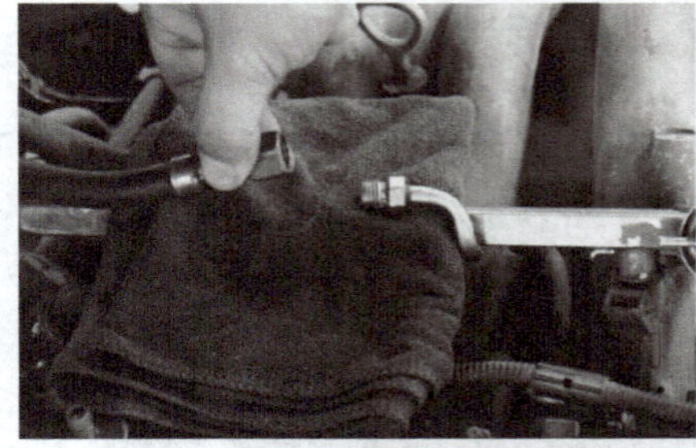

图 3-41 拆下进油管

6）拆下回油管，如图 3-42 所示。

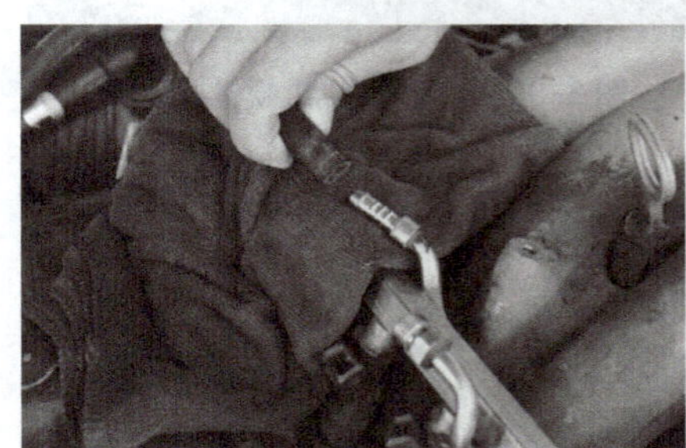

图 3-42 拆下回油管

7）取下燃油分配管总成，如图 3-43 所示。

拆卸喷油器

图 3-43 取下燃油分配管总成

8）拆下喷油器插销，如图 3-44 所示。

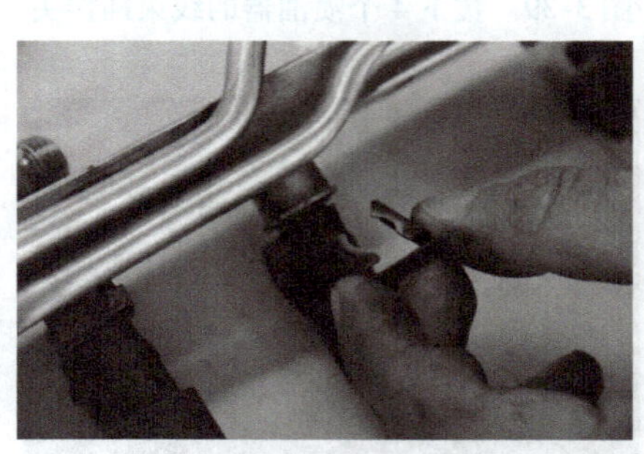

图 3-44 拆下喷油器插销

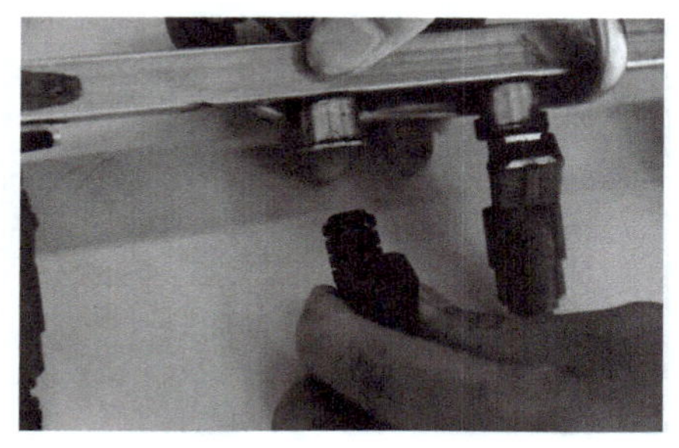
图 3-45　拆下喷油器

9）拆下喷油器，如图 3-45 所示，并按顺序安放 4 个喷油器。

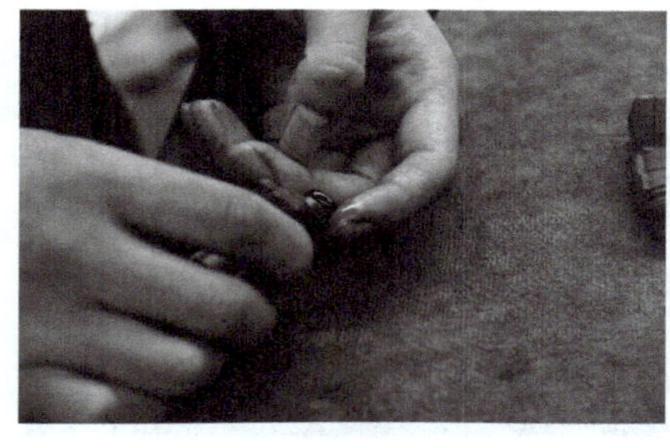
图 3-46　润滑喷油器 O 形密封圈

2. 安装喷油器

1）清洁喷油器，目视检查喷油器后发现一个喷油器的喷嘴锈蚀堵塞。初步诊断：因喷油器不喷油导致发动机怠速不稳、起动困难。

2）更换新的喷油器，润滑喷油器 O 形密封圈，如图 3-46 所示。

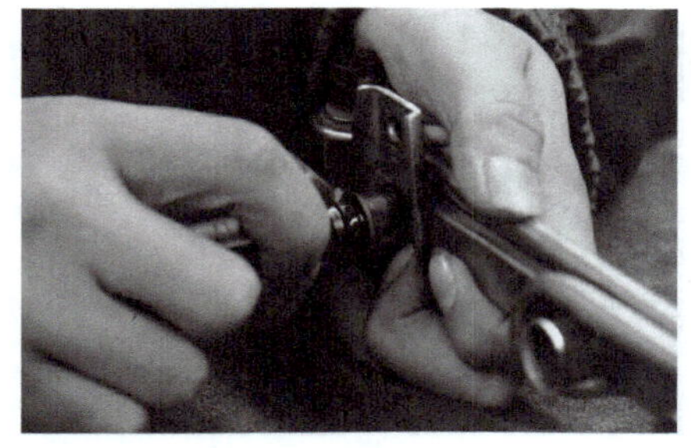
图 3-47　安装喷油器

3）安装喷油器，如图 3-47 所示。

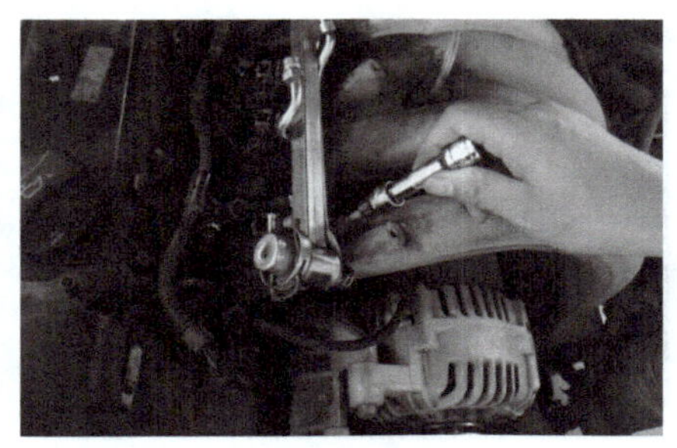
图 3-48　安装燃油分配管总成

4）润滑 4 个喷油器的 O 形密封圈，安装燃油分配管总成，如图 3-48 所示。

5）安装回油管，如图3-49所示。

图3-49 安装回油管

6）安装进油管，如图3-50所示。

安装进油管

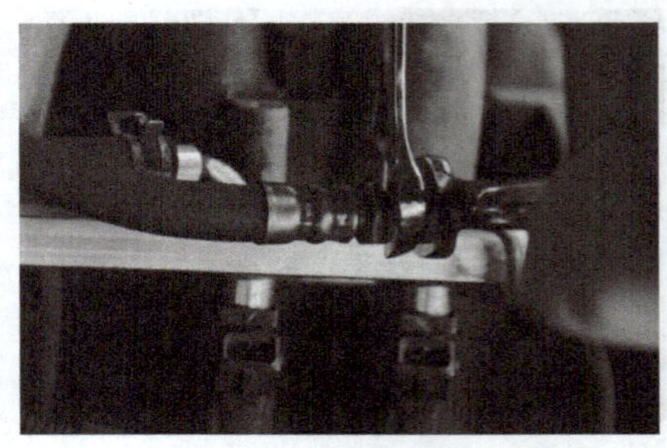

图3-50 安装进油管

7）安装燃油压力调节器真空管，如图3-51所示。

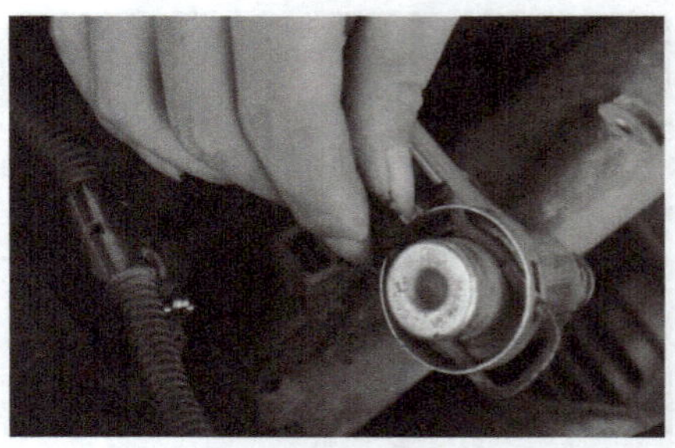

图3-51 安装燃油压力调节器真空管

8）安装喷油器线束插接头，如图3-52所示。

图3-52 安装喷油器线束插接头

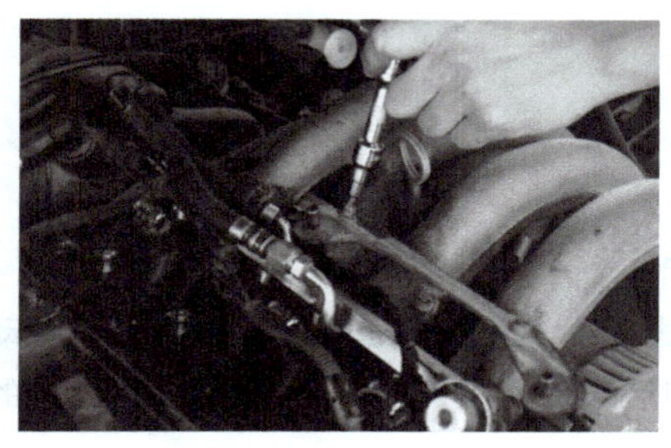

图 3-53 安装支架

9）安装支架，如图 3-53 所示。

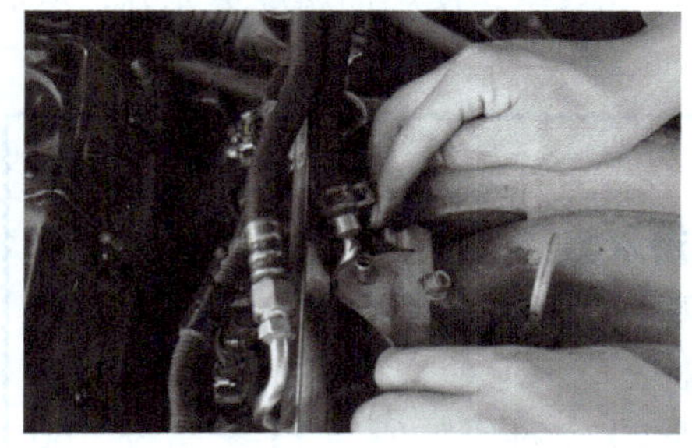

图 3-54 将进油管、回油管及燃油压力调节器真空管装入卡槽

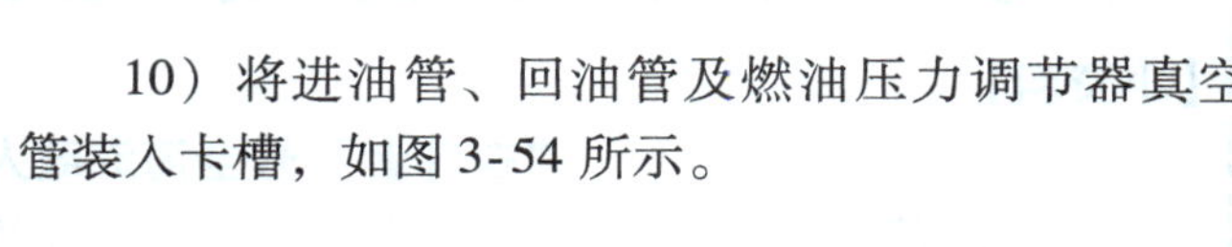

10）将进油管、回油管及燃油压力调节器真空管装入卡槽，如图 3-54 所示。

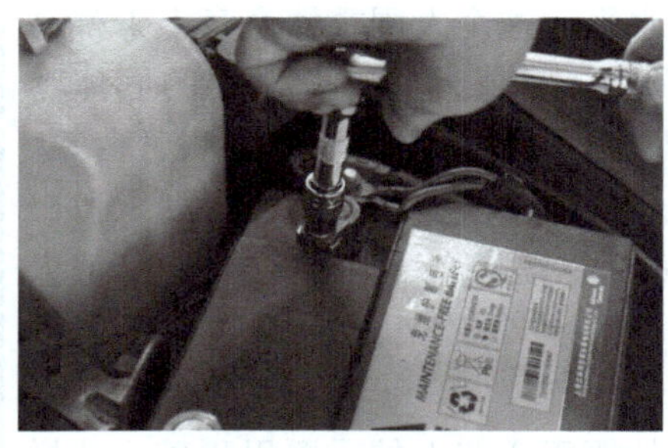

图 3-55 连接蓄电池负极

11）连接蓄电池负极，如图 3-55 所示。

3. 排除故障

检查喷油器、各软管及接头、燃油压力调节器，发动机运转平稳，怠速均正常。至此，排除发动机抖动、喷油器不喷油故障。

五、质量保证

1）在拆卸喷油器总成之前，应先关闭点火开关，断开蓄电池负极，并且吹净喷油器周围异物，保证拆卸喷油器时不能有异物掉入气缸内。

2）拆卸进油软管和回油软管之前，应先排出燃油管路里面的汽油，防止拆卸时汽油溅出。排出的汽油应保证干净，可以重复使用。

3）安装喷油器时，应对喷油器的“O”形密封圈进行润滑。

4）拆装过程中应注意规范，防止造成不必要的浪费和污染。

工作说明

1）进行拆卸作业时，需做好对车辆的防护，安放好外三件套。

2）可按任意顺序拆卸 3 根软管接头。

拓展与提高

汽油机缸内直喷技术

与传统的汽油发动机比较，汽油机缸内直接喷射式 FSI（Fuel Stratified Injection）发动机的工作特点是将燃油直接喷入气缸，利用缸内气流和活塞表面的燃油雾化效果达到燃烧的目的。

缸内直喷技术能使汽油机像柴油机那样具备较高的燃烧效率，使燃油燃烧更充分，从而达到节省燃油、降低排放污染的目的。

【小资料】

“奋斗者”号全海深载人潜水器

“奋斗者”号全海深载人潜水器是“十三五”国家重点研发计划“深海关键技术与装备”重点专项的核心研制任务。由中国船舶集团有限公司第七〇二研究所牵头总体设计和集成建造，中国科学院深海科学与工程研究所等 20 家科研院所与 13 家高校、60 余家企业的近千名科研人员联合研发。

2020 年 11 月 10 日 8 时 12 分，“奋斗者”号创造了 10909m 的我国载人深潜新纪录，标志着我国在大深度载人深潜领域达到世界领先水平。这个大国重器全身上下都是打破纪录的“国创”技术。载人舱的材料、成形、焊接，使载人舱安全上浮的固体浮力材料的研制，完全国产化的声学系统、机械手、智能化控制系统、电动观测云台等。“奋斗者”号的成功背后是许许多多科学家、工程师、潜航员、技术保障人员默默付出的艰辛和汗水。从“蛟龙”号到“奋斗者”号，从海洋探测装备一张白纸到跻身载人深潜发达国家，短短十数年间，中国深海科技用一个又一个破纪录点燃了中国人的“深海梦想”。

科学家们兢兢业业地付出，才成就了我国深海科技探索道路上的重要里程碑。这样的成功，也是“集中力量办大事”的最生动诠释。有这样的制度优势，有这样敢于创新、勇挑重担的科学家们，中国深海科技未来可期！

项目四 点火系统的构造与拆装

项目描述

点火系统的基本功能是依据发动机的工作顺序适时地向发动机提供强烈的高压火花。汽油机属于点燃式发动机，要求点火系统在任何工况下都能保持最佳点火时刻，产生点火火花的强度。点火系统一般由控制初级线圈通断的开关、产生高压电的点火线圈和将高压电变成点火火花的火花塞构成。本项目主要围绕点火线圈和火花塞的拆装进行学习和训练。

任务1 拆装点火线圈

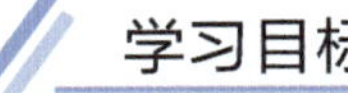

学习目标

1. 知识目标

1）指出点火系统的组成、类型及工作过程。

2）说明点火线圈的构造和点火方式。

2. 技能目标

1）使用设备和工具，按工艺规范拆装点火线圈。

2）查阅维修资料，完成工作页。

3. 情感目标

1）遵守操作规则，保证质量。

2）遵守环保法规，保证安全。

任务描述

一辆桑塔纳2000GSi型轿车无法起动，在检查后得知点火线圈存在故障，无点火信号，

应更换点火线圈。因此，需要掌握点火系统的相关知识，制订工作计划，实施拆装点火线圈的任务，并保证工作质量。

知识储备

传统点火系统主要由断电开关、蓄电池、点火线圈、火花塞和分电器等组成。点火线圈主要分为初级线圈和次级线圈两类。

蓄电池提供电源，通过断电开关接通和切断初级线圈中的电流，这样在次级线圈中就会产生高达上万伏的高压电。当断电开关闭合时，初级线圈中有电流通过，并且电流值随着闭合时间的延长而不断地增大。当断电开关突然打开时，通过电磁感应在次级线圈中产生足够的电压，并将该电压加到火花塞上，使其产生火花来点燃混合气。

一、电子控制点火系统

汽车电子控制点火系统分为无分电器点火系统和有分电器点火系统。电子控制点火系统内部有控制发动机在各种工况下点火所需的点火控制模块，如图 4-1 所示。通过相关传感器检测的信号来判断发动机的工作状态，找出发动机在此工作状态下所需的点火提前角，按此要求进行点火。

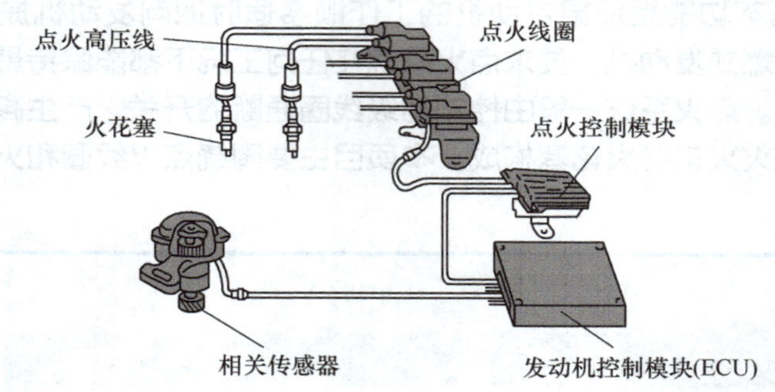

图 4-1 电子控制点火系统

二、无分电器点火系统

1. 类型

无分电器点火系统分为独立点火和同时点火两种类型。

1）独立点火。点火线圈直接安装在火花塞上，即一个气缸配一个线圈，独立点火。

2）同时点火。两个气缸共用一个点火线圈，每个次级线圈的两端分别与两个气缸的火花塞相连，同时点火。

桑塔纳 2000GSi 型轿车发动机无分电器点火系统如图 4-2 所示。

2. 发动机工作顺序

AJR 型发动机的工作顺序为 1-3-4-2，见表 4-1。

3. 点火组合顺序

AJR 型发动机点火系统属于同时点火。

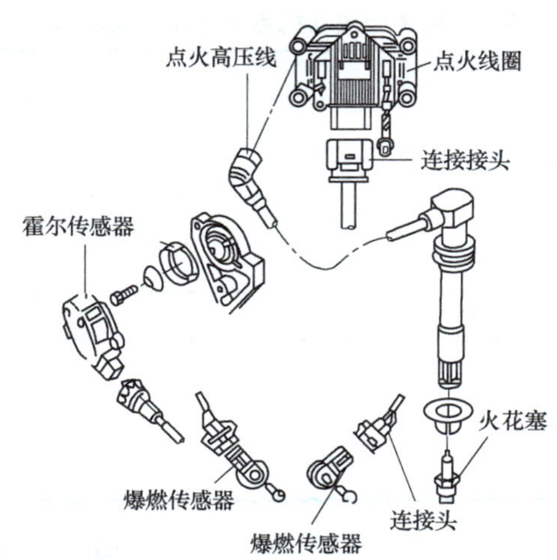

图 4-2 桑塔纳 2000GSi 型轿车发动机无分电器点火系统

当一个气缸活塞处在压缩行程上止点时，另一个气缸活塞处于排气行程上止点，曲轴转360°后，两个气缸所处的行程相反，同时点火，见表 4-1。

表 4-1 AJR 型发动机的工作顺序

曲轴转角/（°）	第一缸	第二缸	第三缸	第四缸
0～180	做功	排气	压缩	进气
180～360	排气	进气	做功	压缩
360～540	进气	压缩	排气	做功
540～720	压缩	做功	进气	排气

任务实施

拆装点火线圈

桑塔纳 2000GSi 型轿车发动机（AJR 型发动机）点火系统属于电子控制无分电器点火系统，具有两个点火线圈的双火花同时点火。下面以 AJR 型发动机点火线圈为例，介绍点火线圈的拆装。

一、设备和工具

桑塔纳 2000GSi 型轿车或 AJR 型发动机实验台架、工具车、扭力扳手和成套套筒扳手。

二、辅助材料

安全防护材料和抹布。

三、技术参数

AJR 型发动机点火系统的技术参数见表 4-2。

表 4-2 AJR 型发动机点火系统的技术参数

项 目	技术参数
点火线圈初级线圈电阻/kΩ	1.2～1.4
点火线圈次级线圈电阻/kΩ	6～8
中央高压线/kΩ	1.2～2.8
高压分线/kΩ	4.6～7.6
点火线圈紧固螺栓的拧紧力矩/(N·m)	10

四、拆装步骤

1. 拆卸点火线圈

1）关闭点火开关，如图 4-3 所示。

提示： 关闭点火开关，防止在操作过程中产生大电流，损害电气元件。

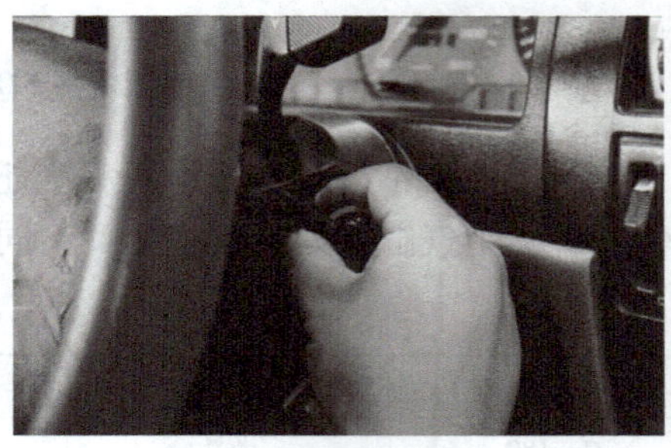

图 4-3 关闭点火开关

2）拆下蓄电池负极接线，如图 4-4 所示。

提示： 蓄电池负极的放置位置，应在绝缘处或用绝缘材料包裹，防止负极搭铁。

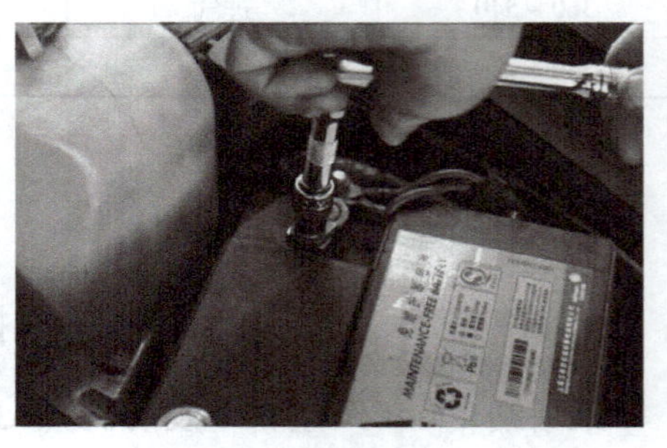

图 4-4 拆下蓄电池负极接线

3）拔下点火线圈插头，如图 4-5 所示。

提示： 电气元件插头，应先松动卡扣，然后拔出，不可使用蛮力。否则，有可能损伤接头。

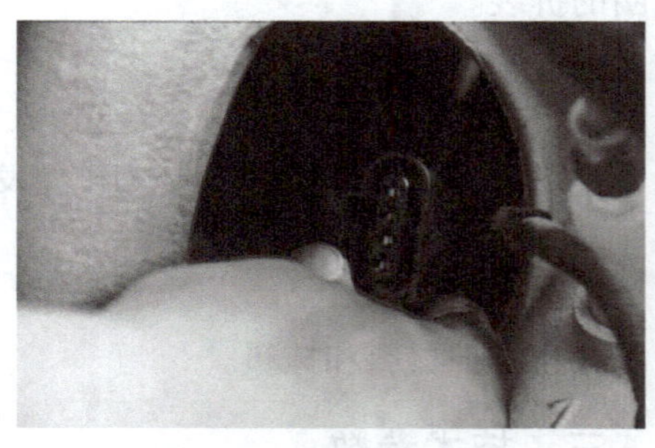

图 4-5 拔下点火线圈插头

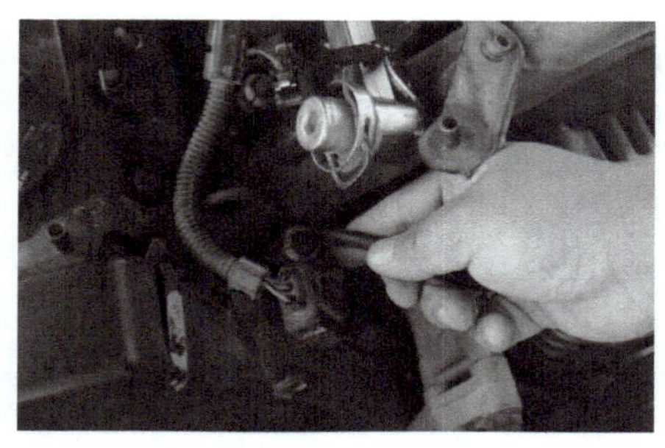
图 4-6　拔下点火高压线

4）拔下点火高压线，如图 4-6 所示。

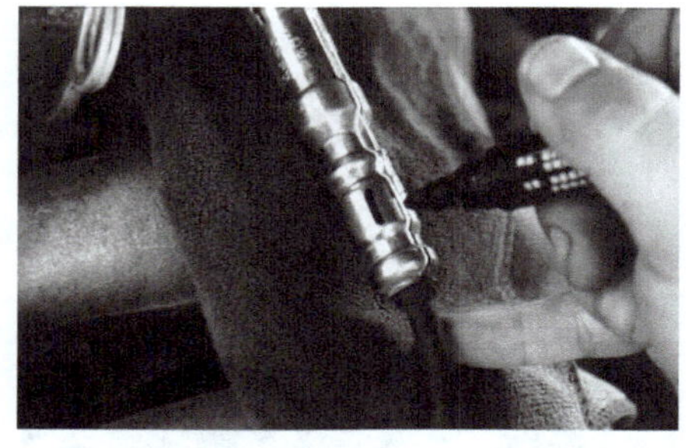
图 4-7　标记点火高压线与火花塞连接处

5）标记点火高压线与火花塞连接处，如图 4-7 所示。

提示： 注意标注点火高压线所对应的缸号，防止装错。

图 4-8　拆下进气歧管紧固螺栓

6）拆下进气歧管紧固螺栓，如图 4- 8 所示。

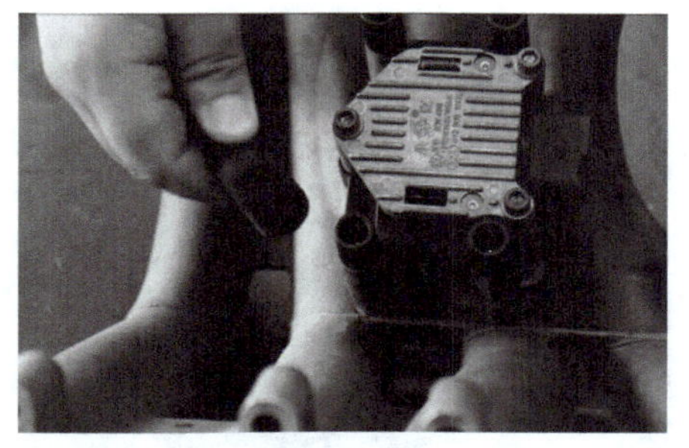
图 4-9　拔下点火高压线与点火线圈连接处

7）拔下点火高压线与点火线圈连接处，如图 4-9 所示。

8）拆下点火线圈与进气歧管的紧固螺栓，如图4-10所示。

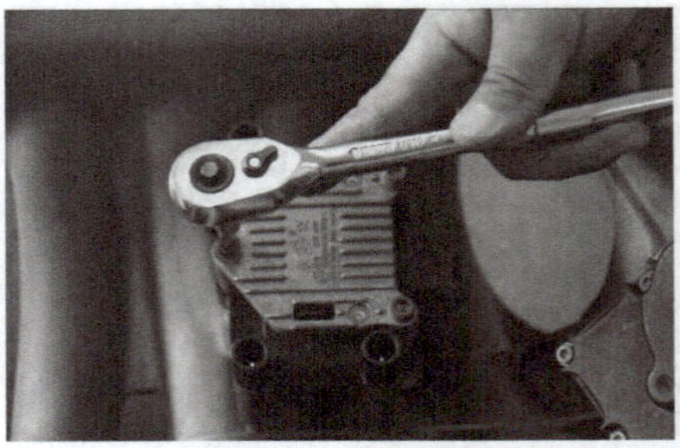

图4-10 拆下点火线圈与进气歧管的紧固螺栓

拆卸点火线圈

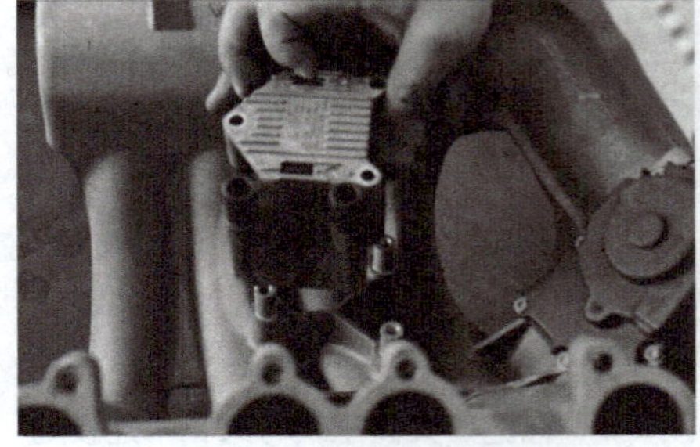

图4-11 取下点火线圈

9）取下点火线圈，如图4-11所示。

经检查发现点火线圈烧蚀损坏。初步诊断：由于点火线圈损坏，导致发动机无法正常工作，应更换点火线圈。

提示：拆卸下来的点火线圈不得随意丢弃，应由专业回收企业处理。

2. 安装点火线圈

1）安装新点火线圈到进气歧管上，紧固螺栓的拧紧力矩为10N·m，如图4-12所示。

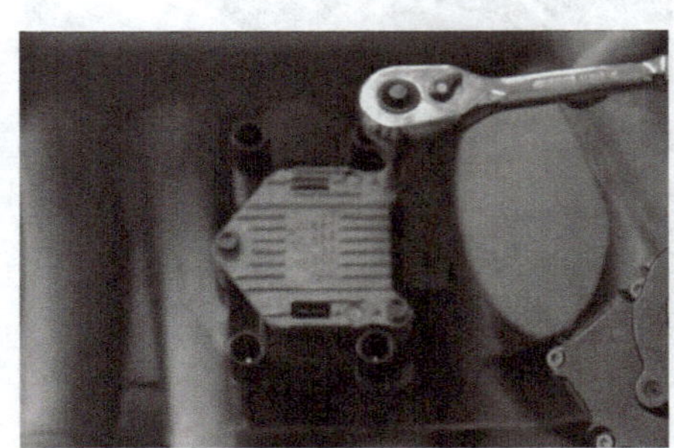

图4-12 安装点火线圈

安装点火线圈

2）安装点火高压线到点火线圈上，如图4-13所示。

提示：请按照之前拆卸时的标注安装，若是装错，会导致点火顺序错乱，引起发动机抖动、放炮、无法起动。

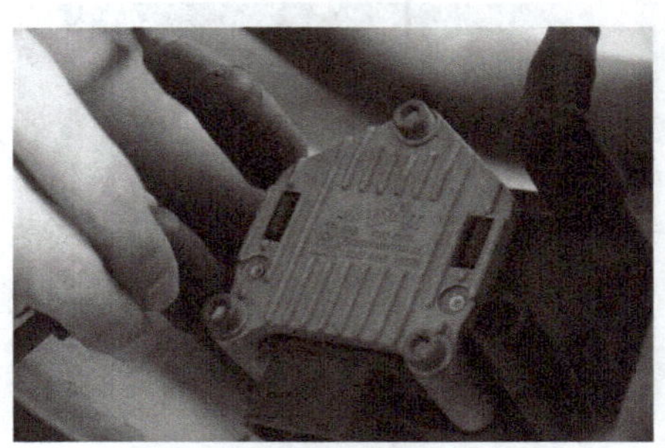

图4-13 安装点火高压线

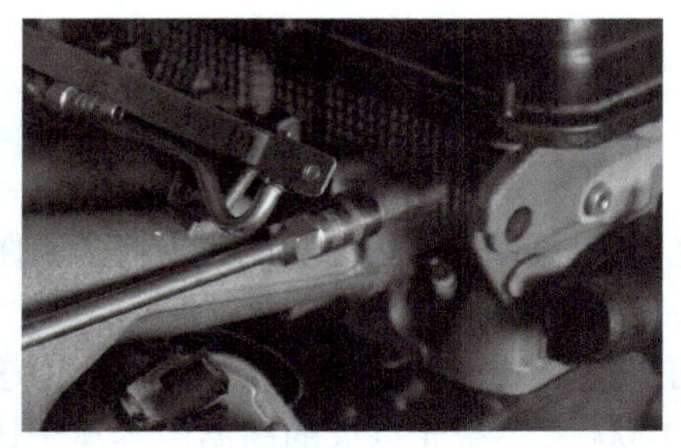
图 4-14　安装进气歧管

3）安装进气歧管，如图 4-14 所示。

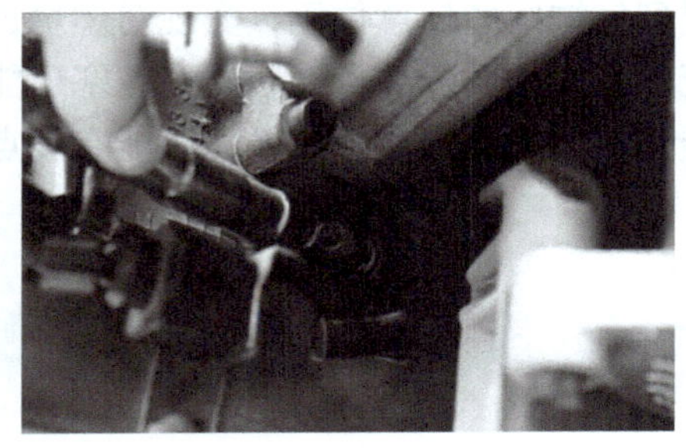
图 4-15　安装点火高压线到火花塞上

4）安装点火高压线到火花塞上，如图 4-15所示。

提示：安装前需检查，安装处无异物，防止高压损伤火花塞。

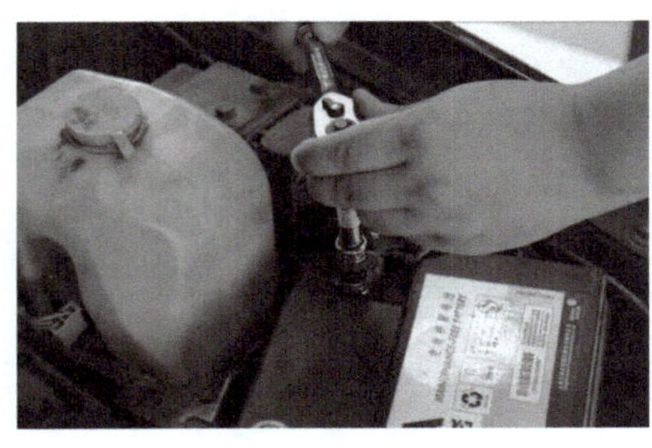
图 4-16　安装蓄电池负极接线

5）安装蓄电池负极接线，如图 4-16 所示。

3. 排除故障

更换新的点火线圈后，故障排除。

五、质量保证

1）插拔点火线圈插头时，不能左右晃动，防止损坏元件。

2）拆卸点火高压线时，必须做好标记，不要抓住点火高压线拉拔，防止损坏点火高压线。

工作说明

1）拆卸蓄电池负极时，应先关闭点火开关，防止产生大电流损伤元件。

2）拆卸进气歧管时，喷油器等可不拆除，但需注意轻拿轻放，防止损坏油轨和喷油器。

3）更换下来的点火线圈不得随意丢弃，应由专门的回收企业处理。

拓展与提高

激光点火技术

为了满足越来越严格的排放标准和节能要求，激光点火技术已经是科学家和工程师不懈努力的一个研究方向。

早在1960年，工程师们就提出了利用激光器点燃可燃混合气。在激光束燃烧点处，由于电离将产生一个等离子体，等离子体中心区域温度超过10000℃。激光点火的高温由等离子体中心区域以超音速向四周扩散，将气缸内的混合气体点燃，提高燃烧的可靠性和稳定性。

激光火花塞可根据需要将极高温度的等离子体设置到气缸内的任意位置，实现对燃烧过程的最优化控制，提高发动机的功率，降低耗油量和废气有害物质排放量。激光火花塞还能很容易地点燃过稀的可燃混合气，可以完全避免因混合气过稀或点火能量过低而不能有效点火的失火故障。

任务2 拆装火花塞

学习目标

1. 知识目标

1）指出火花塞的构造及类型。

2）说明火花塞的作用。

2. 技能目标

1）使用设备和工具，按工艺规范拆装火花塞。

2）查阅维修资料，完成工作页。

3. 情感目标

1）遵守操作规则，保证质量。

2）遵守环保法规，保证安全。

任务描述

一辆桑塔纳2000GSi型轿车发动机抖动异常，经检查为一缸无点火信号、火花塞不点火，应更换火花塞。因此，需要掌握火花塞的相关知识，制订工作计划，实施拆装火花塞任务，并保证工作质量。

知识储备

火花塞的作用是把高压点火线送来的脉冲高压电放电，击穿火花塞两电极间空气，产生电火花以此引燃气缸内的可燃混合气。

根据火花塞的功能，火花塞可以分为热型、中型和冷型三种。裙部细长受热面积大，散热慢，温度高的，称为热型火花塞，适用于中低速、低压缩比的小功率发动机；裙部短受热面积小，散热快，温度低的，称为冷型火花塞，适用于易产生高热量的大功率发动机；介于两者之间的称为中型火花塞。

一、火花塞的结构

火花塞主要由壳体、绝缘体和电极等组成，如图4-17所示。

二、检查火花塞

拆下火花塞，检查火花塞的螺纹及绝缘体有无损坏。如有异常，应更换火花塞。如图4-18所示，使用火花塞间隙规检查，AJR型发动机火花塞的电极间隙应为0.9～1.1mm。对于新的火花塞，可通过弯曲负电极来调整火花塞的电极间隙，使用过的火花塞电极间隙不可调整。若火花塞的电极间隙不在规定的范围内，应更换火花塞。

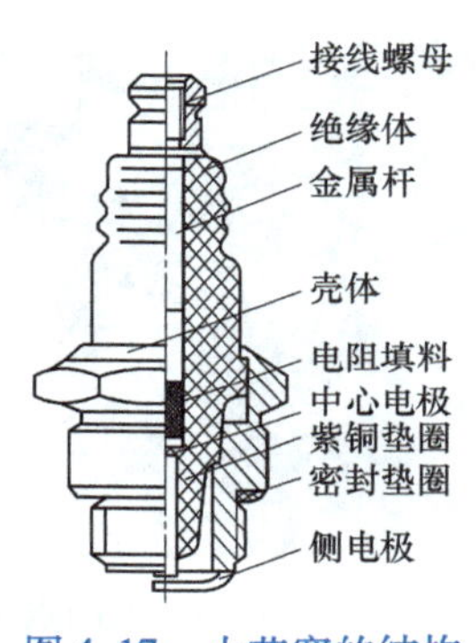

图4-17　火花塞的结构

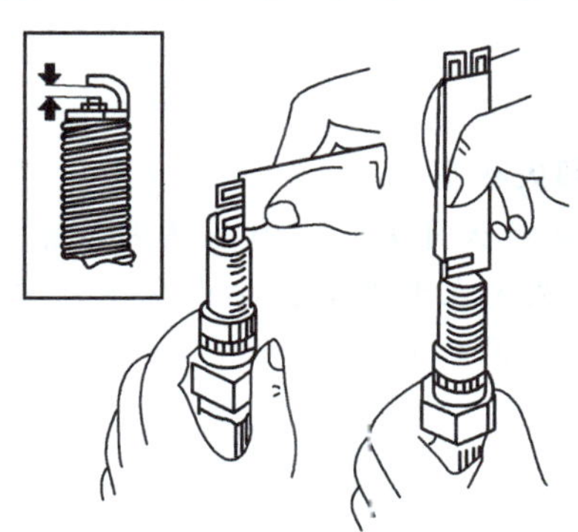

图4-18　火花塞的检查

任务实施

拆装火花塞

桑塔纳2000GSi型轿车发动机（AJR型发动机）火花塞安装在气缸顶部，根据ECU的信号，点火线圈发出高压电，经点火高压线进入火花塞，产生高能电火花，进而点燃混合气体。下面本任务以AJR型发动机点火系统为例，介绍火花塞的拆装。

一、设备、工具和量具

桑塔纳2000GSi轿车或AJR型发动机实验台架、工具车、扭力扳手、成套套筒扳手和火花塞专用套筒。

二、辅助材料

火花塞清洁剂、防护材料和抹布。

三、技术参数

AJR型发动机火花塞的技术参数见表4-3。

表 4-3 AJR 型发动机火花塞的技术参数

项 目	技术参数
火花塞拧紧力矩/N·m	30
火花塞电极间隙/mm	0.9 ~1.1
火花塞插头/kΩ	5
点火次序	1-3-4-2

四、拆装步骤

1. 拆卸火花塞

1）关闭点火开关，如图 4-19 所示。

提示：关闭点火开关，防止在操作过程中产生大电流，损害电气元件。

图 4-19 关闭点火开关

2）拆下蓄电池负极接线，如图 4-20 所示。

提示：蓄电池负极的放置位置，应在绝缘处或用绝缘材料包裹，防止负极搭铁。

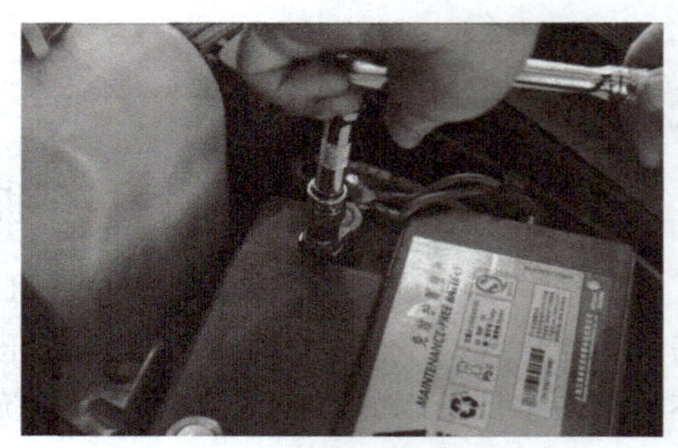

图 4-20 拆下蓄电池负极接线

3）拔下点火高压线，如图 4-21 所示。

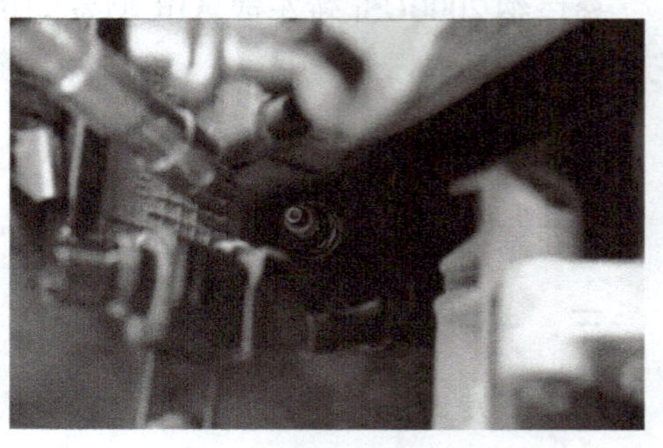

图 4-21 拔下点火高压线

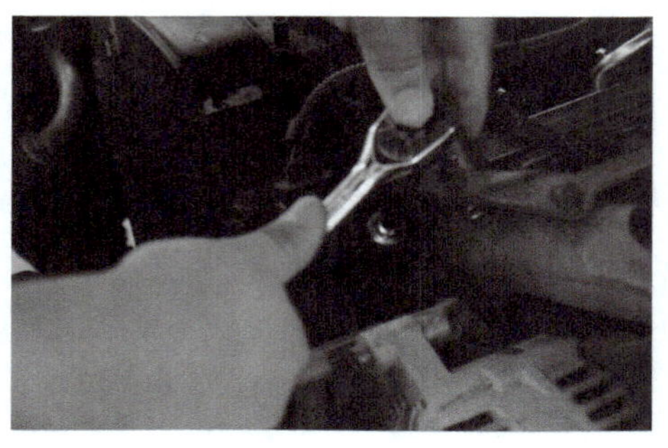

图 4-22　拆卸火花塞

4）拆卸火花塞，如图 4-22 所示。

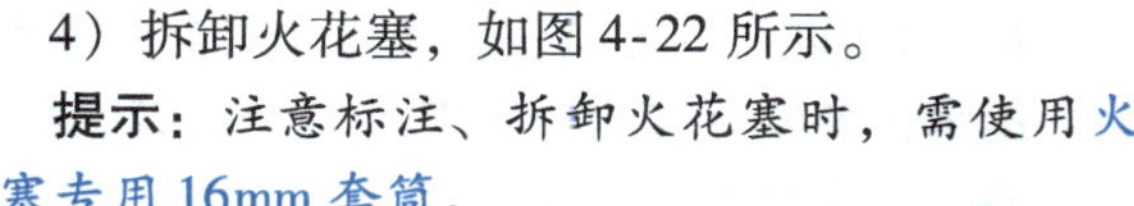

提示：注意标注、拆卸火花塞时，需使用火花塞专用 16mm 套筒。

拆卸火花塞

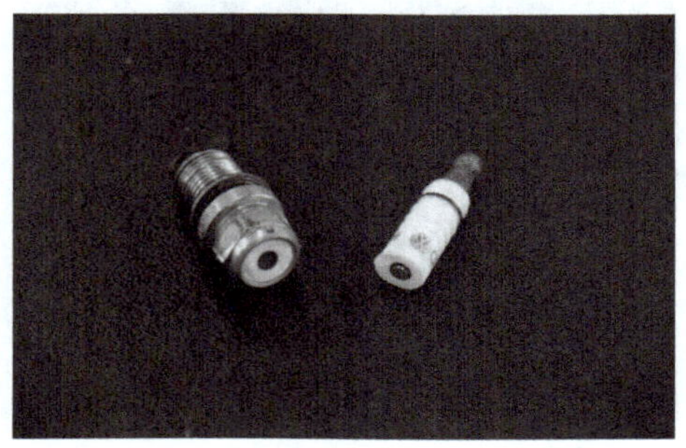

图 4-23　取出的火花塞

5）取出并检查火花塞，如图 4-23 所示。

提示：损坏的火花塞不得随意丢弃，应由专门的固体废物企业收集处理。

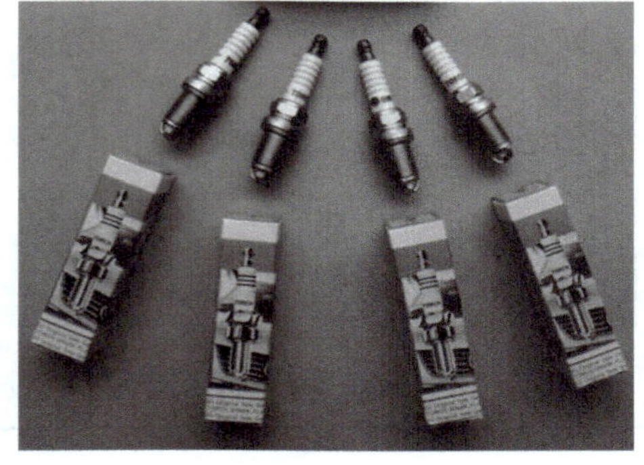

图 4-24　新的火花塞

2. 安装火花塞

1）更换新的火花塞，如图 4-24 所示。

提示：更换火花塞时必须所有的火花塞全部更换，不能新旧混用。

安装火花塞

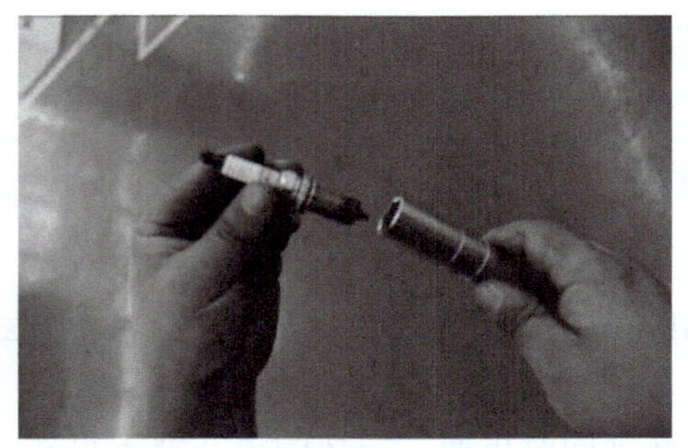

图 4-25　将火花塞装入火花塞套筒

2）将火花塞装入火花塞套筒，如图 4-25 所示。

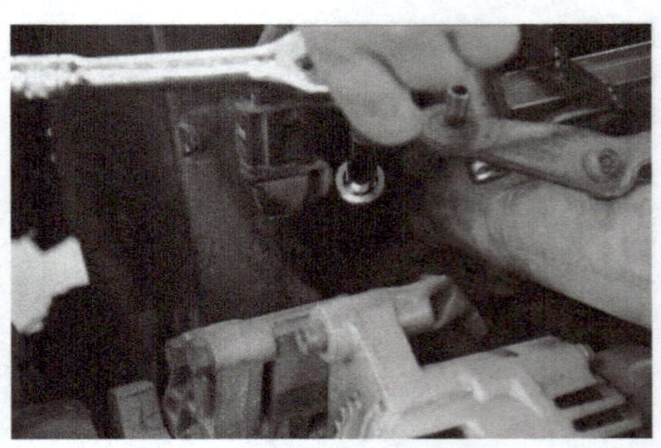
图 4-26 安装火花塞

3）安装火花塞，如图 4-26 所示。

4）采用同样的方法，更换另外三个火花塞。

提示：安装前需检查火花塞座是否清洁，如有必要，须使用火花塞清洁剂清洁。

火花塞的拧紧力矩为 30N · m。

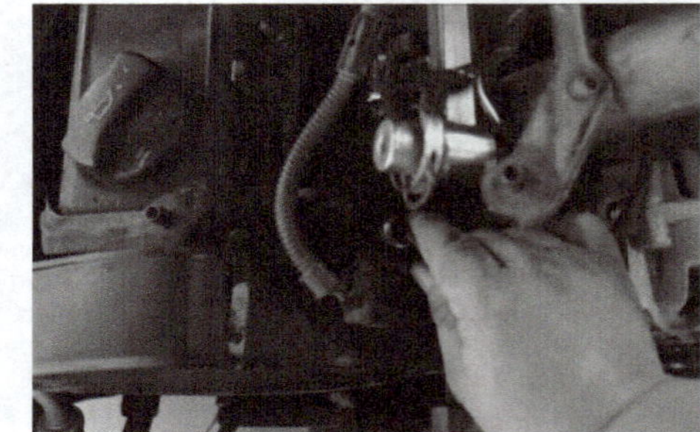
图 4-27 安装点火高压线

5）安装点火高压线，如图 4-27 所示。

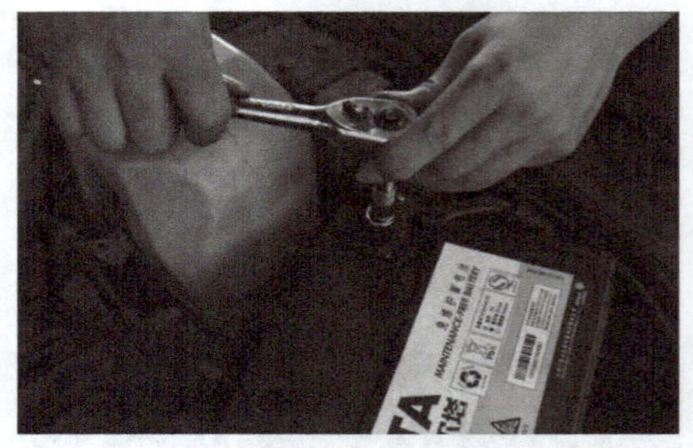
图 4-28 安装蓄电池负极接线

6）安装蓄电池负极接线，如图 4-28 所示。

3. 排除故障

重新起动发动机，故障现象排除。

五、质量保证

1）拆卸安装火花塞时，需要使用专用的火花塞套筒，否则可能损坏火花塞。

2）如果电极上有湿炭痕迹，先使其干燥；然后，使用火花塞清洁剂清洁。

3）保证安装时没有异物掉落到气缸内，以免损伤发动机。

工作说明

1）安装点火高压线必须按记号顺序进行，若是顺序错误，会影响点火顺序，导致发动机无法正常工作。

2）更换火花塞，根据技术要求不能新旧混用，必须同时更换。损坏的火花塞不得随意丢弃，应由专门的固体废物企业收集处理。

拓展与提高

均质混合气燃烧技术

均质混合气燃烧技术是一种以往复式汽油机为基础的一种新型压缩点燃模式。

采用均质混合气燃烧技术的发动机的压缩比高，所以喷出的小油滴在压缩行程完成时，有时间在气缸内形成均匀地分布，这时气缸的压力足够使均匀分布的油滴自动压燃，所有的可燃混合气都在同一时间点燃，提高了燃油的使用效率。

采用均质混合气燃烧技术发动机的燃烧温度低，向燃烧室壁传递的热量低，能够减少辐射热的传递，还能大幅降低氮氧化物的形成。它采用的燃料辛烷值允许在一个广阔的范围内变化，可采用汽油、天然气和二甲醚等辛烷值较高的燃料或多种燃料混合燃烧。因此，通过调整高辛烷值燃料和低辛烷值燃料的配比，可控制燃料的燃点和发动机负荷范围，以降低排放污染。

【小资料】

拥有责任心的汽车人

全国五一劳动奖章获得者、国务院特殊津贴专家泮月华，自 1998 年进入北汽福田诸城汽车厂后，一直担负整车调试工作，这也是汽车入库销售前的最后一项安全检测，责任重大。调试中，最重要、耗时最长的就是汽车的气压制动系统的性能检测。按照传统方法，该项检测必须在汽车起动后，由经验丰富的调试工人在试驾过程中检测。不仅增加了燃油、时间成本，也存在安全隐患。善于学习钻研的泮月华，想发明一种便捷安全的检测方法。

为此，他自学了汽车工艺、汽车电器、车辆工程等课程，并虚心向厂里的工程师请教，记录了 5 万多字的学习笔记。从想法、实践、失败及分析的反复试验验证中，制作了十几个专用接头，找到了解决办法，最终使气压制动系统检测工序从 3min 缩短到 1min，每年可为企业节约成本上百万元。凭着责任心，他和他的团队攻克了一个又一个难题。

拥有责任心，脚踏实地，刻苦钻研，即使在平凡的岗位上也可以做出成绩，为国家、为行业做贡献，终将获得社会的认可。

项目五 润滑系统的构造与拆装

项目描述

发动机工作时，各运动零部件均以一定的力作用在另一个零部件上，很多传动零部件都是在很小的间隙下作高速的相对运动，如曲轴主轴颈与主轴承，连杆轴颈与连杆轴承，凸轮轴颈与凸轮轴承，活塞、活塞环与气缸壁面，配气机构各运动副及传动齿轮副等。有了相对运动，零部件表面必然要产生摩擦，加速磨损，尽管这些零部件的工作表面都经过精细的加工，但放大来看这些表面却是凹凸不平的。因此，为了减轻磨损，减小摩擦阻力，延长使用寿命，发动机上都必须有润滑系统。本项目主要围绕机油道的认识和机油泵的更换进行学习和训练。

任务1 认知机油道

学习目标

1. 知识目标

1）指出润滑系统的组成及主要总成的作用。

2）掌握发动机润滑系统的润滑方式和机油道的走向。

2. 技能目标

1）使用设备和工具，按工艺规范拆装气缸盖和油底壳。

2）查阅维修资料，完成工作页。

3. 情感目标

1）遵守操作规则，保证质量。

2）遵守环保法规，保证安全。

任务描述

一辆桑塔纳2000GSi型轿车机油压力过低报警，经检查发现油底壳有泄漏。因此，需要掌握润滑系统的相关知识、制订工作计划、实施拆装油底壳，从而完成认知机油道的任务，并保证工作质量。

知识储备

发动机润滑系统的作用是在发动机工作时，连续不断地把足够量、温度适当的洁净润滑油（又称机油）输送到全部运动件的摩擦表面，并在摩擦表面之间形成油膜，实现液体摩擦，从而减小摩擦阻力、降低功率消耗、减轻机件磨损，以达到提高发动机工作可靠性和耐久性的目的。

一、机油的作用

（1）润滑　机油在运动零部件的所有摩擦表面之间形成连续的油膜，以减小零部件之间的摩擦。

（2）冷却　机油在循环过程中流过零部件的工作表面，可以降低零部件的温度。

（3）清洗　机油可以带走摩擦表面产生的金属碎末及冲洗掉沉积在气缸、活塞环及其他零部件上的积炭。

（4）密封　附着在气缸壁、活塞及活塞环上的油膜，可起到密封防漏的作用。

（5）防锈　机油有防止零部件发生锈蚀的作用。

二、发动机润滑系统的润滑方式

由于发动机运动件的工作条件不尽相同，因此，对负荷及相对运动速度不同的运动件采用不同的润滑方式。

1）压力润滑是以一定的压力把机油供入摩擦表面的润滑方式，这种方式主要用于主轴承、连杆轴承及凸轮轴承等负荷较大的摩擦表面的润滑。

2）飞溅润滑是利用发动机工作时运动件溅泼起来的油滴或油雾润滑摩擦表面的润滑方式，该润滑方式主要用来润滑负荷较轻的气缸壁面和配气机构的凸轮、挺柱、气门杆以及摇臂等零部件的工作表面。

3）润滑脂润滑是定期加注润滑脂来润滑零部件的工作表面，如水泵轴承及发电机轴承等。

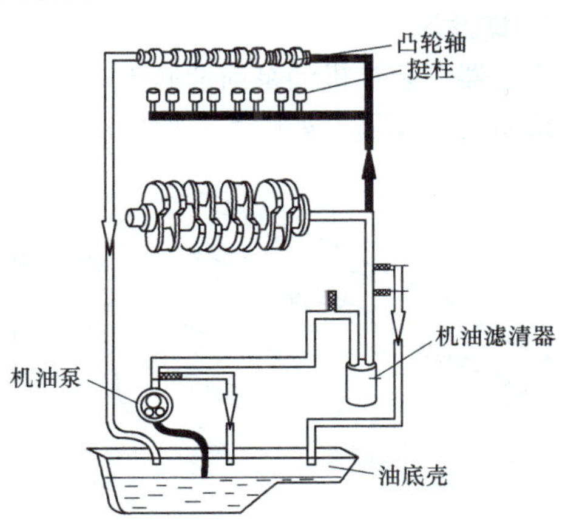

图5-1　桑塔纳2000GSi型轿车发动机润滑系统

三、发动机润滑系统的组成

润滑系统由机油滤清器、油底壳和机油泵等组成，如图5-1所示。

润滑系统还包括机油压力表、温度表和

机油道等。汽车发动机润滑系统的油路大致相同。

1. 机油滤清器

机油滤清器的作用是滤除机油中的较小金属磨屑、机械杂质和机油氧化物。如果这些杂质随同机油进入润滑系统，将加剧发动机零部件的磨损，还可能堵塞油管或油道。机油滤清器的结构如图 5-2 所示。

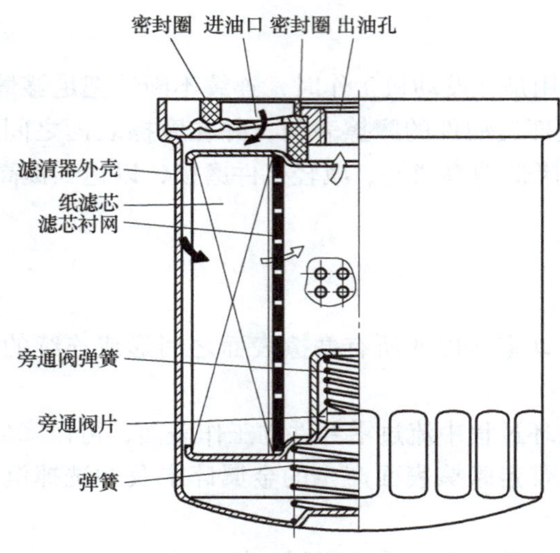

图 5-2 机油滤清器

2. 油底壳

油底壳是曲轴箱的下半部，又称为下曲轴箱，其作用是封闭曲轴箱作为储油槽的外壳，防止杂质进入，并收集和储存由发动机各摩擦表面流回的机油，散去部分热量，防止机油氧化，如图 5-3 所示。

3. 集滤器

集滤器安装在机油泵前油底壳中，一般采用金属滤网式，通过金属滤网过滤机油中的较大的杂质与金属屑，如图 5-4 所示。

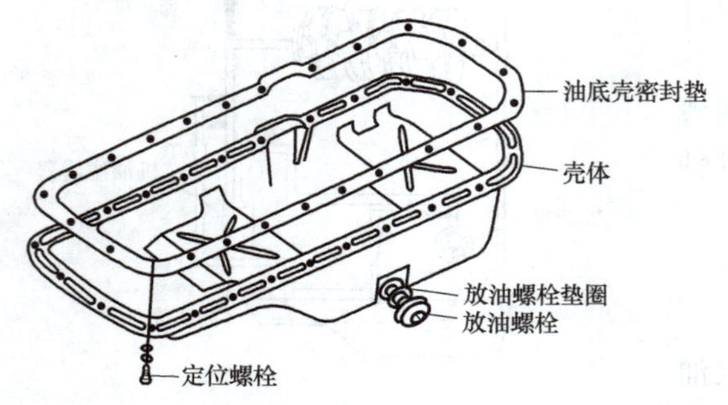

图 5-3 油底壳

图 5-4 集滤器

任务实施

机油道的认知

桑塔纳 2000GSi 型轿车发动机（AJR 型发动机）润滑系统的基本循环油路是：在发动机的带动下机油泵工作，从油底壳内吸入机油，机油先经集滤器过滤，去除较大的杂质；经机油泵增压后，一路经油道润滑正时链条张紧装置和链条；另一路进入机油滤清器，经过滤清后的干净的机油进入主油道。主油道内的机油分两路，一路润滑曲轴轴颈、连杆轴颈、活塞和气缸；另一路润滑凸轮轴承、挺柱和气门杆等零部件。

一、设备和工具

桑塔纳 2000GSi 型轿车或 AJR 型发动机实验台架、工具车、扭力扳手和成套套筒扳手。

二、辅助材料

油底壳密封垫、安全防护材料和抹布。

三、技术参数

AJR 型发动机润滑系统的技术参数见表 5-1。

表 5-1 AJR 型发动机润滑系统的技术参数

项 目	技术参数
油底壳紧固螺栓的拧紧力矩/N · m	10
机油型号	上海大众的专用机油

四、拆装步骤

图 5-5 拆下进气歧管和节气门总成

1. 拆卸油底壳

将发动机置于维修位置，排空机油，拆下发动机外部附件。

1）拆下排气管总成。

2）拆下进气歧管和节气门总成，如图 5-5 所示。

3）拆下气缸盖罩。

提示： 排出的机油不能丢弃，应交给专门回收企业处理。

4）摇动台架，使发动机机体组倒置，如图 5-6 所示。

图 5-6　倒置发动机

5）拆卸油底壳紧固螺栓，如图 5-7 所示。

提示： 拆卸顺序，由外到内，对角拆卸。

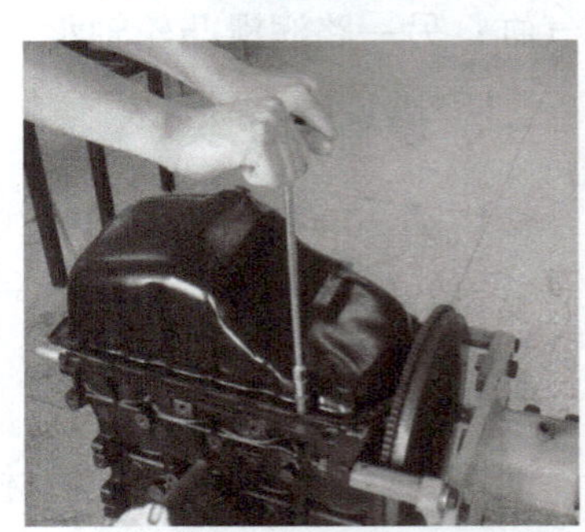
图 5-7　拆卸油底壳紧固螺栓

6）拆下油底壳，如图 5-8 所示。

提示： 油底壳中可能有残余机油，拆卸时应注意。

图 5-8　拆下油底壳

拆卸油底壳

7）认识气缸盖和气缸体上的油道，如图 5-9 所示。

提示： 安装时，气缸盖和气缸体上的油道必须对准。

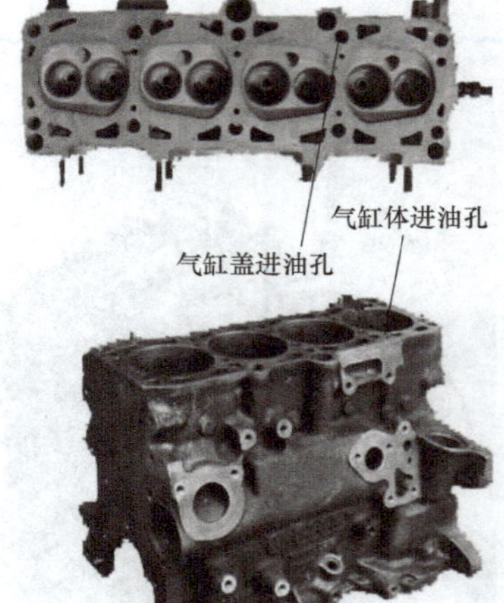

图 5-9　气缸盖和气缸体上的油道

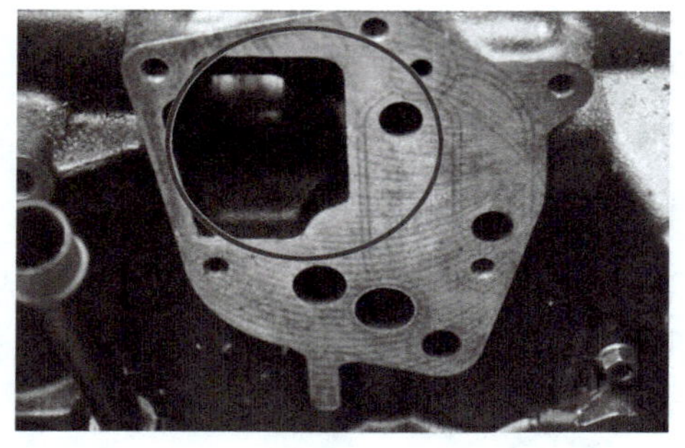
图 5-10　气缸体的进油孔

8）认识气缸体进油孔，如图 5-10 所示。

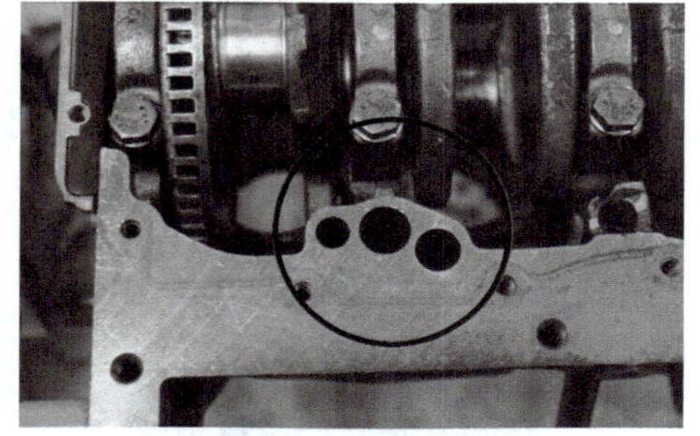
图 5-11　机油泵进入气缸体的进油孔

9）认识机油泵进入气缸体的进油孔，如图 5-11 所示。

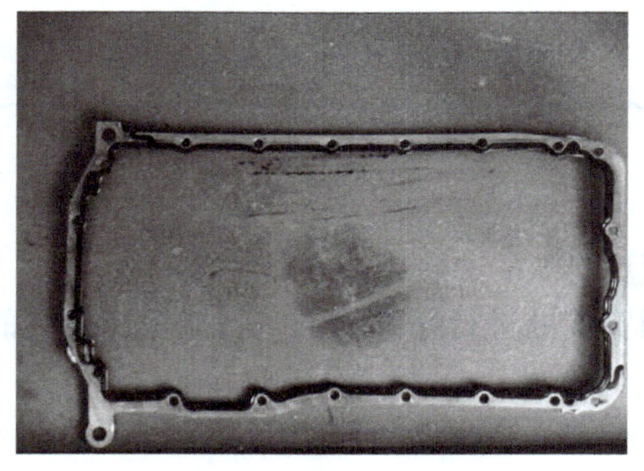
图 5-12　检查油底壳密封垫圈

2. 安装油底壳

1）检查油底壳密封垫圈，发现已损坏，初步诊断为故障点。更换新的油底壳密封垫圈，如图 5-12 所示。

提示：按照技术手册要求，若拆卸油底壳，必须更换油底壳密封垫圈。

图 5-13　安装新的油底壳密封圈

2）安装新的油底壳密封圈，如图 5-13 所示。

提示：安装前应对油底壳密封圈的安装位置进行清洁。

3）安装油底壳，如图 5-14 所示。

提示：安装油底壳螺栓，应使用扭力扳手紧固，紧固力矩为 10N · m。

安装顺序，由内到外，对角拧紧。

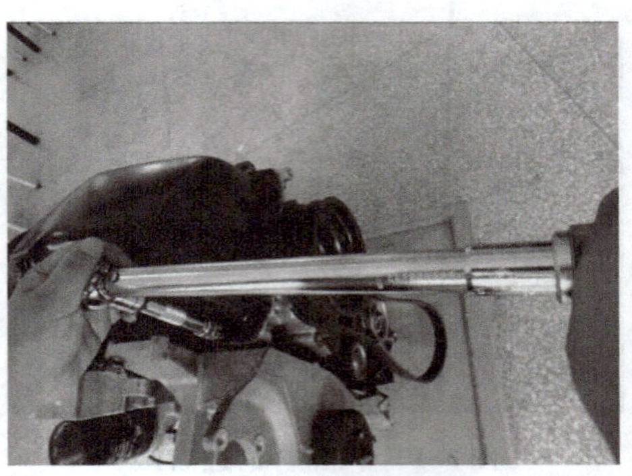

图 5-14 安装油底壳

安装油底壳

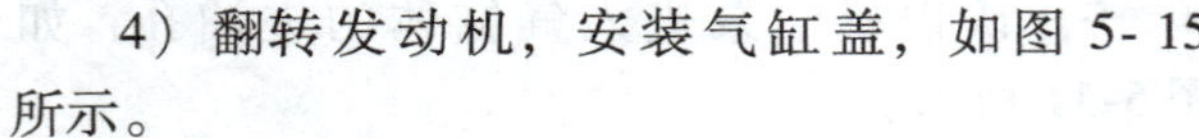

4）翻转发动机，安装气缸盖，如图 5-15 所示。

5）安装其他相关附件。

3. 排除故障

更换并安装新的油底壳密封圈后，检查确认机油压力正常，泄漏消失，故障排除，判断故障确为油底壳密封圈损坏。

图 5-15 翻转发动机安装气缸盖

五、质量保证

1）在拆卸油底壳时，根据技术手册要求，必须更换新的油底壳密封圈。

2）安装油底壳前，应对气缸体下部油底壳垫圈安装处进行仔细清洁，方能保证安装的新油底壳密封圈的可靠。

工作说明

1）拆卸油底壳前，应将机体内的机油排空。

2）安装油底壳时，注意油底壳螺栓的拧紧顺序，由内到外，防止损坏油底壳，损伤油底壳垫圈，产生泄漏。

3）工作过程中产生的废弃机油，不得随意丢弃，需专门企业回收处理。

拓展与提高

纳米润滑技术

纳米润滑产品是润滑产品中加入了一定量的纳米润滑材料，应用润滑的纳米材料一般具有的纳米特性，即具有清洗特性、分散特性、高吸附特性、高渗透特性、大表面积特性、抗摩擦特性和抗极压特性等。不同的纳米材料具有不同的纳米特性，同一种纳米材料，纳米特

性也随着纳米尺寸的不同而各有侧重。

纳米材料的清洗特性能清洗润滑系统中的积垢；分散特性能分散带走润滑系统中的磨粒和分散纳米材料；高吸附特性能迅速在润滑表面形成稳定的纳米润滑层；高渗透特性能对润滑面产生修复和养护作用；大表面积特性能大大分散润滑正压力、降低摩擦系数；抗摩擦特性能使润滑件在动态中进行修复和养护，使设备在理想润滑状态中运行；抗极压特性能使设备承受超强的超级载荷和冲击载荷。纳米润滑产品在润滑面上形成的纳米膜和纳米颗粒的混合润滑层是动态的，即此润滑层是凝熔可逆的，只要形成这层纳米润滑层的环境存在，设备将永远在理想润滑状态中运行。

理想润滑就是在润滑产品中掺有与机油或润滑件同质或近质的纳米润滑材料，这些纳米润滑材料结合其他伴随技术后，能根据润滑工况的实际需要形成一种动态修复膜或实际运行膜，只要使这层动态修复膜的形成环境一直保持，设备就能在实际运行中不断地自我养护，永远都不会毁坏。

把纳米铜粉末或纳米铜合金粉末加入机油中，可使机油的润滑性能提高十倍以上，并显著降低机械部件的磨损，改善动力性能，延长使用寿命。利用纳米金刚石粉作机油添加剂生产磨合润滑剂，专门用于发动机的磨合，可使发动机磨合时间缩短，磨损减小，同时可提高磨合质量，节约燃料，延长发动机寿命。

任务 2　更换机油泵

学习目标

1. 知识目标

1）指出机油泵的分类及作用。

2）说明机油泵的构造和工作过程。

2. 技能目标

1）使用设备和工具，按工艺规范更换机油泵。

2）查阅维修资料，完成工作页。

3. 情感目标

1）遵守操作规则，保证质量。

2）遵守环保法规，保证安全。

任务描述

一辆桑塔纳 2000GSi 型轿车机油压力低，检查机体组无泄漏，判断为机油泵故障。因此，需要掌握机油泵的相关知识，制订工作计划，实施更换机油泵任务，并保证工作质量。

知识储备

机油泵的主要作用是提高润滑系统机油的压力，强制将机油压送到各运动件的摩擦表面，使机油在润滑系统油路中不断循环，以保证发动机的良好润滑。根据其结构和工作原理

的不同，机油泵可分为齿轮式、转子式和叶片式。轿车发动机润滑系统采用的机油泵主要为齿轮式和转子式。

齿轮式机油泵分为外齿轮式机油泵和内齿轮式机油泵两种。

一、外齿轮式机油泵

1. 构造

外齿轮式机油泵主要由泵体、泵盖、主动齿轮、从动齿轮、限压阀和齿轮轴等零部件组成，如图5-16所示。

2. 工作原理

如图5-17所示，当发动机工作时，机油泵的主动齿轮由曲轴驱动，并带动从动齿轮按图示方向旋转，在机油泵进油孔处产生真空度，机油从进油孔被吸入，随着齿轮的转动，沿齿轮与泵壳之间的空间被带到机油泵出油孔处，压入机油滤清器或主油道。

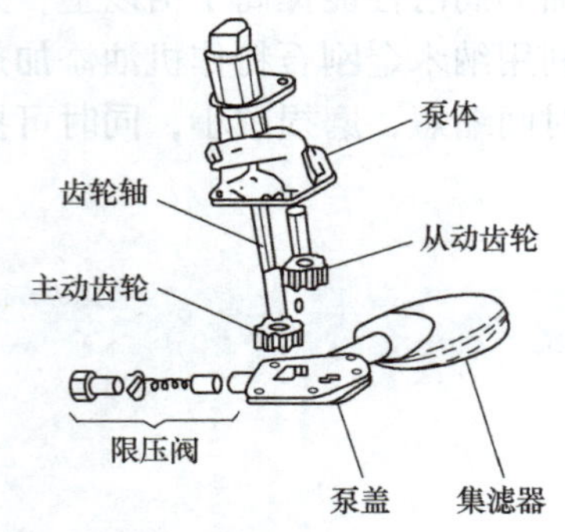

图5-16 外齿轮式机油泵

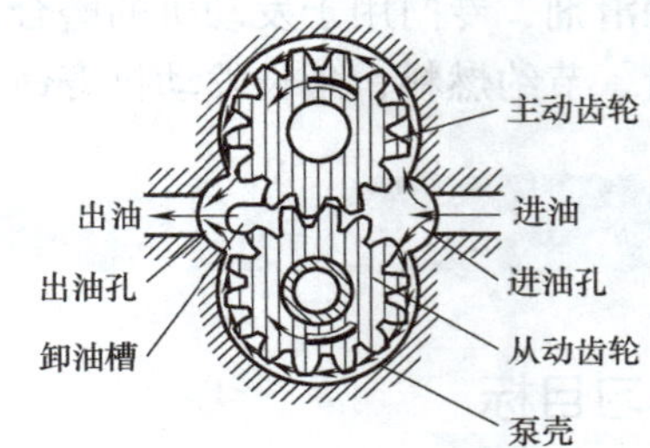

图5-17 外齿轮式机油泵工作原理

二、内齿轮式机油泵

内齿轮式机油泵主要是由主动齿轮、从动齿轮、限压阀、泵盖和泵壳等组成。主动齿轮为一较小的外齿轮，一般直接由曲轴驱动；从动齿轮为一较大的内齿圈，如图5-18所示。

三、转子式机油泵

1. 构造

转子式机油泵主要由内外转子、机油泵壳体、机油泵盖和限压阀等零部件组成。转子式机油泵一般安装在发动机前端由曲轴通过一根单独的链条驱动。内转子和外转子一起装配在机油泵壳体内，内转子比外转子少一个齿，外转子可在油泵壳体内自由转动，如图5-19所示。

2. 工作过程

如图5-20所示，内转子在转动过程中，每个腔室的容积都会变化，进油腔室在逐步变大的半周内，因容积增大，产生真空，机油便经进油孔吸入腔室。压油腔室在逐渐变小的半周内，因容积减小，油压升高，机油经出油孔压出。这样周而复始地工作，机油不断从进油孔进入油泵，从出油孔压出油泵。

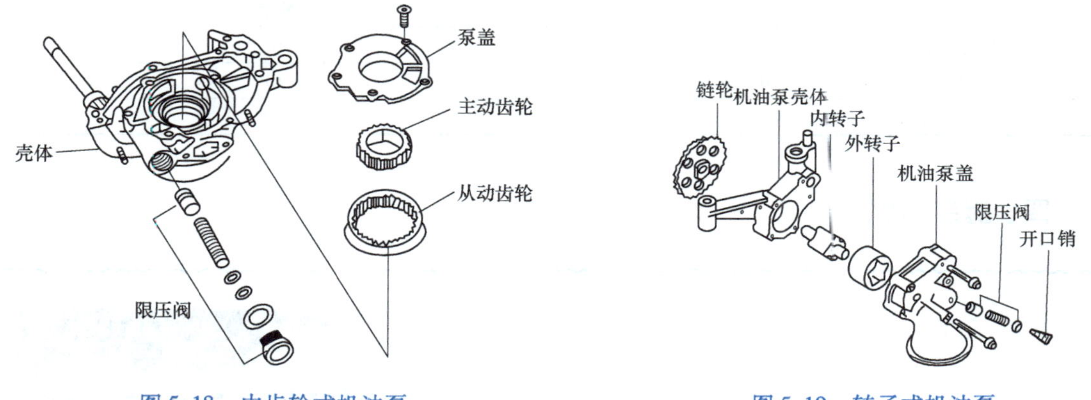

图 5-18 内齿轮式机油泵

图 5-19 转子式机油泵

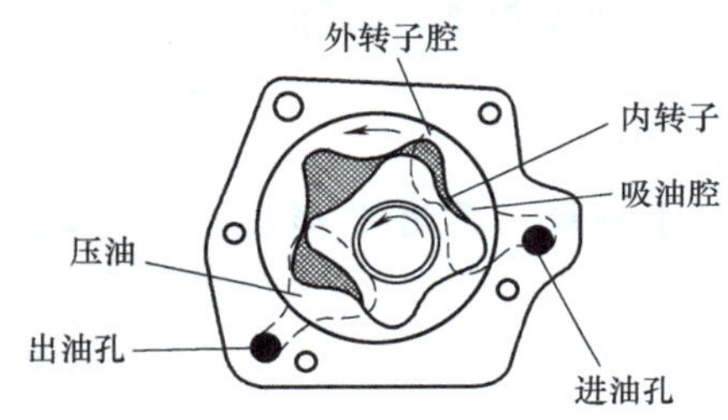

图 5-20 转子式机油泵工作原理

拆装机油泵

桑塔纳 2000GSi 型轿车发动机（AJR 型发动机）润滑系统的机油泵属于转子式机油泵，直接安装在油底壳中，机油泵由曲轴通过机油泵链条驱动。下面以 AJR 型发动机润滑系统为例，介绍机油泵的拆装。

一、设备和工具

桑塔纳 2000GSi 轿车或 AJR 型发动机实验台架、工具车、扭力扳手、成套套筒扳手和 T 形套筒。

二、辅助材料

机油、安全防护材料和抹布。

三、技术参数

AJR 型发动机拆装机油泵的技术参数见表 5-2。

表 5-2 AJR 型发动机拆装机油泵的技术参数

项　　目	技术参数
机油泵与气缸体的紧固螺栓的拧紧力矩/N·m	16
前油封凸缘的拧紧力矩/N·m	15
曲轴正时带轮/N·m	90

四、拆装步骤

1. 拆卸机油泵

1）将发动机置于维修位置，排空机油，拆除油底壳。

拆卸曲轴正时带轮，如图 5-21 所示。

提示：使用指针式扭力扳手预松，再用 T 形套筒拆下紧固螺栓。

图 5-21　拆卸曲轴正时带轮

2）拆卸前油封凸缘紧固螺栓，如图 5-22 所示。

图 5-22　拆卸前油封凸缘紧固螺栓

3）取下前油封凸缘，如图 5-23 所示。

图 5-23　取下前油封凸缘

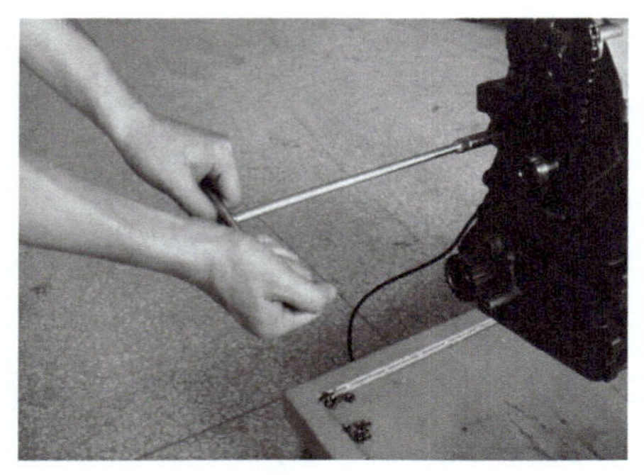

图 5-24　拆下机油泵链条张紧器紧固螺栓

4）使用 T 形套筒拆下机油泵链条张紧器紧固螺栓，如图 5-24 所示。

图 5-25　拆下链条张紧器

5）拆下链条张紧器，取下机油泵链条，如图 5-25 所示。

图 5-26　拆下机油泵链轮

6）拆下机油泵链轮，如图 5-26 所示。

拆卸机油泵

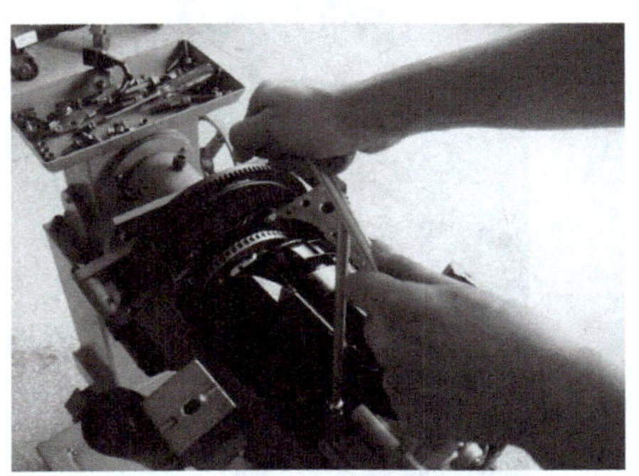

图 5-27　拆卸机油泵和挡油板

7）使用 T 形套筒拆下机油泵和挡油板，如图 5-27 所示。

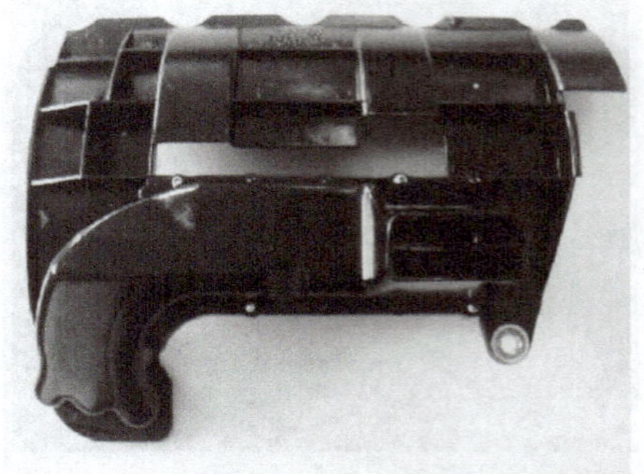
图 5-28 挡油板

8）取下的挡油板，如图 5-28 所示。

图 5-29 AJR 型发动机机油泵

9）取下机油泵。AJR 型发动机的机油泵为转子式机油泵，如图 5-29 所示。

10）用手转动机油泵转子，转动有卡滞现象，初步判断为机油泵故障，需更换机油泵。

图 5-30 拧紧机油泵紧固螺栓

2. 安装机油泵

1）用 16N · m 的力矩拧紧机油泵紧固螺栓，如图 5-30 所示；安装挡油板。

安装机油泵

图 5-31 安装链条张紧器

2）安装机油泵链轮（安装链条张紧器，如图 5-31 所示）。

提示：安装前需对机油泵传动链条进行润滑，保证其工作可靠。

图 5-32　紧固前油封凸缘

3）紧固前油封凸缘，如图 5-32 所示。

提示：前油封凸缘的拧紧力矩为 15N · m。

图 5-33　紧固曲轴正时带轮

4）使用扭力扳手紧固曲轴正时带轮，如图 5-33 所示。

提示：曲轴正时带轮的拧紧力矩为 90N · m。

图 5-34　更换油底壳密封圈

5）更换新的油底壳密封圈，如图 5-34 所示。

6）安装油底壳。

3. 排除故障

更换并安装机油泵后，检查机油压力，显示正常，故障排除。

五、质量保证

1）安装机油泵挡油板时，应注意拧紧力矩不易过大，以防损坏挡油板，造成发动机润滑系统不能正常工作。

2）安装机油泵时，需检查集滤器入口是否清洁，防止机油泵堵塞。

工作说明

1）在前油封凸缘上涂上密封胶，密封胶的厚度为 2 ~ 3mm。安装时，不得敲击，防止

出现油封变形，机油泄漏。

2）安装机油泵传动链条时，应对机油泵传动链条进行润滑，保证其工作可靠稳定。

3）更换机油泵时，废弃机油不得随意丢弃，应由专门企业回收处理。

拓展与提高

可变排量机油泵

发动机中的机油不仅要提供润滑、冷却等功能，同时还要用来传递作用力。因此，机油泵既要确保充足的供油量，还要保证足够的机油压力，否则系统的相关部件将难以正常工作。除此之外，在满足供给需求的条件下，保证机油泵的功率尽可能小，这样就可以降低发动机的负荷。

可变排量机油泵是由发动机 ECU 根据发动机的运转情况来调整机油泵的功率，从而供给最适合的机油量，在不影响机油供给的前提下，尽可能减小发动机的负荷。

传统的机械式喷油泵的调节油室内的压力与发动机主油道的压力是保持一致的，而可变排量机油泵在发动机主油道与调节油室间设计了一个电磁阀，该电磁阀可以调整由主油道进入调节油室的机油量，从而对机油泵的功率进行动态地调整。

【小资料】

昆仑润滑守护中国速度

高铁是中国制造走向世界的第一张亮丽名片，代表着中国速度。时速 300km 的高铁，轴承转速可达 5590r/min。在如此高转速下，要求机油必须能够吸附到轴承表面，才能够起到较好的润滑作用，并且起到降温作用。如果机油被甩走了，轴承温度就会上升，从而烧坏轴承，这样就会产生故障，甚至带来严重的安全事故。

随着《中国制造 2025》路线图的公布，对机油的技术和品质提出了更高要求——解决高速、高压和高温三大世界性润滑技术难题。经过不懈努力和持续创新，昆仑润滑解决了世界性润滑难题，形成了独有润滑技术，特别是特高速润滑保护技术满足了中国制造高端装备的润滑需求。昆仑润滑为中国高铁“复兴号”量身定制的专用齿轮油——高铁齿轮箱油，传动效率与日本油相比提高了 3%，与德国油相比提高了 15%；高速性能与德国油相比提高了 33%，与日本油相比提高了 67%。昆仑润滑高铁齿轮箱油是国内唯一自主研发的产品，国内第一个通过 60 万 km 的实车考核，在时速 350km 复兴号上实现批量应用，一举打破国外品牌的垄断局面。

作为我国高铁发展史上的里程碑产品，昆仑润滑高铁齿轮箱油见证了中国高铁的自主化发展历程，体现了我国自主研发的雄厚实力。未来，昆仑润滑将继续坚持打造中国标准，守护中国速度。

项目六

冷却系统的构造与拆装

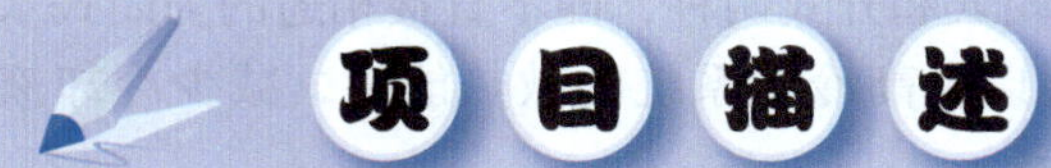

发动机冷却系统通过冷却液或空气对发动机进行冷却，将燃料燃烧及零部件间摩擦产生的多余热量散发出来，以保持发动机的正常工作温度，保证发动机的工作能力，提高工作可靠性及延长发动机使用寿命。汽车发动机上广泛采用水冷方式，因此，本项目主要围绕冷却液泵和节温器的构造与拆装进行学习和训练。

任务1 拆装冷却液泵

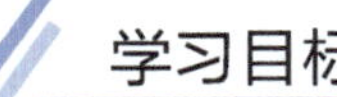

学习目标

1. 知识目标

1）指出冷却系统的组成及主要总成的作用。

2）说明冷却液泵的构造和工作过程。

2. 技能目标

1）使用设备和工具，按工艺规范拆装冷却液泵。

2）查阅维修资料，完成工作页。

3. 情感目标

1）遵守操作规则，保证质量。

2）遵守环保法规，保证安全。

任务描述

一辆桑塔纳2000GSi型轿车冷却液损耗异常，且安装冷却液泵的气缸体侧有漏水现象，经检查发现冷却液泵泄漏，应更换冷却液泵。因此，需要掌握冷却系统的相关知识，制订工作计划，实施拆装冷却液泵任务，并保证工作质量。

知识储备

发动机冷却系统的主要作用是发动机在任何工况下，对高温机件进行适度的冷却，使发动机始终在最合适的温度范围内工作，以便燃烧室附近的部件（如活塞、气门和气缸等）不被损坏、机油不被蒸发或降低润滑性能、油耗不会增加，从而保证发动机的正常工作。此外，冷却系统还为暖风系统提供热源。根据不同的冷却介质，冷却系统分为水冷系统和风冷系统两种。

水冷系统以冷却液作为介质，吸收高温机件的热量，再由这些吸收了热量的冷却液经过散热器，将热量散发到大气中。水冷系统冷却可靠，冷却强度调节方便，在工作中冷却液损失较少。在发动机正常工作时，可使气缸盖内的冷却液温度维持在 80～90℃。根据冷却系统的水路是否与大气直接相通，水冷系统又有闭式和开式两种，即不直接相通的为闭式水冷系统，反之为开式水冷系统。闭式水冷系统可以提高冷却系统的散热能力，减少冷却液损耗。因此，轿车发动机上广泛采用闭式水冷系统。

风冷系统以空气作为介质，直接对气缸体和气缸盖进行冷却。与水冷系统相比，风冷系统冷却不可靠，冷却强度不容易调节和控制。因此，只有少数柴油机上采用风冷系统。

一、水冷系统的组成

汽车发动机采用的水冷系统大部分是强制循环闭式水冷系统，它是利用冷却液泵（简称水泵）将冷却液在水套和散热器之间进行循环来完成对发动机的冷却。强制循环式水冷系统主要由散热器、冷却液泵、风扇、节温器和水套等部件组成，桑塔纳 2000GSi 型轿车发动机冷却系统如图 6-1 所示。

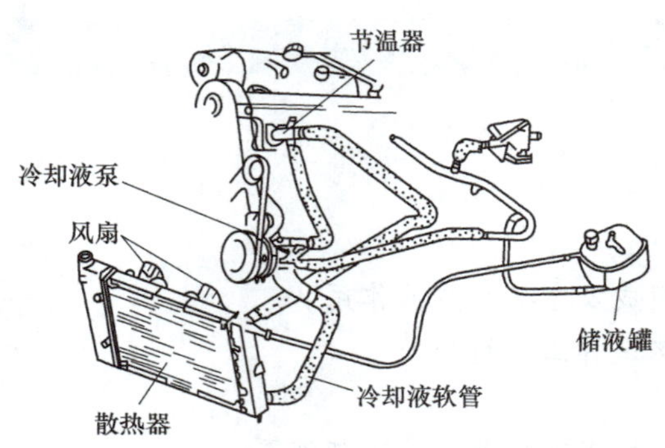

图 6-1　桑塔纳 2000GSi 型轿车发动机冷却系统

在气缸盖和气缸体中都直接铸有水套，气缸体上平面和气缸盖下平面有对应相通的水路，使循环的冷却液直接从气缸壁和燃烧室壁吸收并带走热量。为了使各个气缸冷却均匀，在水套中设置分水管，沿纵向开有若干出水孔。

二、散热器

散热器的作用是将从发动机水套中出来的热冷却液分成小段，并将其热量扩散到大

气中。

散热器主要由左右或上下储水室，上、下冷却液软管，散热器芯和加注孔盖等组成，如图 6-2 所示。散热器一般以弹性方式安装在发动机前方的支架上，通过橡胶软管，散热器上进水孔与发动机气缸盖出水孔相通，散热器下出水孔与冷却液泵进水孔相通。散热器一侧储水室装有控制风扇电动机的热敏开关。

散热器有横流式和纵流式两种。横流式散热器的两个储水室焊接在散热器芯左右两侧，冷却液沿水平方向从一侧流向另一侧；纵流式散热器的两个储水室焊接在散热器芯上下部位，冷却液在重力的作用下从顶部流向底部。桑塔纳 2000GSi 型轿车发动机（AJR 型发动机）采用横流式散热器（图 6-2）。

1. 散热器芯

散热器芯由许多冷却管和散热片组成，如图 6-3 所示。冷却管是冷却液流过的细金属管，其断面一般为扁圆形。相比圆形断面的冷却管，扁管散热面积大；当管内的冷却液结冰膨胀时，其横断面变形，从而避免冷却管破裂。

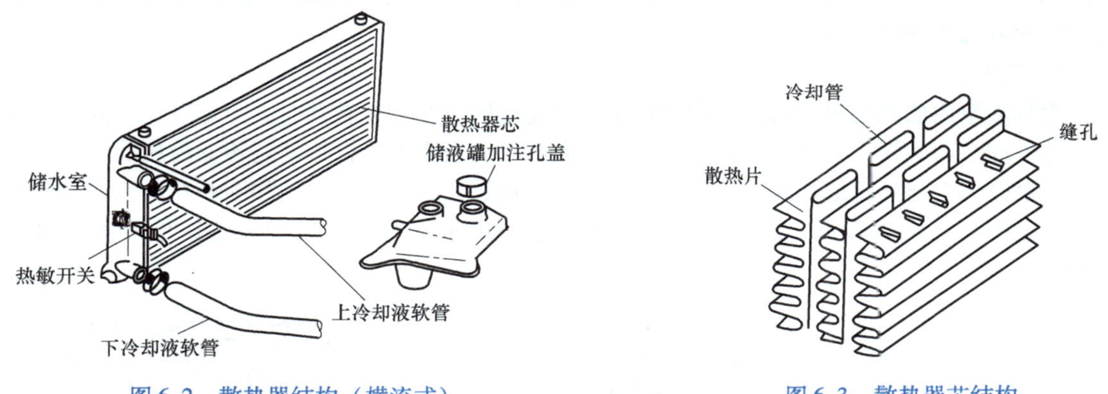

图 6-2 散热器结构（横流式）

图 6-3 散热器芯结构

散热片呈波纹状，沿纵向间隔排列。散热片上的缝孔是为了破坏空气流在散热片上形成的附面层，有利于提高散热能力。一般冷却管用黄铜制造，散热片用铝材制造。

2. 加注孔盖

加注孔盖位于散热器上部储水室上或冷却液储液罐上。散热器上的加注孔盖带有限压阀和真空阀，如图 6-4 所示。限压阀紧紧压住加注孔，密封散热器，同时对冷却液加压，使冷却系统内部保持一定的压力，从而提高冷却液的沸点，改善散热效果。如果压力超出限定压力时，限压阀打开并将过压的冷却液和空气释放到大气中。

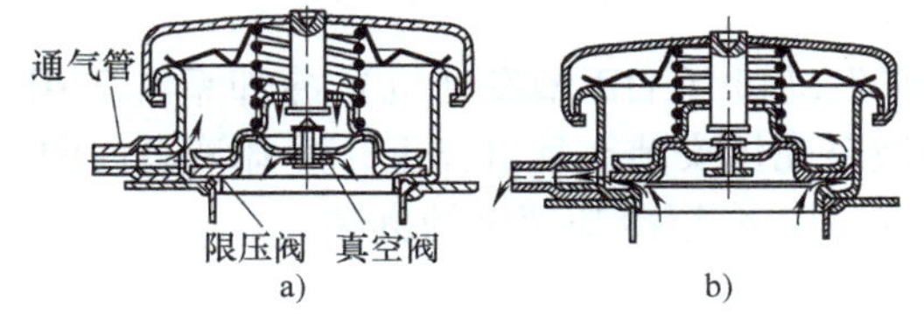

图 6-4 加注孔盖结构

a）真空阀打开 b）限压阀打开

当冷却液冷却温度下降时，冷却系统内产生一定的真空度，真空阀被吸开，空气从外部进入散热器内，以免冷却液软管收缩。

闭式水冷系统就是通过限压阀和真空阀的开启来控制冷却系统水路与外界大气的相通。

三、冷却液泵

冷却液泵（水泵）的作用是将冷却液加压后输送到发动机气缸体水套中，使之在冷却系统中循环流动。

1. 构造

汽车发动机冷却液泵一般采用离心式，主要由叶轮、冷却液泵轴、带轮、O 形密封圈和壳体等组成，如图 6-5 所示。

AJR 型发动机采用塑料制的闭式叶轮，装在冷却液泵轴双联轴承的一端，另一端装有正时带轮。冷却液泵轴承一个为球轴承，靠近正时带轮的为滚子轴承。冷却液泵安装在发动机气缸体上，冷却液泵的出水管通过分水管与气缸体水套相通，冷却液泵的进水管与散热器下部的出水孔及节温器相通。

2. 工作过程

冷却液泵由曲轴通过正时带或驱动带带动叶轮旋转。当叶轮转动时，冷却液泵中的冷却液被叶轮带动一起旋转，并在离心力的作用下，向叶轮的边缘甩出，将动能转变为压能，然后经冷却液泵壳体上与叶轮成切线方向的出水管，被压送到气缸体水套内，如图 6-6 所示。与此同时，叶轮中心处压力降低，散热器中的冷却液便经进水管被吸入叶轮中心，使冷却液循环流动。

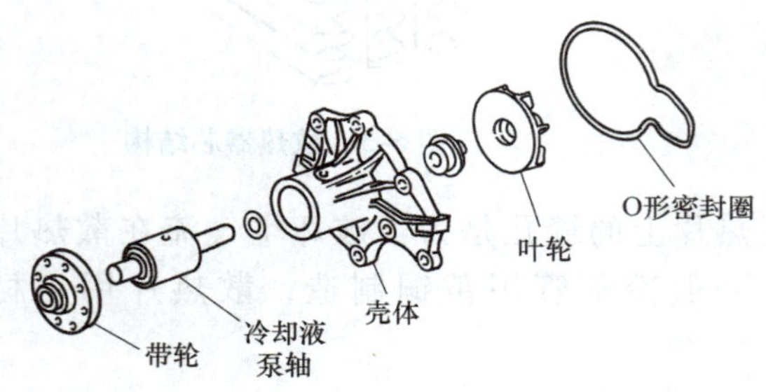

图 6-5 离心式冷却液泵结构

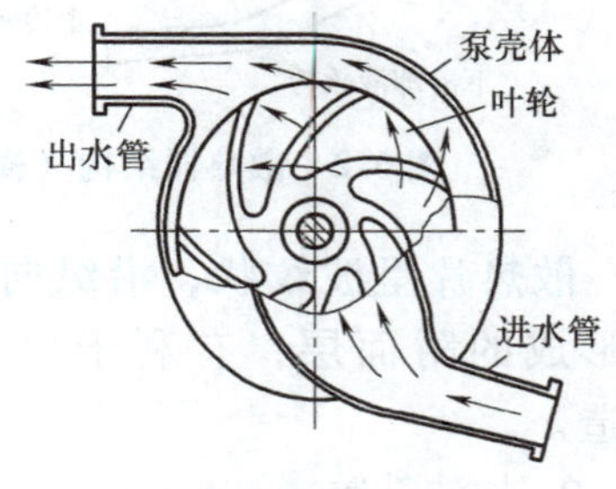

图 6-6 冷却液泵工作过程示意图

任务实施

拆装冷却液泵

桑塔纳 2000GSi 型轿车发动机（AJR 型发动机）冷却系统采用强制循环闭式水冷系统，在发动机前端直接将冷却液泵壳体安装在气缸体上，冷却液泵由曲轴通过正时带驱动。下面以 AJR 型发动机冷却系统为例，介绍冷却液泵的拆装。

一、设备、工具和量具

桑塔纳 2000GSi 型轿车或 AJR 型发动机实验台架、工具车、扭力扳手、成套套筒扳手、呆扳手、V 形带张紧器销钉 3204 和弹簧卡箍装配工具 VAS 5024A。

二、辅助材料

冷却液、安全防护材料和抹布。

三、技术参数

AJR 型发动机冷却系统的技术参数见表 6-1。

表 6-1　AJR 型发动机冷却系统的技术参数

项　目	技术参数
正时带中间防护罩紧固螺栓的拧紧力矩/N·m	10
正时带后防护罩紧固螺栓的拧紧力矩/N·m	20
V 形带张紧器紧固螺栓的拧紧力矩/N·m	25
冷却液泵紧固螺栓的拧紧力矩/N·m	15
冷却液添加剂	G12（NO52 744 CO）

四、拆装步骤

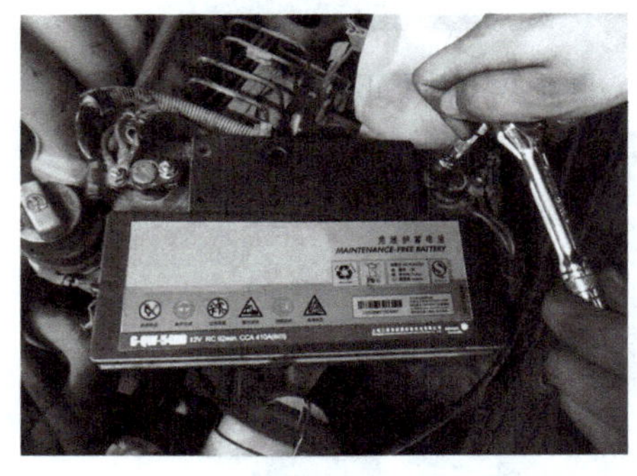

图 6-7　拆下蓄电池负极线

1. 拆卸冷却液泵

1）将发动机置于维修位置，关闭点火开关，拆下蓄电池负极线，如图 6-7 所示。

图 6-8　松开散热器下部冷却液软管的弹簧夹箍

① 旋开冷却液储液罐加注孔盖。

② 在发动机下，放置一个干净的收集盘。

③ 松开弹簧夹箍，如图 6-8 所示。拔下散热器的下部冷却液软管，排放冷却液。

2）拆下V形带张紧器，取下V形带，拆下发电机及其支架。

① 标出V形带的传动方向。

② 用呆扳手扳动张紧器，松开V形带，如图6-9所示。

③ 用销子固定住张紧器，拆下固定住的V形带张紧器。

④ 取下V形带，拆下发电机及其支架。

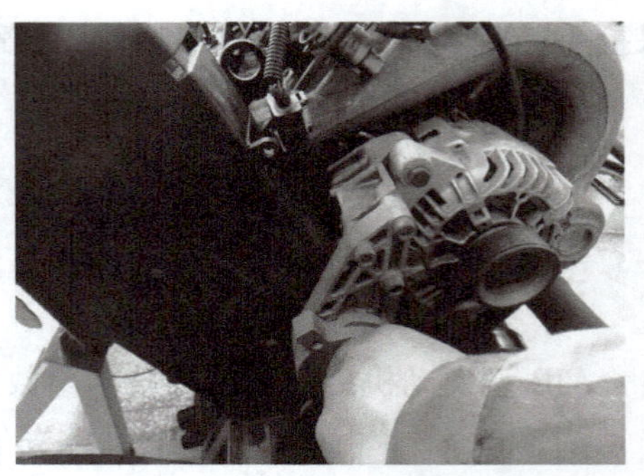

图6-9 扳动V形带张紧器

图6-10 拆下正时带上、中防护罩

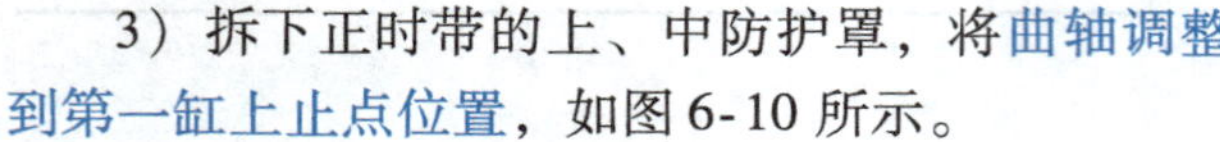

3）拆下正时带的上、中防护罩，将曲轴调整到第一缸上止点位置，如图6-10所示。

图6-11 拧出冷却液泵紧固螺栓

4）拆下凸轮轴上的正时带。旋下螺栓，拆下正时带后防护罩。

5）拧出冷却液泵紧固螺栓（M10），如图6-11所示。

拆卸冷却液泵

6）拆卸冷却液泵，并小心地将其拉出，安放在零件车上，如图6-12所示。

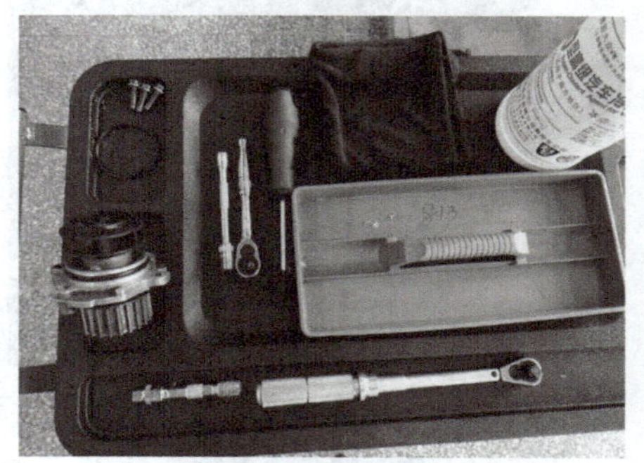

图6-12 将拆卸的冷却液泵安放在零件车上

图 6-13　拆卸 O 形密封圈

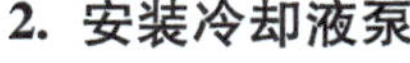

2. 安装冷却液泵

1）拆卸 O 形密封圈，如图 6-13 所示。

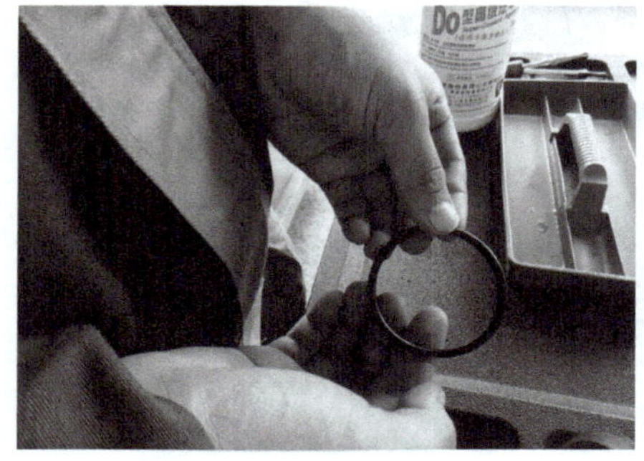

图 6-14　目视检查 O 形密封圈

2）清洁 O 形密封圈的密封表面，目视检查密封圈后，发现密封圈有裂纹，如图 6-14 所示。初步诊断：因冷却液泵泄漏而造成冷却液损耗异常。

图 6-15　用新的冷却液浸润新的 O 形密封圈

3）更换 O 形密封圈，用新的冷却液浸润新的 O 形密封圈，如图 6-15 所示。

更换密封圈

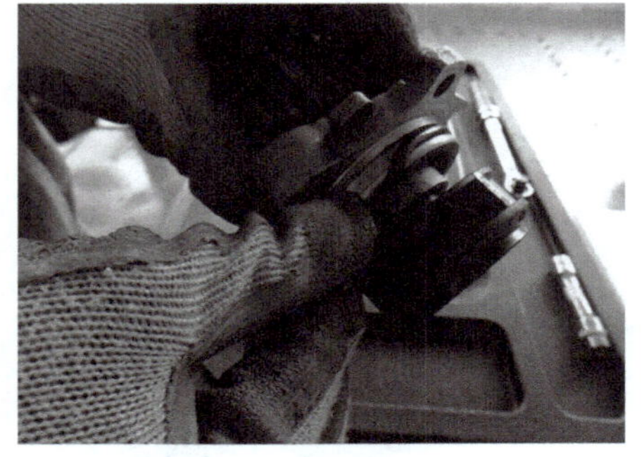

图 6-16　安装新的 O 形密封圈

4）检查叶轮的腐蚀和转动情况，必要时更换叶轮。安装新的 O 形密封圈，如图 6-16 所示。

5）安装冷却液泵，使冷却液泵壳体上的凸耳朝下，如图6-17所示。

图6-17 将泵壳体上的凸耳朝下安装冷却液泵

安装冷却液泵

6）拧紧冷却液泵壳体与气缸体的紧固螺栓（M10）至15N·m，如图6-18所示。

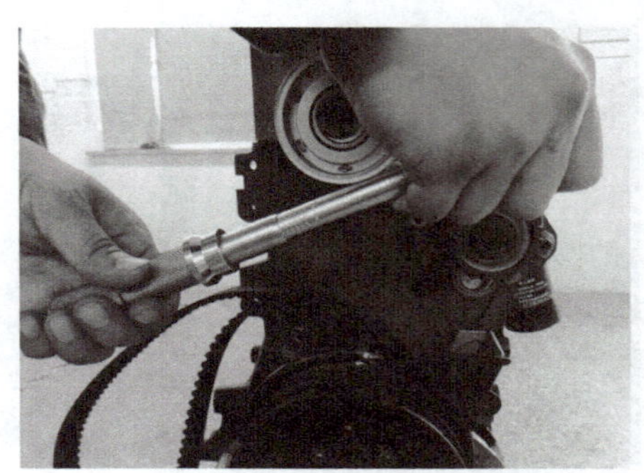

图6-18 拧紧冷却液泵壳体与气缸体的紧固螺栓

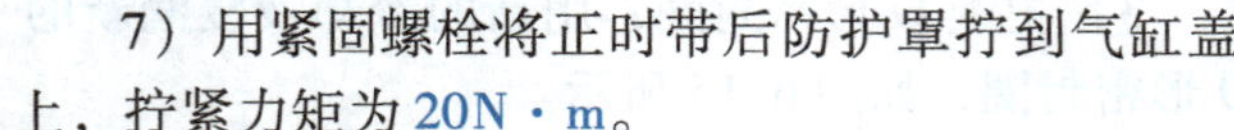

7）用紧固螺栓将正时带后防护罩拧到气缸盖上，拧紧力矩为20N·m。

8）安装正时带，用专用工具调整正时带张紧器，使其指针落入定位槽，如图6-19所示。

图6-19 安装正时带

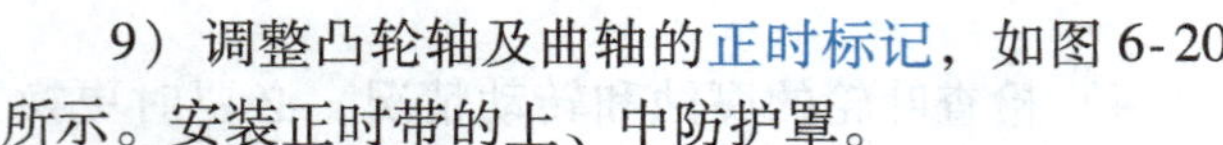

9）调整凸轮轴及曲轴的正时标记，如图6-20所示。安装正时带的上、中防护罩。

10）安装发电机及其支架。安装V形带张紧器，拧紧力矩为25N·m；安装V形带，注意V形带的传动方向。

图6-20 调整凸轮轴及曲轴正时标记

图 6-21　加注冷却液并旋紧储液罐加注孔盖

11）接上蓄电池负极线。

12）加注冷却液。

① 将冷却液软管连接到散热器下出水孔，用专用工具安装弹簧卡箍。

② 加注冷却液至冷却液储液罐最高点标记 MAX 处。

③ 旋紧储液罐加注孔盖，如图 6-21 所示。

④ 使发动机以 2000r/min 运转，并保持 5 ~ 7min。

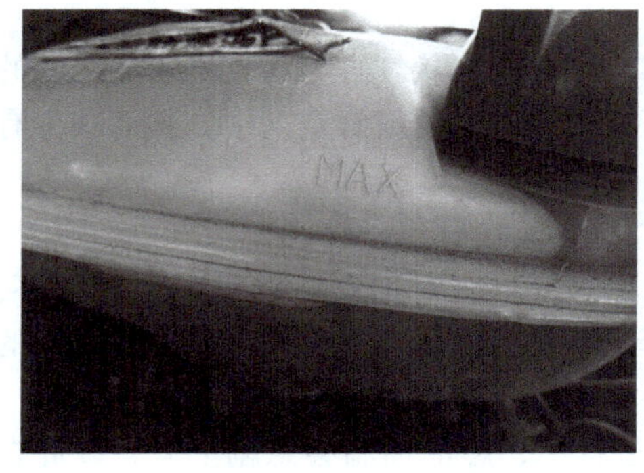

图 6-22　检查冷却液液位

⑤ 关闭点火开关，检查冷却液液位，如图 6-22 所示。发动机暖机时，冷却液液位必须在 MAX 和 MIN 标记之间，必要时加注冷却液到 MAX 标记处。

3. 排除故障

检查软管及其连接件、散热器、冷却液泵和冷却液液位均正常。至此，排除冷却液损耗异常故障。

五、质量保证

1）在拆卸正时带和 V 形带之前，用粉笔标出传动方向记号。检查正时带磨损正常，不能扭曲及无裂纹，否则更换正时带。只能按正时带上的记号在同一个位置上安装。正时带、V 形带和带轮表面不得沾上机油或冷却液，拆卸前须用干净抹布盖住正时带及带轮。

2）冷却液是在软水中混合冷却液添加剂，可以防腐、防冻、防沉积及提高沸点。AJR 型发动机的冷却液添加剂使用 G12（红色），不允许与 G11（绿色）混合使用。建议容积混合比采用 1∶1（软水∶添加剂），如果气温低于 -35℃ 时，应为 4∶6。冷却液加注量为 3.5 ~ 4.0L。

3）清洁工作时在车辆和设备上留下的污痕，清洁、整理工具，清扫工作场地。

工作说明

1）拆卸凸轮轴上的正时带时，不必拆下曲轴正时带轮，保持正时带在曲轴正时带轮上的位置。

2）发动机热态时，不允许旋开冷却液储液罐加注孔盖。在冷却液温度低于 90℃ 时，用一块抹布覆盖在端盖上，缓慢旋开端盖并排出高压蒸汽，以免烫伤。还需带上个人防护装备，一旦接触皮肤后，立即用流动的清水彻底冲洗。

3）用过的冷却液不能重复使用，也不允许排入下水道，而是收集到带有相应标记的容器内，按废弃处理，以此节约资源和保护环境。

4）冷却液软管连接用弹簧卡箍，不能改用其他卡箍，且要使用专用工具安装弹簧卡箍。

5）安装正时带后，原则上应该起动发动机，检查正时带的运转情况。

拓展与提高

柴油涡轮增压燃油直喷发动机冷却循环技术

发动机冷却系统不仅冷却发动机机体，还有多种冷却循环，下面介绍柴油涡轮增压燃油直喷发动机的冷却循环。

1. 高温循环

除了发动机机体冷却以外，还有废气再循环冷却。部分废气从气缸与涡轮增压器之间的主废气流中分离后，经过冷却再重新流入到送往增压空气冷却器的新鲜空气中，从而减少有害物质的排放量，保护环境。

2. 低温循环

1）增压空气冷却循环。在主散热器中有一个低温循环区，对增压空气进行冷却循环，以此降低发动机增压后的热负荷及废气温度，从而降低耗油量及废气中氮氧化物（NO_x）的排放量，达到节能减排的目的。

2）燃油冷却循环。由于柴油机喷射系统在增压过程中，燃油油温会急剧上升，以此在回流管中安装了一个热交换器，对回流的燃油进行冷却。

以上每个循环回路中都分别设置独立的冷却液泵。

任务2 拆装节温器

学习目标

1. 知识目标

1）说明冷却系统的循环方式和冷却强度的调节。

2）解释节温器的构造和工作过程。

2. 技能目标

1）使用设备和工具，按工艺规范拆装节温器。

2）查阅维修资料，完成工作页。

3. 情感目标

1）遵守操作规则，保证质量。

2）遵守环保法规，保证安全。

任务描述

一辆桑塔纳2000GSi型轿车冷却液液位正常，但冷却液温度警告灯点亮，经检查发现散热器和下部冷却液软管保持冷态，应更换节温器。因此，需要掌握冷却系统循环方式及节温器的相关知识，制订工作计划，实施拆装节温器任务，并保证工作质量。

知识储备

随着发动机负荷或转速等工况的变化，冷却系统的冷却强度也要随之改变，保持冷却液温度在合适的范围内，从而保证发动机的正常工作。冷却强度可通过节温器和风扇来调节。节温器调节通过散热器的冷却液流量，即控制冷却系统的循环回路；风扇调节流经散热器的冷却空气量。

冷却液温度由组合仪表中的冷却液温度表或冷却液温度警告灯来显示，防止发动机过热。冷却液温度通过冷却系统中的冷却液温度传感器（负温度系数热敏电阻）控制。

一、冷却系统的循环方式

节温器安装在气缸体上的冷却液泵进水孔处或气缸盖出水孔处，受冷却液温度的控制，决定冷却系统的循环回路。

1. 小循环

对于 AJR 型发动机冷却系统，节温器安装在冷却液泵进水孔处。当发动机暖机工况时，冷却液温度低于 87℃（根据不同车型而不同）时，冷却液直接通过节温器后流入冷却液泵进水孔处，并从该处再流回发动机。由于冷却液未经过散热器冷却，因此发动机温度迅速提高到正常工作温度。这种循环方式称为小循环，如图 6-23 所示。

2. 大循环

当冷却液温度超过 102℃（根据不同车型而不同）时，冷却液全部流经散热器冷却后，进入节温器，由节温器进入冷却液泵进水孔处，经叶轮带动后进入气缸体水套，然后流入气缸盖水套进行循环。由于冷却液经过散热器冷却，因此发动机冷却液温度迅速下降，避免发动机过热。这种循环方式称为大循环，如图 6-24 所示。

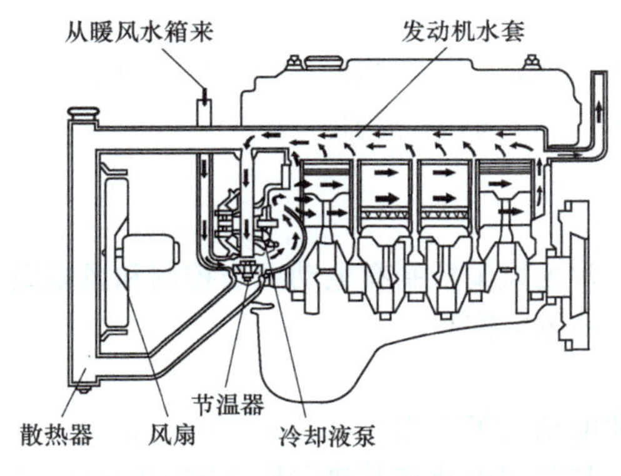

图 6-23　小循环冷却回路

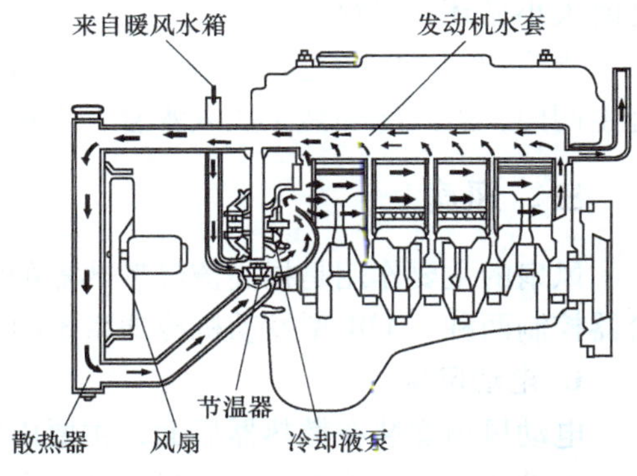

图 6-24　大循环冷却回路

当冷却液温度在 87～102℃之间时，节温器使大小循环都存在，这时只有部分冷却液流入散热器冷却。

二、节温器

节温器的主要作用是根据冷却液温度自动改变冷却系统的循环回路及冷却液的流量。大多数发动机冷却系统采用蜡式节温器。

1. 构造

节温器的关键元件是膨胀材料元件和主副阀门。膨胀材料元件由石蜡、橡胶管、中心杆和壳体组成，如图6-25所示。

2. 工作过程

当冷却液温度低于87℃时，石蜡为固体，在弹簧的作用下，节温器壳体处于初始位置，此时主阀门关闭，副阀门打开。来自气缸盖出水孔的冷却液从副阀门进入小循环软管，经冷却液泵又流回气缸体水套中，冷却液进行小循环，如图6-26所示。

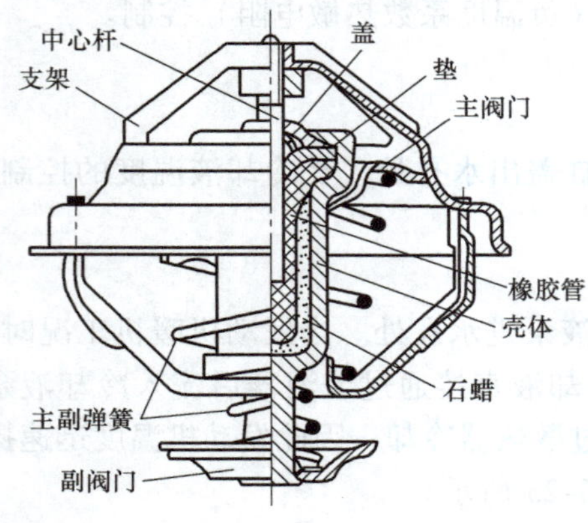

图6-25 蜡式节温器结构

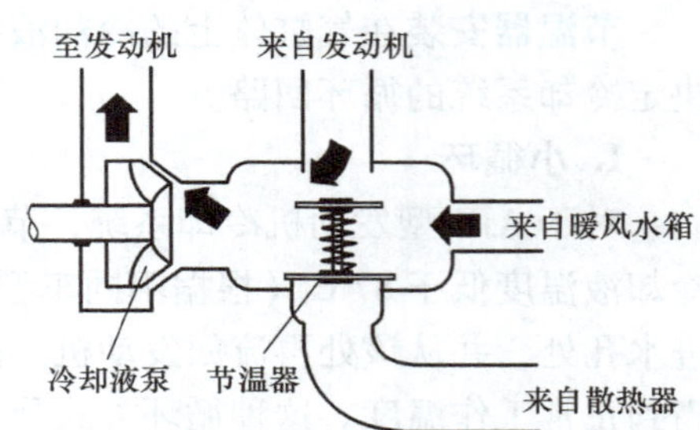

图6-26 蜡式节温器小循环工作过程

当冷却液温度达到87℃时，石蜡逐渐溶化，体积膨胀，石蜡迫使橡胶管收缩而对中心杆产生推力，由于中心杆固定于支架不能移动，其反推力带动膨胀材料元件移动，此时主阀门开始打开，部分来自散热器的冷却液，经节温器主阀门进入冷却液泵，压入发动机水套，此时大小循环同时存在。

当冷却液温度超过87℃时，主阀门全开，副阀门全闭，由散热器冷却后的冷却液全部经主阀门，进入冷却液泵压入水套，实现大循环冷却，如图6-27所示。

三、风扇

风扇的主要作用是提高流经散热器的空气流量。常见风扇控制有电动风扇控制和风扇离合器控制两种。AJR型发动机冷却系统的风扇采用电动风扇控制。

1. 电动风扇

电动风扇安装在散热器后面，主要由风扇叶片和电动机等组成，如图6-28所示。

电动风扇由双速直流电动机驱动，电动机的接通和关闭由装在散热器储水室上的热敏开关控制。发动机冷态时，热敏开关常开，电动机关闭，风扇不运转；随着冷却液温度的升高及高低变化，热敏开关的高低温触点开启或闭合，接通电动风扇控制电路，电动机分别以快、慢速档带动风扇双速运转。

2. 风扇离合器

轿车上常见的风扇离合器有硅油风扇离合器和电磁风扇离合器两种。风扇离合器的驱动轴端装有V形带轮，由曲轴通过V形带驱动。

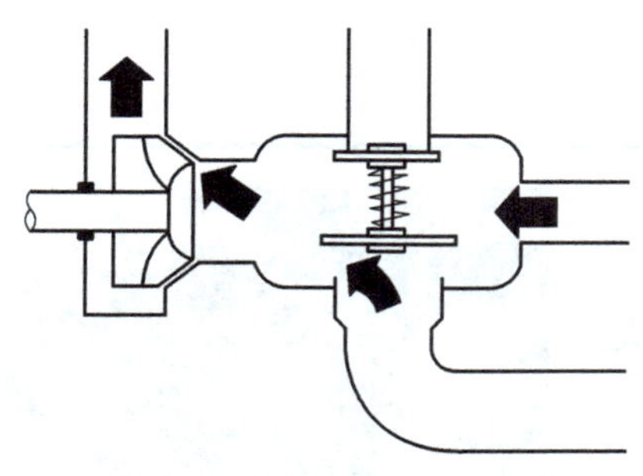
图 6-27　节温器大循环工作过程

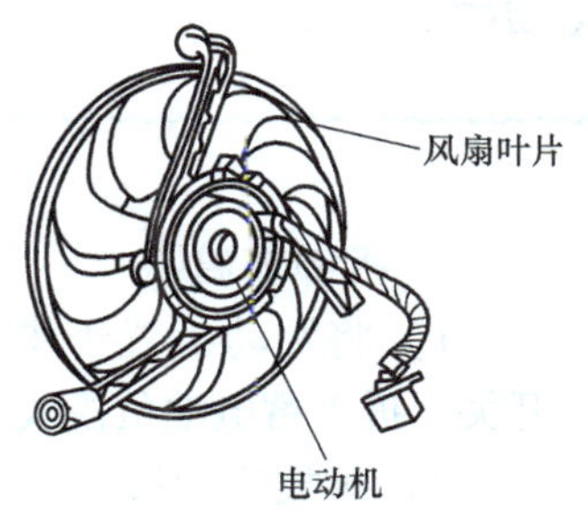

图 6-28　电动风扇

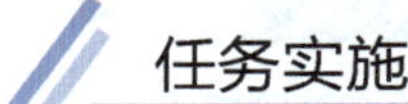
任务实施

拆装节温器

桑塔纳 2000GSi 型轿车发动机（AJR 型发动机）冷却系统的节温器安装在冷却液泵的进水孔处，冷却液通过节温器后进入冷却液泵进水孔处，构成冷却液大、小循环回路。节温器的主阀门常闭，冷却系统常循环是小循环，以便提高冷却系统的温度，改善发动机热效率，确保节能环保。下面以 AJR 型发动机冷却系统为例，介绍节温器的拆装。

一、设备、工具和量具

桑塔纳 2000GSi 型轿车或 AJR 型发动机实验台架、工具车、扭力扳手、成套套筒扳手、呆扳手、V 形带张紧器销钉 3204 和弹簧卡箍装配工具 VAS 5024A。

二、辅助材料

冷却液、安全防护材料和抹布。

三、技术参数

AJR 型发动机冷却系统的技术参数见表 6-2。

表 6-2　AJR 型发动机冷却系统的技术参数

项　　目	技术参数
正时带中间防护罩紧固螺栓的拧紧力矩/N·m	10
正时带后防护罩紧固螺栓的拧紧力矩/N·m	20
V 形带张紧器紧固螺栓的拧紧力矩/N·m	25
节温器冷却液管接头紧固螺栓的拧紧力矩/N·m	15
节温器开启温度约为（87±2）℃，关闭温度约为 120℃，节温器最大升程/mm	8
冷却液添加剂	G12（NO52 744 CO）

四、拆装步骤

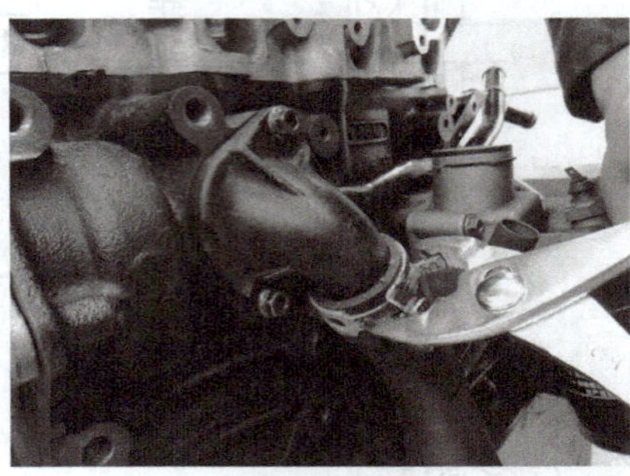

图 6-29 从节温器冷却液管接头处拆下冷却液软管

1. 拆卸节温器

拆卸节温器

1）将发动机置于维修位置，关闭点火开关，拆下蓄电池负极线。

2）排放冷却液。

3）拆下 V 形带张紧器，取下 V 形带，拆下发电机及其支架，然后拆下正时带。

4）松开卡箍，从节温器冷却液管接头处拆下冷却液软管，如图 6-29 所示。

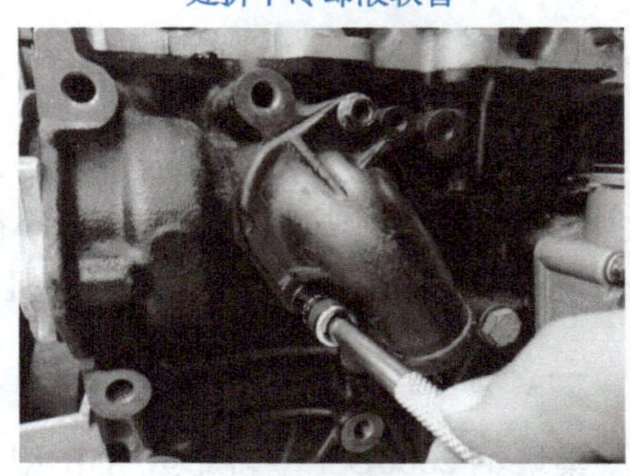

图 6-30 旋出节温器冷却液管接头的紧固螺栓

5）旋出节温器冷却液管接头的紧固螺栓（M10），如图 6-30 所示。

图 6-31 拆下节温器冷却液管接头

6）拆下节温器冷却液管接头，如图 6-31 所示。

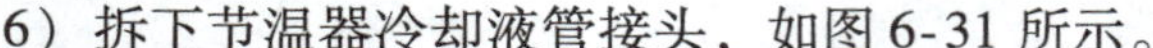

图 6-32 取出 O 形密封圈

7）取出 O 形密封圈，如图 6-32 所示。

图 6-33　拆下节温器

8）拆下节温器，如图 6-33 所示。

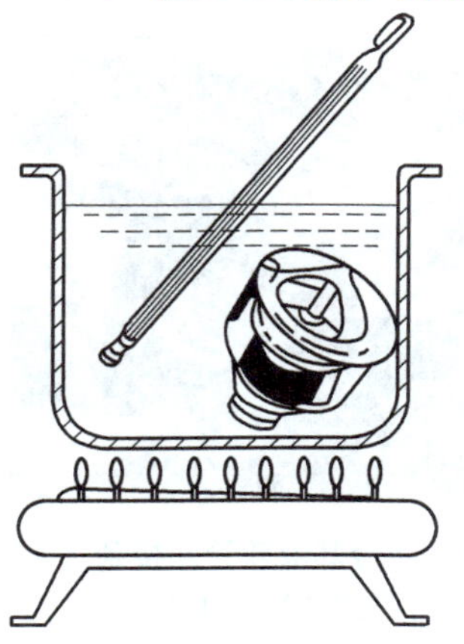

图 6-34　加热检查节温器

2. 检查节温器

1）在水中加热节温器（图 6-34），观察节温器主阀门开启、关闭温度和升程。

2）发现节温器卡在关闭位置，初步诊断出：因节温器损坏而造成冷却液温度警告灯点亮。

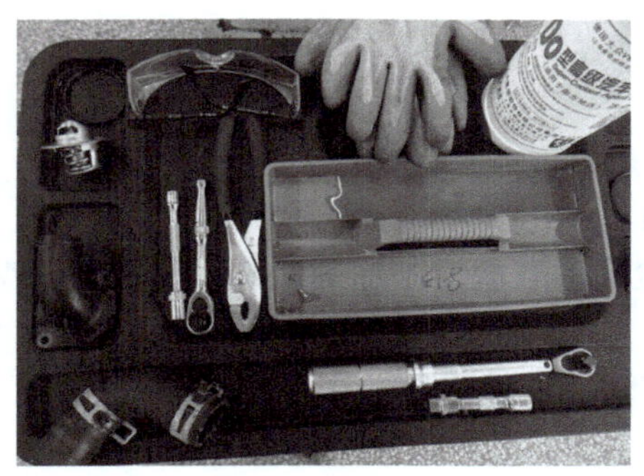

图 6-35　更换节温器

3. 安装节温器

1）更换 O 形密封圈，用新的冷却液浸润新的 O 形密封圈。

2）更换节温器，如图 6-35 所示。

安装节温器

图 6-36　安装节温器

3）将新的节温器和 O 形密封圈装入气缸体中，如图 6-36 所示。

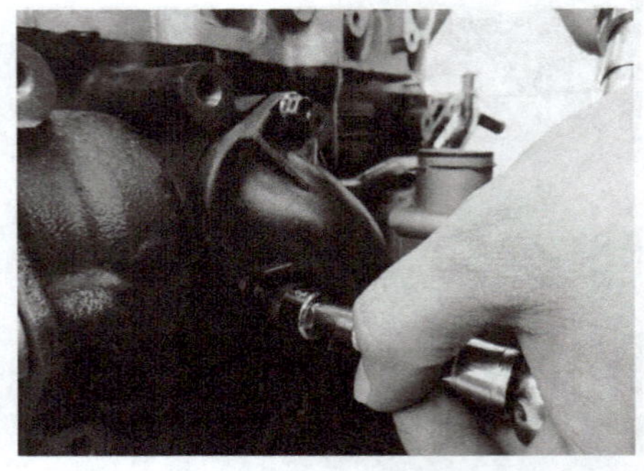

图 6-37 安装节温器冷却液管接头

4）安装节温器冷却液管接头，拧紧紧固螺栓至 15N · m，如图 6-37 所示。

图 6-38 将冷却液软管连接到节温器冷却液管接头上

5）将冷却液软管连接到节温器冷却液管接头上，用专用工具安装弹簧卡箍，如图 6-38 所示。

6）安装正时带。安装发电机及其支架、V 形带张紧器和 V 形带，注意 V 形带的传动方向。

7）接上蓄电池负极线。

8）加注冷却液。

4. 排除故障

检查软管及其连接件、电动风扇、散热器、冷却液泵和冷却液液位均正常。至此，排除冷却液温度警告灯点亮故障。

五、质量保证

1）按照维修手册，正确拆装正时带和 V 形带。

2）安装节温器时，其感温部分必须装入气缸体内。

3）冷却液必须使用 G12 添加剂，禁止使用磷酸盐或硝酸盐为添加剂，必须保证防冻温度（－35～－25℃）。

4）清洁工作时，在车辆和设备上留下的污痕，清洁、整理工具，清扫工作场地。

工作说明

1）用过的冷却液不能重复使用，也不允许排入下水道，而是收集到带有相应标记的容器内，按废弃处理，以此节约资源和保护环境。

2）拆下的冷却液软管不能扭曲，安装冷却液软管和管接头时，要对准标记。

3）拆卸节温器后，必须更换密封圈。

拓展与提高

电子控制冷却系统

电子控制冷却系统就是根据发动机的负荷情况，将发动机的工作温度控制在一个额定值上。即冷却液温度调节、冷却液的大小循环、冷却风扇的运转控制均由发动机负荷来决定。在发动机部分负荷时，获得良好的燃油经济性，减少一氧化碳（CO）和碳氢化合物（HC）的排放。

电子控制冷却系统的主要部件由冷却液分配单元、冷却液控制单元和冷却液温度传感器组成。冷却液分配单元连接系统各用水部件，如散热器、冷却液泵和发动机的进出水管。另外，还有机油冷却器、变速器冷却器和热交换器等。冷却液控制单元是特性曲线控制的节温器，增加了电阻加热器，加热电阻位于膨胀式节温单元的石蜡中，不是加热冷却液，而是加热节温单元的控制部分，使大循环打开。加热电阻根据发动机控制单元中存储的冷却特性曲线加热石蜡，使膨胀材料元件发生位移，节温单元通过此位移进行机械调节。冷却特性曲线包括与发动机转速、负荷和空气流量等有关的冷却液温度特定值，预控制脉冲以及电动风扇温度差。

当发动机冷起动或部分负荷运转时，为了使发动机尽快热机，达到正常工作温度，此时，未按发动机冷却特性曲线进行工作。冷却液经过发动机气缸盖、冷却液分配单元上平面流入节温器小循环阀门，再流回冷却液泵处，形成小循环冷却。当发动机全负荷运转时，要求冷却系统有较高的冷却能力。因此，控制单元根据传感器信号得出的计算值对加热电阻加载电压，溶解石蜡。此时，大循环阀门打开，接通冷却系统大循环。同时，机械关闭小循环通道，切断小循环。

【小资料】

交融通达的中国大运河

中国大运河由京杭大运河、隋唐大运河、浙东大运河三部分构成，是世界上最长的运河，也是世界上开凿最早、规模最大的运河。2014 年，中国大运河成功入选世界文化遗产名录，成为我国第 46 项世界遗产和第 32 项世界文化遗产。

中国大运河是中华文明的象征之一，它内蕴的“人民至上”的核心思想、“家国情怀”的责任担当、“海纳百川”的文化取向、“和而不同”的民族性格，立体化地呈现了建设美好家园、谋求和平发展的国家形象。对于世界而言，历史上的中国大运河包容开放，通江达海，为古代中国与世界的文化往来架设了便利的桥梁；现代的中国大运河呼应“人类命运共同体”，最终为世界勾勒出一幅既包含中国又面向世界，既有“自我”又与“他者”交融发展的新世界图景。

项目七 起动系统的构造与拆装

项目描述

汽车起动系统提供给发动机曲轴的转矩使发动机达到起动转速，以便使发动机进入自行运转状态。当发动机进入自由运转状态后，起动系统便结束任务立即停止工作。因此，本项目主要围绕起动系统的构造与拆装进行学习和训练。

任务 拆装起动机

学习目标

1. 知识目标

1）指出起动系统的组成及主要总成的作用。

2）说明起动机在整车上的位置。

2. 技能目标

1）使用设备和工具，按工艺规范拆装起动机。

2）查阅维修资料，完成工作页。

3. 情感目标

1）遵守操作规则，保证质量。

2）遵守环保法规，保证安全。

任务描述

一辆桑塔纳2000GSi型轿车接通点火开关，起动机发出明显的打齿异响。首先，检查电源部分，蓄电池电量充足、电源导线无松动和接触不良、供电电压正常。之后，检查起动机部分，发现小齿轮磨损严重，并有断齿现象，应更换起动机。因此，需要掌握起动机的相关

知识，制订工作计划，实施拆装起动机任务，并保证工作质量。

知识储备

发动机起动系统的主要作用是通过起动机将蓄电池的电能转换成机械能，从而使发动机运转。在 0～20℃ 时，汽油机的起动转速为 30～40r/min，柴油机的起动转速为 150～300r/min。通常，起动机的额定电压为 12V。此外，发动机起动系统的起动方式分为人力起动、辅助汽油机起动和电力起动三种。

一、起动系统的组成

起动系统主要由点火开关、蓄电池和起动机等部件组成。桑塔纳 2000GSi 型轿车发动机起动系统，如图 7-1 所示。汽车发动机广泛采用电力起动方式。

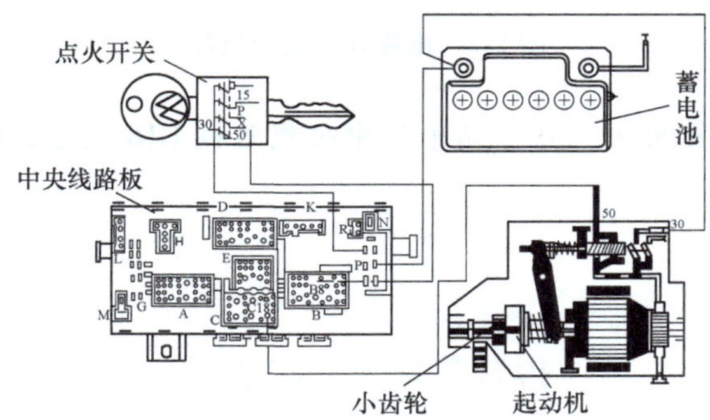

图 7-1　桑塔纳 2000GSi 型轿车发动机起动系统

二、起动机的结构

起动机主要由电磁开关、电枢和励磁绕组等部件组成，如图 7-2 所示。

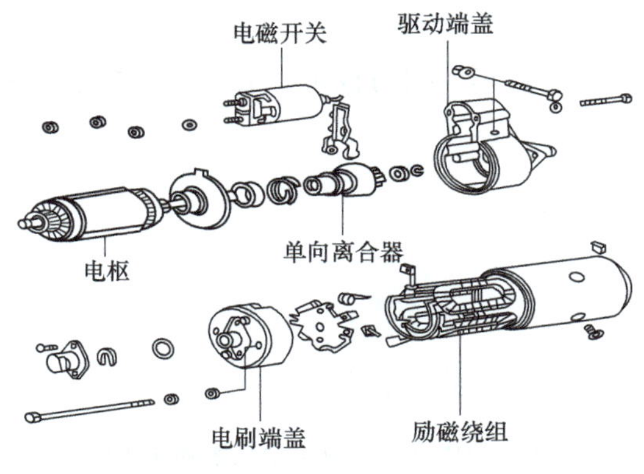

图 7-2　起动机

三、电磁开关端子位置

起动机控制装置的作用是控制电动机电路的通断及驱动齿轮与飞轮齿圈的啮合与分离。

桑塔纳2000GSi型轿车的起动机采用电磁式控制开关（电磁开关），其端子位置，如图7-3所示。

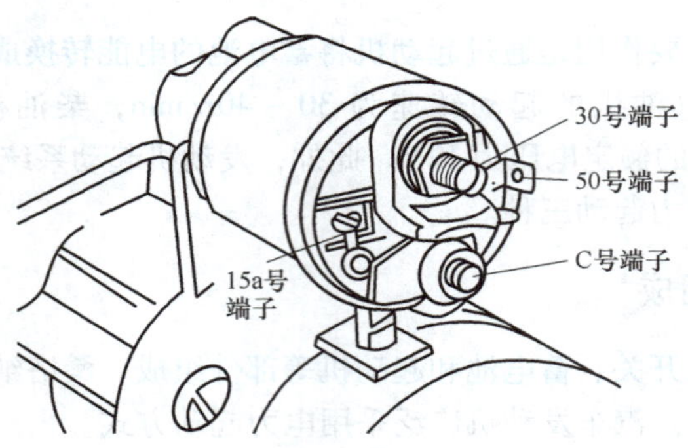

图7-3 电磁开关端子位置

提示：30号端子接蓄电池，50号端子接中央线路板C18端子，C号端子接励磁绕组，15a号端子是备用端子。

任务实施

拆装整车上的起动机

桑塔纳2000GSi型轿车发动机（AJR型发动机）的起动机采用串励直流式，位于发动机的后端，安装在飞轮壳体上，工作时，起动机的小齿轮与飞轮的齿圈相啮合。起动机是由蓄电池提供电源来驱动的。下面以AJR型发动机起动系统为例，介绍起动机在整车上的拆装。

一、设备和工具

AJR型发动机实验台架、工具车、扭力扳手、成套套筒扳手和呆扳手。

二、辅助材料

安全防护材料和抹布。

三、技术参数

AJR型发动机起动系统的技术参数见表7-1。

表7-1 AJR型发动机起动系统的技术参数

项　目	技术参数
起动机驱动齿轮齿数/个	9
起动机后部固定螺栓的拧紧力矩/N·m	20

四、拆装步骤

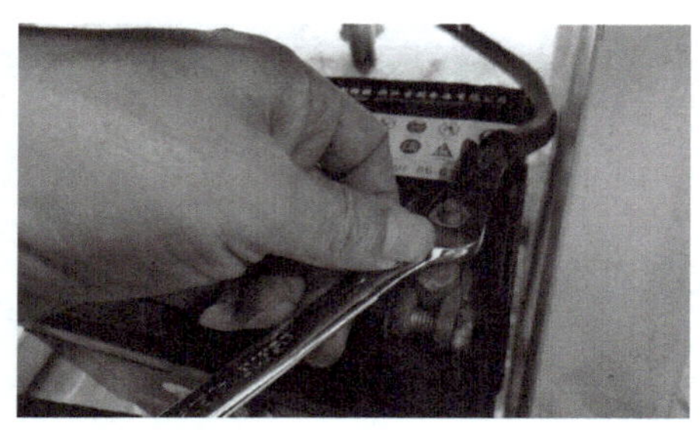

图 7-4　拆下蓄电池负极线

1. 拆卸起动机

1）将点火开关置于“OFF”位，用呆扳手拆下蓄电池负极线，如图 7-4 所示。

提示：扳手操作幅度要小，以防扳手触碰到正极柱，引起短路。

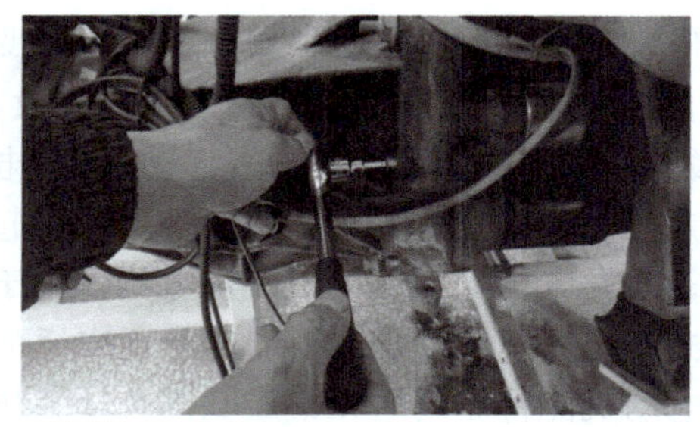

图 7-5　拆下起动机固定螺栓

2）拆下起动机固定螺栓，如图 7-5 所示。

提示：拆卸三个螺栓时，要按照多次原则，以防连接平面翘曲变形。

拆卸起动机

图 7-6　拆下导线接头

3）松开导线固定螺栓，拆下导线接头，如图 7-6 所示。

安装起动机

图 7-7　安装起动机固定螺栓

2. 安装起动机

1）清洁起动机表面，目视检查发现

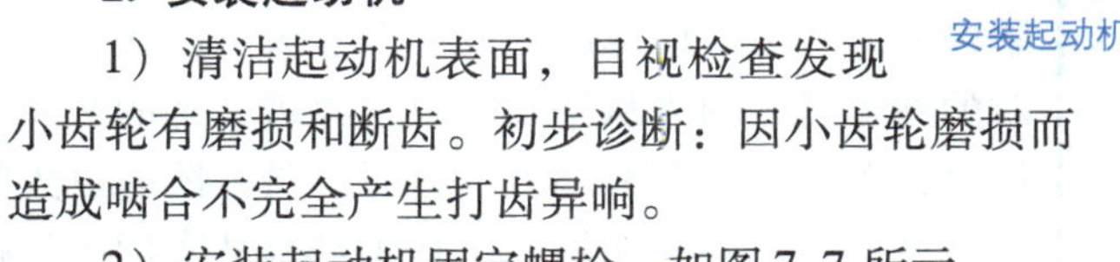

小齿轮有磨损和断齿。初步诊断：因小齿轮磨损而造成啮合不完全产生打齿异响。

2）安装起动机固定螺栓，如图 7-7 所示。

提示：更换的旧起动机和螺栓放入指定垃圾桶。

3. 排除故障

接通点火开关，发动机起动正常，起动机无异响。至此，排除起动机打齿异响故障。

五、质量保证

在拆卸导线固定螺栓之前，用粉笔标出导线与起动机的位置。检查导线是否松动或虚接，如有，则需要维修导线。

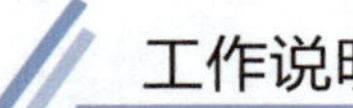

工作说明

1）拆卸蓄电池负极线时，不必拆下正极线。

2）拆卸起动机时，不必拆下发动机支架，保证支架对发动机的完好支撑。

拓展与提高

起停系统

随着科学技术的发展以及对排放的要求越来越严格，发动机起停系统也发生了很大的变革。发动机起停系统能够在一般路况条件下，可平均降低约5%的油耗和二氧化碳排放量。起停（Start-Stop）系统有三种方式：分离式起动机/发电机起停系统、集成式起动机/发电机起停系统和智能起停系统。以博世为代表的分离式起动机/发电机起停系统，独立设计起动机和发电机，发动机起动所需的功率由起动机提供，而发电机则为起动机提供电能。由于该系统中起动机频繁工作，易导致起动机损坏。集成式起动机/发电机起停系统得到广泛的应用，它通过永磁体内转子和单齿定子来激励的同步电动机能将驱动单元集成到混合动力传动系统中。智能起停系统主要是通过在气缸内进行燃油直喷，燃油燃烧产生的膨胀力重起发动机，发动机上的传统起动机在发动机起动时起到辅助作用。

雪铁龙C4L STT车型的集成式起动机/发电机起停系统，当车辆完全停稳时，变速杆在空档位置，松开离合踏板约1s之后，发动机自动熄火；当起步时，再次踩下离合器踏板，发动机立刻起动，而且起动过程轻柔顺畅。另外，在驾驶人未系安全带、车门未关、变速器处于倒档、冷却液温度不在正常温度、蓄电池亏电、车辆停止在陡坡上和除霜模式起动等情况下，集成式起动机/发电机起停系统就会停止工作。

【小资料】

“美的”阐述中国式“工匠精神”

美国作家马尔科姆·格拉德威尔曾提出一个“一万小时定律”的概念，意为人们眼中的天才之所以卓越非凡，并非天资超人一等，而是付出了持续不断的努力。一万小时的锤炼是任何人从平凡变成世界级大师的必要条件。美的集团副总裁王金亮对此深有体会，美的集团拥有超万名科研人员。团队巨大的创作动力，是靠庞大的工匠群体支撑的。许多美的科技明星、工程师都是从青涩的学校毕业生成长为行业顶级专家。常有人说，日本、瑞士的工匠一辈子一个工作，只干一个事业。而美的人自豪地说，在美的，为中国家电制造业热情贡献，坚守本职岗位的工匠非常多，这不是个例，而是一个群体、一种现象。不论是传统制造业还是新兴制造业，不论是工业经济还是数字经济，工匠始终是中国制造业的重要力量，工匠精神始终是创新创业的重要精神源泉。

参考文献

[1] WILFRIED S. 汽车机电技术（一）——学习领域 1 ~ 4 [M]. 北京：机械工业出版社，2009.
[2] WILFRIED S. 汽车机电技术（二）——学习领域 5 ~ 8 [M]. 北京：机械工业出版社，2009.
[3] 汤定国，左适够. 汽车发动机构造与维修 [M]. 3 版. 北京：人民交通出版社股份有限公司，2014.
[4] 胡胜. 汽车发动机构与维修 [M]. 3 版. 北京：机械工业出版社，2019.

汽车构造与拆装
（发动机部分）

第2版

工　作　页

班　级________________

姓　名________________

学　号________________

机械工业出版社

目　录

工作页一　拆装气缸盖

【能力要求】

1）能描述气缸盖拆装的内涵。

2）能拟定气缸盖拆装的操作方案。

任务名称	拆装气缸盖		
班级		姓名	
地点		日期	

一、收集信息

【引导问题】

汽车发动机的总体结构是由配气机构、________、燃油供给系统、________系统、冷却系统、点火系统（柴油机无此系统）和起动系统组成。

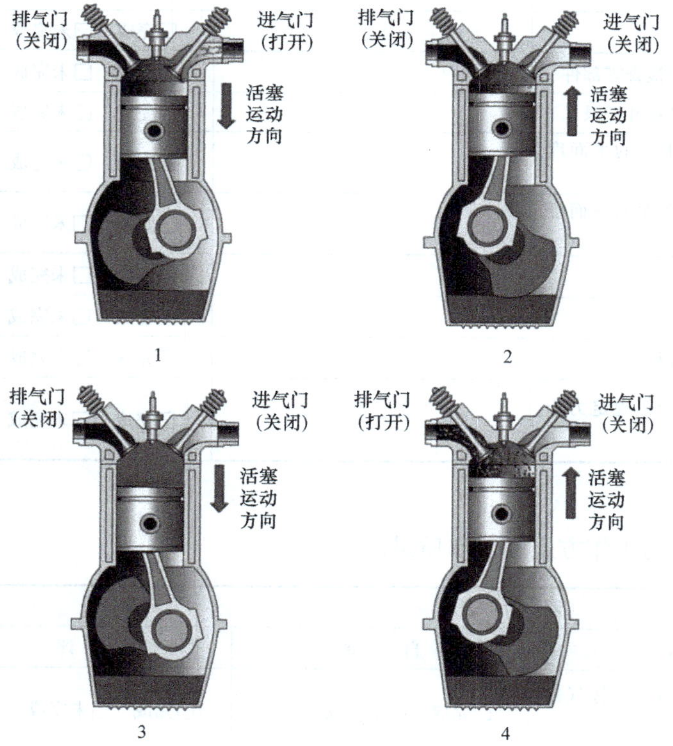

排气门（关闭）　进气门（打开）　活塞运动方向

1

排气门（关闭）　进气门（关闭）　活塞运动方向

2

排气门（关闭）　进气门（关闭）　活塞运动方向

3

排气门（打开）　进气门（关闭）　活塞运动方向

4

序号	名称
1	进气行程
2	压缩行程
3	
4	

【查阅资料】

桑塔纳2000GSi轿车AJR型发动机气缸盖螺栓的紧固力矩为________N·m，紧固角度为________°，气缸盖螺栓的紧固顺序是________。

二、计划决策

小组组别	
设备工具、量具及辅料	AJR型发动机拆装翻转台架、工具车、指针式扭力扳手______________________________________和塞尺
组织安排	一组四人：A拆装及清洁整理；B传递工具及清洁整理；C摆放零部件及清洁整理；D安全检查及记录。各任务间轮换角色
准备工作	检查安全环保措施；熟悉布置工作场景

三、实施检查

作业内容		质量要求	完成情况
拆卸气缸盖	转动曲轴到第一缸的上止点位置		□完成 □未完成
	拆卸气缸盖螺栓并取下		□完成 □未完成
	取下气缸盖		□完成 □未完成
	取下气缸垫		□完成 □未完成
清洁和检查零部件	按照要求清洁和检查零部件		□完成 □未完成
排除故障	发现、排除故障点并记录		□完成 □未完成
测量平面度	测量气缸盖下平面的平面度并记录		□完成 □未完成
	测量气缸体上平面的平面度并记录		□完成 □未完成
安装气缸盖	安装新气缸垫		□完成 □未完成
	安装气缸盖		□完成 □未完成
	安装新气缸盖螺栓		□完成 □未完成
	紧固气缸盖螺栓至规定力矩与角度		□完成 □未完成

四、评价反思

在教师的指导下，反思自己的工作方式和工作质量。

评价表			
项目	评价指标	自评	互评
专业技能	认识发动机的工作过程，掌握气缸盖和气缸垫的作用	□完成 □未完成	□完成 □未完成
	掌握气缸盖的拆装方法及工作要求	□完成 □未完成	□完成 □未完成
	按质量要求完成作业内容	□完成 □未完成	□完成 □未完成
	完整填写工作页	□完成 □未完成	□完成 □未完成

（续）

评价表			
项　目	评价指标	自　评	互　评
工作态度	着装规范，符合职业要求	□完成　□未完成	□完成　□未完成
	正确查阅维修资料，遵守环保法规	□完成　□未完成	□完成　□未完成
	分工明确、配合默契	□完成　□未完成	□完成　□未完成
能力要求	能描述气缸盖拆装的内涵	□达标　□未达标	□达标　□未达标
	能拟定气缸盖拆装的操作方案	□达标　□未达标	□达标　□未达标
个人反思	完成任务的安全、质量、时间和6S要求，是否达到最佳程度，请提出个人改进建议		
教师评价	教师签字 日　期	成绩 □合格　□不合格	

工作页二 拆装活塞

【能力要求】

1）能描述活塞拆装的内涵。

2）能拟定活塞拆装的操作方案。

任务名称	拆装活塞		
班级		姓名	
地点		日期	

一、收集信息

【引导问题】

活塞可分为顶部、________、裙部三个部分。

活塞环在环槽内应留有三个间隙，即________、侧隙和________。

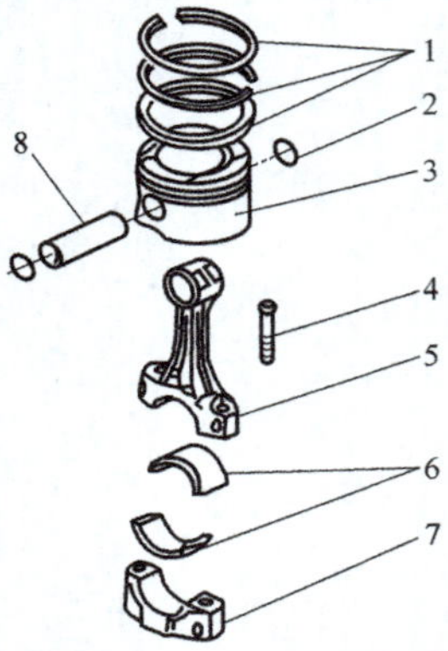

序号	名称
1	活塞环
2	
3	
4	
5	连杆
6	
7	
8	活塞销

【查阅资料】

桑塔纳2000GSi型轿车AJR型发动机连杆螺栓的紧固力矩为________N·m，紧固角度为______°。

二、计划决策

小组组别	
设备工具、量具及辅料	AJR型发动机拆装翻转台架、工具车、指针式扭力扳手________________________和塞尺
组织安排	一组四人：A拆装及清洁整理；B传递工具及清洁整理；C摆放零部件及清洁整理；D安全检查及记录。各任务间轮换角色
准备工作	检查安全环保措施；熟悉布置工作场景

三、实施检查

作业内容		质量要求	完成情况
拆卸活塞连杆组	转动曲轴到待拆活塞连杆组至上止点位置		□完成 □未完成
	拆卸连杆螺栓和连杆轴承盖并取下		□完成 □未完成
	顶出活塞连杆组		□完成 □未完成
	取下活塞环和连杆轴承		□完成 □未完成
	标记零部件及安装方向		□完成 □未完成
清洁和检查零部件	按照要求清洁和检查零部件		□完成 □未完成
测量活塞连杆组	测量活塞直径、活塞环端隙和侧隙并记录		□完成 □未完成
排除故障	发现、排除故障点并记录		□完成 □未完成
安装活塞连杆组	安装新连杆轴承		□完成 □未完成
	安装新活塞环		□完成 □未完成
	转动曲轴至下止点		□完成 □未完成
	安装活塞		□完成 □未完成
	安装新连杆螺栓		□完成 □未完成
	紧固连杆螺栓至规定力矩和角度		□完成 □未完成
	转动曲轴至下止点		□完成 □未完成

四、评价反思

在教师的指导下，反思自己的工作方式和工作质量。

评价表			
项目	评价指标	自评	互评
专业技能	了解活塞连杆组的组成及主要总成的作用	□完成 □未完成	□完成 □未完成
	掌握活塞的拆装方法及工作要求	□完成 □未完成	□完成 □未完成
	按质量要求完成作业内容	□完成 □未完成	□完成 □未完成
	完整填写工作页	□完成 □未完成	□完成 □未完成
工作态度	着装规范，符合职业要求	□完成 □未完成	□完成 □未完成
	正确查阅维修资料，遵守环保法规	□完成 □未完成	□完成 □未完成
	分工明确、配合默契	□完成 □未完成	□完成 □未完成
能力要求	能描述活塞拆装的内涵	□达标 □未达标	□达标 □未达标
	能拟定活塞拆装的操作方案	□达标 □未达标	□达标 □未达标

（续）

评价表			
项　目	评价指标	自　评	互　评
个人反思	完成任务的安全、质量、时间和6S要求，是否达到最佳程度，请提出个人改进建议		
教师评价	教师签字 日　期	成绩 □合格　□不合格	

工作页三　检查气缸体

【能力要求】

1）能描述气缸体检查的内涵。

2）能拟定气缸体的检查方案。

任务名称	检查气缸体		
班级		姓名	
地点		日期	

一、收集信息

【引导问题】

用来封闭机体的下部和储存机油的部件是________。

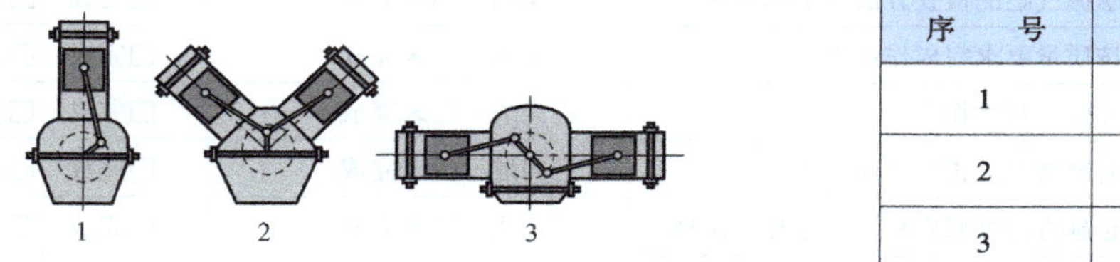

序　号	名　称
1	
2	V形发动机
3	

【查阅资料】

桑塔纳2000GSi型轿车AJR型发动机气缸直径为________mm，气缸直径最高为________mm，圆度误差为________mm，圆柱度误差为________mm。

二、计划决策

小组组别	
设备工具、量具及辅料	AJR型发动机拆装翻转台架、工具车、________________________和量缸表
组织安排	一组四人：A拆装及清洁整理；B传递工具及清洁整理；C摆放零部件及清洁整理；D安全检查及记录。各任务间轮换角色
准备工作	检查安全环保措施；熟悉布置工作场景

三、实施检查

作业内容		质量要求	完成情况
清洁量具和校零	清洁游标卡尺和校零		□完成　□未完成
	清洁外径千分尺和校零		□完成　□未完成
	清洁量缸表和校零		□完成　□未完成
目视检查	检查气缸体状况		□完成　□未完成
	检查气缸磨损状况		□完成　□未完成

（续）

作业内容		质量要求	完成情况
测量气缸直径	清洁气缸内壁		□完成 □未完成
	用量具测量气缸直径并记录		□完成 □未完成
	计算圆度误差和圆柱度误差并记录		□完成 □未完成
排除故障	发现、排除故障点并记录		□完成 □未完成

四、评价反思

在教师的指导下，反思自己的工作方式和工作质量。

评价表			
项目	评价指标	自评	互评
专业技能	认识气缸体的作用	□完成 □未完成	□完成 □未完成
	掌握气缸的检查方法及工作要求	□完成 □未完成	□完成 □未完成
	按质量要求完成作业内容	□完成 □未完成	□完成 □未完成
	完整填写工作页	□完成 □未完成	□完成 □未完成
工作态度	着装规范，符合职业要求	□完成 □未完成	□完成 □未完成
	正确查阅维修资料，遵守环保法规	□完成 □未完成	□完成 □未完成
	分工明确、配合默契	□完成 □未完成	□完成 □未完成
能力要求	能描述气缸体检查的内涵	□达标 □未达标	□达标 □未达标
	能拟定气缸体的检查方案	□达标 □未达标	□达标 □未达标
个人反思	完成任务的安全、质量、时间和6S要求，是否达到最佳程度，请提出个人改进建议		
教师评价	教师签字 日　期	成绩 □合格 □不合格	

工作页四　拆装曲轴

【能力要求】

1）能描述曲轴拆装的内涵。

2）能拟定曲轴拆装的操作方案。

任务名称	拆装曲轴		
班级		姓名	
地点		日期	

一、收集信息

【引导问题】

曲轴主要由曲轴前端、主轴颈、________、曲柄、________和曲轴后端等组成。

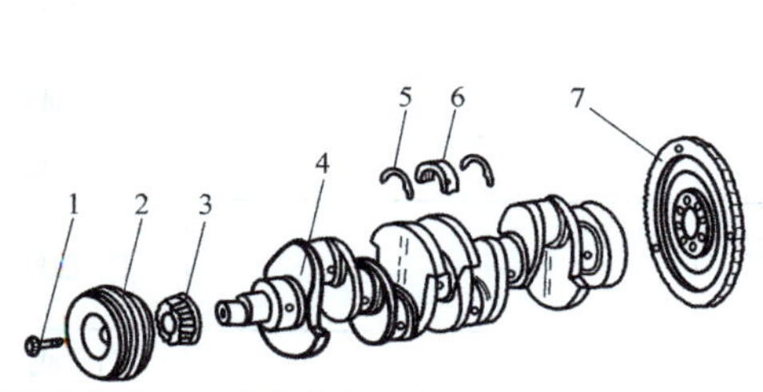

序号	名称
1	带轮紧固螺栓
2	
3	
4	曲轴
5	
6	
7	飞轮

【查阅资料】

桑塔纳2000GSi型轿车AJR型发动机曲轴主轴承盖螺栓的紧固力矩为____N·m，紧固角度为______°。

二、计划决策

小组组别	
设备工具、量具及辅料	AJR型发动机拆装翻转台架、工具车、指针式扭力扳手________________________________和外径千分尺
组织安排	一组四人：A拆装及清洁整理；B传递工具及清洁整理；C摆放零部件及清洁整理；D安全检查及记录。各任务间轮换角色
准备工作	检查安全环保措施；熟悉布置工作场景

三、实施检查

作业内容		质量要求	完成情况
拆下曲轴	转动曲轴到曲柄与气缸体下缘相平行的位置		□完成 □未完成
	拆卸曲轴主轴承盖螺栓和曲轴主轴承盖并取下		□完成 □未完成
	取下曲轴主轴承		□完成 □未完成
	按照要求放置零部件		□完成 □未完成
清洁和检查零部件	按照要求清洁和检查零部件		□完成 □未完成
排除故障	发现、排除故障点并记录		□完成 □未完成
测量曲轴	测量曲轴主轴颈直径并记录		□完成 □未完成
	测量曲轴连杆轴颈直径并记录		□完成 □未完成
安装曲轴	安装新曲轴主轴承		□完成 □未完成
	润滑曲轴主轴瓦内表面和曲轴主轴颈表面		□完成 □未完成
	安装曲轴和曲轴止推片		□完成 □未完成
	安装曲轴主轴承盖		□完成 □未完成
	拧紧主轴承盖螺栓至规定力矩和角度		□完成 □未完成
	转动曲轴至下止点位置		□完成 □未完成

四、评价反思

在教师的指导下，反思自己的工作方式和工作质量。

评价表			
项目	评价指标	自评	互评
专业技能	了解曲轴飞轮组的组成、主要总成的作用	□完成 □未完成	□完成 □未完成
	掌握曲轴的拆装方法及工作要求	□完成 □未完成	□完成 □未完成
	按质量要求完成作业内容	□完成 □未完成	□完成 □未完成
	完整填写工作页	□完成 □未完成	□完成 □未完成
工作态度	着装规范，符合职业要求	□完成 □未完成	□完成 □未完成
	正确查阅维修资料，遵守环保法规	□完成 □未完成	□完成 □未完成
	分工明确、配合默契	□完成 □未完成	□完成 □未完成
能力要求	能描述曲轴拆装的内涵	□达标 □未达标	□达标 □未达标
	能拟定曲轴拆装的操作方案	□达标 □未达标	□达标 □未达标

（续）

评 价 表			
项 目	评价指标	自 评	互 评
个人反思	完成任务的安全、质量、时间和6S要求，是否达到最佳程度，请提出个人改进建议		
教师评价	教师签字 日 期	成绩 □合格 □不合格	

课后测评

一、选择题

1. 属于机体组的零部件是（ ）。

A. 凸轮轴 B. 曲轴 C. 气门 D. 曲轴箱

2. 气缸磨损的最大部位是活塞在（ ）。

A. 上止点位置第一道活塞环相对应的气缸壁处

B. 下止点位置第一道活塞环相对应的气缸壁处

C. 上止点位置第二道活塞环相对应的气缸壁处

D. 下止点位置第二道活塞环相对应的气缸壁处

3. 气缸磨损测量的测量量具一般为（ ）。

A. 量缸表 B. 内径千分尺 C. 百分表 D. 刀口尺

4. 气缸圆度误差的数值为同一横截面上不同方向测得的最大与最小直径的（ ）。

A. 差值 B. 差值的一半 C. 差值的两倍 D. 和值的一半

5. 气缸圆柱度误差的数值是被测气缸表面不同截面所测得的最大与最小直径的（ ）。

A. 差值 B. 差值之半 C. 差值的两倍 D. 和值的一半

6. 活塞环间隙测量的测量量具一般为（ ）。

A. 量缸表 B. 塞尺 C. 百分表 D. 外径千分尺

7. 曲轴轴颈直径测量一般使用（ ）。

A. 量缸表 B. 外径千分尺 C. 百分表 D. 内径千分尺

8. 属于曲轴飞轮组零部件的是（ ）。

A. 扭转减振器 B. 活塞 C. 凸轮轴 D. 连杆

9. 下列属于活塞连杆零部件的是（ ）。

A. 活塞销 B. 气缸体 C. 凸轮轴 D. 正时齿轮（或链轮）

10. AJR 型发动机气缸盖螺栓拧紧要求是（ ）。

A. 30N · m + 90° B. 40N · m + 180° C. 65N · m + 90° D. 40N · m + 180°

二、填空题

1. 曲柄连杆机构由机体组、________和曲轴飞轮组组成。

2. 机体组主要由气缸体、________和油底壳等组成。

3. 气缸体的作用是承受发动机负荷，在其内部安装有________和配气机构，在其外部安装发动机的所有部件。

4. 气缸套的作用是引导活塞作上、下垂直运动，并将________传出以便冷却。

5. 气缸盖的作用是封闭气缸上部，并与活塞顶部和气缸壁一起形成________。

6. 气缸盖平面度测量所需用到的量具有________和塞尺。

7. 活塞连杆组主要由活塞、________、活塞销和连杆（含连杆轴承）等组成。

8. 用于密封气缸，并将活塞顶部的热量传给气缸壁，由冷却液带走的活塞环叫________；将气缸壁多余的机油刮掉，并使机油在气缸壁分布均匀的活塞环叫________。

9. 曲轴飞轮组主要由曲轴、飞轮、________、________和正时带轮（或链轮）等组成。

10. 曲轴的主要作用是将________传来的气体压力变为转矩向外输出给汽车底盘的传动机构和行驶机构来推动车辆行驶，同时还要通过连杆推动各缸活塞进气、________、做功和________，并驱动配气机构及其他辅助装置。

三、判断题

1. 上止点指活塞顶部距离曲轴旋转中心最近的极限位置。（ ）

2. 一个主轴颈和它两端的曲柄及前后两个连杆轴颈组成一个曲拐。（ ）

3. 气缸垫的作用是弥补气缸体和气缸盖接触面的不平，防止漏气漏液。（ ）

4. 必须使用游标卡尺测量气缸直径。（ ）

5. 活塞头部是指活塞环槽以上的部分，其主要作用是安装活塞环。（ ）

6. 燃烧室容积与气缸总容积之比称为压缩比。（ ）

7. 气缸盖螺栓的拆装应按顺序操作，装配时由中间向两端逐个对称拧紧；拆卸时，则由两端向中间逐个对称拧松。（ ）

8. 发动机总成修理时，应更换全部曲轴轴承。（ ）

9. 活塞环的开口位置应交错布置，同时还应避开活塞的活塞销座和膨胀槽方向。（ ）

10. 曲轴的轴向定位装置只能放在一处，超过一处不但没有必要而且还会相互干涉。（ ）

四、简答题

1. 简述拆装气缸盖的操作步骤。

2. 简述曲柄连杆机构的作用。

3. 简述测量气缸直径的操作步骤。

4. 简述拆装曲轴的操作步骤。

工作页五　更换正时带

【能力要求】

1）能描述正时带更换的内涵。

2）能拟定正时带更换的操作方案。

任务名称	更换正时带		
班级		姓名	
地点		日期	

一、收集信息

【引导问题】

发动机配气机构由气门组和________组成，如下图所示。

正时带张紧轮对发动机正时带起________和________的作用。

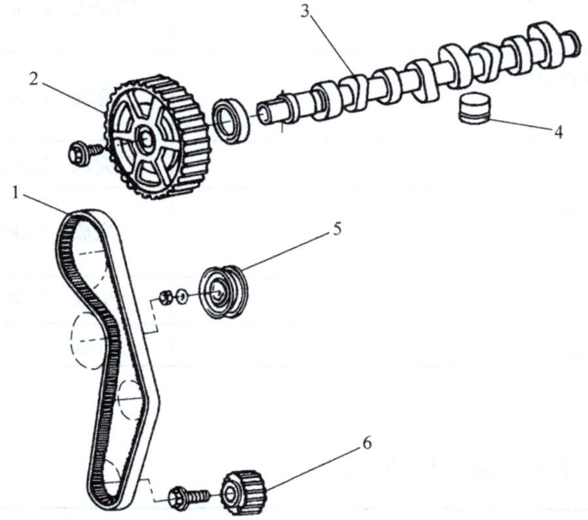

序号	名称
1	正时带
2	
3	
4	挺柱
5	
6	

【查阅资料】

桑塔纳 2000GSi 型轿车 AJR 型发动机正时带张紧轮螺栓拧紧力矩为____N·m。

二、计划决策

小组组别	
设备工具、量具及辅料	AJR 型发动机拆装翻转台架、工具车、____和常用工具套装
组织安排	一组四人：A 拆装及清洁整理；B 传递工具及清洁整理；C 摆放零部件及清洁整理；D 安全检查及记录。各任务间轮换角色
准备工作	检查安全环保措施；熟悉布置工作场景

三、实施检查

作业内容		质量要求	完成情况
拆下正时带	拆下正时带上防护罩		□完成 □未完成
	转动曲轴到第一缸的上止点位置并目视检查正时标记		□完成 □未完成
	标注正时带旋转标记		□完成 □未完成
	固定飞轮并拆下V形带轮		□完成 □未完成
	拆下正时带中间防护罩和下防护罩		□完成 □未完成
	取下正时带并拆下正时带张紧轮		□完成 □未完成
清洁零部件	按照要求清洁和检查零部件		□完成 □未完成
安装正时带	转动曲轴到第一缸的上止点位置并目视检查正时标记		□完成 □未完成
	安装正时带张紧轮		□完成 □未完成
	安装正时带并检查正时带张紧轮安装情况		□完成 □未完成
	安装正时带下防护罩和中间防护罩		□完成 □未完成
	安装V形带轮		□完成 □未完成
	检查正时带安装后的正时标记		□完成 □未完成
	安装正时带上防护罩		□完成 □未完成
排除故障	发现、排除故障点并记录		□完成 □未完成

四、评价反思

在教师的指导下，反思自己的工作方式和工作质量。

评价表			
项目	评价指标	自评	互评
专业技能	认识配气机构的组成及主要总成的作用	□完成 □未完成	□完成 □未完成
	掌握更换正时带的方法及工作要求	□完成 □未完成	□完成 □未完成
	按质量要求完成作业内容	□完成 □未完成	□完成 □未完成
	完整填写工作页	□完成 □未完成	□完成 □未完成

（续）

评价表			
项 目	评价指标	自 评	互 评
工作态度	着装规范，符合职业要求	□完成 □未完成	□完成 □未完成
	正确查阅维修资料，遵守环保法规	□完成 □未完成	□完成 □未完成
	分工明确、配合默契	□完成 □未完成	□完成 □未完成
能力要求	能描述正时带更换的内涵	□达标 □未达标	□达标 □未达标
	能拟定正时带更换的操作方案	□达标 □未达标	□达标 □未达标
个人反思	完成任务的安全、质量、时间和6S要求，是否达到最佳程度，请提出个人改进建议		
教师评价	教师签字 日 期	成绩 □合格 □不合格	

工作页六 拆装凸轮轴

【能力要求】

1）能描述凸轮轴拆装的内涵。

2）能拟定凸轮轴拆装的操作方案。

任务名称	拆装凸轮轴		
班级		姓名	
地点		日期	

一、收集信息

【引导问题】

气门传动组的主要作用是使进、排气门能按__________规定的时刻开闭，且保证有足够的开度。配气相位图如下图所示。

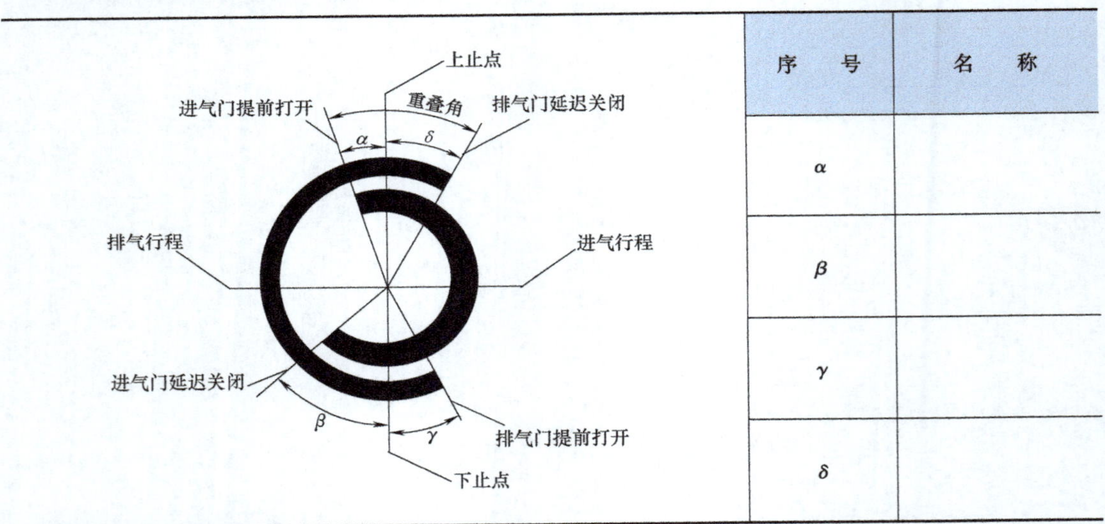

序号	名称
α	
β	
γ	
δ	

【查阅资料】

桑塔纳 2000GSi 型轿车 AJR 型发动机凸轮轴轴承盖螺母紧固力矩为__________N·m。

二、计划决策

小组组别	
设备工具、量具及辅料	AJR 型发动机拆装翻转台架、工具车、预置式扭力扳手____________________和常用工具套装
组织安排	一组四人：A 拆装及清洁整理；B 传递工具及清洁整理；C 摆放零部件及清洁整理；D 安全检查及记录。各任务间轮换角色
准备工作	检查安全环保措施；熟悉布置工作场景

三、实施检查

作业内容		质量要求	完成情况
拆下凸轮轴	转动凸轮轴，目视检查正时标记		□完成 □未完成
	拆卸凸轮轴轴承盖螺母和凸轮轴轴承盖并取下		□完成 □未完成
	取下凸轮轴和挺柱		□完成 □未完成
清洁和检查零部件	按照要求清洁和检查零部件		□完成 □未完成
安装凸轮轴	润滑并安装挺柱		□完成 □未完成
	安装凸轮轴并转动至安装位置		□完成 □未完成
	安装凸轮轴油封		□完成 □未完成
	安装凸轮轴轴承盖		□完成 □未完成
	转动凸轮轴，目视检查正时标记		□完成 □未完成
排除故障	发现、排除故障点并记录		□完成 □未完成

四、评价反思

在教师的指导下，反思自己的工作方式和工作质量。

评价表			
项目	评价指标	自评	互评
专业技能	了解气门传动组及主要总成的作用	□完成 □未完成	□完成 □未完成
	掌握凸轮轴的拆装方法及工作要求	□完成 □未完成	□完成 □未完成
	按质量要求完成作业内容	□完成 □未完成	□完成 □未完成
	完整填写工作页	□完成 □未完成	□完成 □未完成
工作态度	着装规范，符合职业要求	□完成 □未完成	□完成 □未完成
	正确查阅维修资料，遵守环保法规	□完成 □未完成	□完成 □未完成
	分工明确、配合默契	□完成 □未完成	□完成 □未完成
能力要求	能描述凸轮轴拆装的内涵	□达标 □未达标	□达标 □未达标
	能拟定凸轮轴拆装的操作方案	□达标 □未达标	□达标 □未达标
个人反思	完成任务的安全、质量、时间和6S要求，是否达到最佳程度，请提出个人改进建议		
教师评价	教师签字 日　期	成绩 □合格 □不合格	

工作页七 拆装气门组

【能力要求】

1）能描述气门组拆装的内涵。

2）能拟定气门组的拆装方案。

任务名称	拆装气门组		
班级		姓名	
地点		日期	

一、收集信息

【引导问题】

汽车发动机配气机构包括气门传动组和________两个部分，如下图所示。

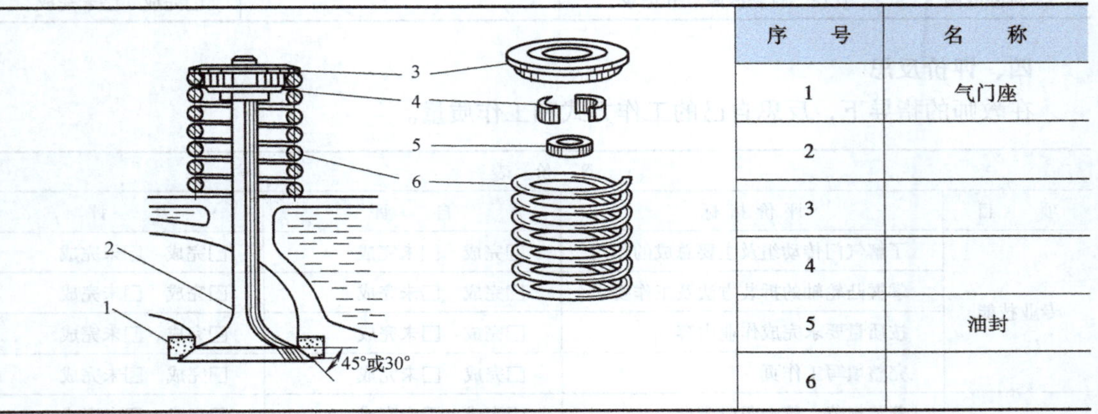

序号	名称
1	气门座
2	
3	
4	
5	油封
6	

桑塔纳2000GSi型轿车发动机气门组安装在发动机气缸盖____（顶部/侧面）。气门座与气门头部共同对气缸起______作用，并接收气门传来的______。

【查阅资料】

1）AJR型发动机进气门气门锥角为______°。

2）AJR型发动机进气门头部直径为______mm，排气门头部直径为______mm。

二、计划决策

小组组别	
设备工具、量具及辅料	AJR型发动机、工作台、气门弹簧拆装钳、________________
组织安排	一组四人：A拆装及清洁整理；B传递工具及清洁整理；C摆放零部件及清洁整理；D安全检查及记录。各任务间轮换角色
准备工作	检查安全环保措施；熟悉布置工作场景

三、实施检查

作业内容		质量要求	完成情况
拆卸气门组	压下气门弹簧		□完成 □未完成
	拆下上气门弹簧座		□完成 □未完成
	取下气门锁片		□完成 □未完成
	取下气门弹簧		□完成 □未完成
	取下气门		□完成 □未完成
安装气门组	清洁、检查气门组零部件		□完成 □未完成
	安装气门		□完成 □未完成
	安装气门弹簧		□完成 □未完成
	安装上气门弹簧座		□完成 □未完成
	压下气门弹簧		□完成 □未完成
	安装气门锁片		□完成 □未完成
排除故障	发现、排除故障点并记录		□完成 □未完成

四、评价反思

在教师的指导下，反思自己的工作方式和工作质量。

评价表			
项目	评价指标	自评	互评
专业技能	认识气门组的结构及工作要求	□完成 □未完成	□完成 □未完成
	按质量要求完成作业内容	□完成 □未完成	□完成 □未完成
	完整填写工作页	□完成 □未完成	□完成 □未完成
工作态度	着装规范，符合职业要求	□完成 □未完成	□完成 □未完成
	正确查阅维修资料，遵守环保法规	□完成 □未完成	□完成 □未完成
	分工明确、配合默契	□完成 □未完成	□完成 □未完成
能力要求	能描述气门组拆装的内涵	□达标 □未达标	□达标 □未达标
	能拟定气门组的拆装方案	□达标 □未达标	□达标 □未达标
个人反思	完成任务的安全、质量、时间和6S要求，是否达到最佳程度，请提出个人改进建议		
教师评价	教师签字 日　期	成绩	
		□合格 □不合格	

课后测评

一、选择题

1. 下述零部件属于气门传动组的是（　　）。

A. 凸轮轴　　B. 气门　　C. 气门弹簧　　D. 气门油封

2. AJR 型发动机正时带张紧轮螺栓拧紧力矩是（　　）。

A. 10N · m　　B. 15N · m　　C. 20N · m　　D. 25 N · m

3. 对发动机正时带起导向和张紧作用的零部件是（　　）。

A. 正时带　　B. 正时带张紧轮

C. 凸轮轴正时轮　　D. 曲轴正时带轮

4. 利用凸轮的轮廓控制气门的开启和关闭时刻的部件是（　　）。

A. 气门　　B. 凸轮轴　　C. 曲轴　　D. 凸轮轴正时带轮

5. 连接曲轴和凸轮轴，并配合一定的传动比来保证进、排气时间准确的零部件是（　　）。

A. 活塞　　B. 正时带　　C. 挺柱　　D. 气门

6. 曲轴转速与凸轮轴转速之比为（　　）。

A. 1∶2　　B. 2∶1　　C. 1∶4　　D. 4∶1

7. AJR 型发动机凸轮轴轴承盖螺母拧紧力矩是（　　）。

A. 10N · m　　B. 20N · m　　C. 30N · m　　D. 40N · m

8. 顶置气门式发动机的气门安置在（　　）。

A. 气缸盖上部　　B. 气缸盖下部　　C. 气缸体上部　　D. 气缸体侧面

9. 排气门的锥角一般为（　　）。

A. 30°　　B. 45°　　C. 60°　　D. 50°

10. 配气机构运行的动力是由（　　）提供的。

A. 气门弹簧　　B. 飞轮　　C. 蓄电池　　D. 曲轴

二、填空题

1. 发动机配气机构由________和________组成。

2. 发动机配气机构按凸轮轴的布置位置，可分为________、________和凸轮轴上置式。

3. 发动机配气机构按曲轴和凸轮轴的传动方式可分为________、齿轮传动式和正时带传动式。

4. 充气效率就是在________中，实际进入气缸内的新鲜空气或可燃混合气的质量与在进气状态下充满气缸工作容积的新鲜空气或可燃混合气的________。

5. 正时带是发动机配气机构的重要组成部分，通过与________和凸轮轴的连接并配合一定的________来保证进、排气时间的准确性。

6. 可以自动补偿气门间隙，消除由异常气门间隙引起的气门传动组冲击及噪声的零部件是________。

7. 用曲轴转角表示曲拐相对于上、下止点的角位置的环形图称为________。

8. 气门由________和杆部两部分组成。

9. 气门的开启是由凸轮来完成的，而气门的关闭则是由________来完成的。

10. 充气效率越高，进入气缸内的新鲜气体的量就越多，发动机所发出的功率就越________。

三、判断题

1. AJR 型发动机采用凸轮轴顶置布置，由曲轴通过正时带来驱动配气机构。（　　）

2. 充气效率越高，表明进入气缸内的新鲜空气或可燃混合气的质量越多，可燃混合气燃烧时可能放出的热量越大，所以发动机输出的功率也越小。（　　）

3. 配气相位图指进、排气门的实际开闭时刻和开启过程。（　　）

4. 曲轴是通过凸轮的轮廓控制气门的开闭时刻。（　　）

5. 气门重叠角是指发动机进气门和排气门处于同时开启的一段时间所对应的曲轴转角。（　　）

6. 挺柱可以实现气门间隙自动补偿。（ ）

7. 曲轴是通过正时带轮由凸轮轴驱动。（ ）

8. 气门的最大升程以及升降过程中的运动规律，由凸轮的转速决定。（ ）

9. 气门锥面是指与气缸盖接触，并起到密封作用的部分。（ ）

10. 配气机构的作用是按照发动机各缸的做功次序和每一缸工作循环的要求，适时地将各缸进、排气门打开和关闭，以便发动机进行进气、压缩、做功和排气工作行程。（ ）

四、简答题

1. 简述更换正时带的操作步骤。

2. 简述配气机构的作用。

3. 简述拆装凸轮轴的操作步骤。

4. 简述气门导管的作用。

工作页八　拆装节气门体

【能力要求】

1）能描述节气门体拆装的内涵。

2）能拟定节气门体的拆装方案。

任务名称	拆装节气门体		
班级		姓名	
地点		日期	

一、收集信息

【引导问题】

空气供给系统的主要任务是为发动机提供必要的__________，并检测出进入气缸的__________。桑塔纳2000GSi 型轿车发动机空气供给系统如下图所示。

序　号	名　称
1	
2	空气流量传感器
3	
4	进气总管
5	

桑塔纳2000GSi 型轿车发动机节气门安装在__________和__________之间，与加速踏板联动，用以控制__________截面积的变化，从而实现对发动机转速和负荷的控制。

【查阅资料】

桑塔纳2000GSi 型轿车发动机节气门体紧固螺栓的拧紧力矩为__________N·m。

二、计划决策

小组组别	
设备工具、量具及辅料	AJR 型发动机、工作台、K81 诊断仪、__________
组织安排	一组四人：A 拆装及清洁整理；B 传递工具及清洁整理；C 摆放零部件及清洁整理；D 安全检查及记录。各任务间轮换角色
准备工作	检查安全环保措施；熟悉布置工作场景

三、实施检查

作业内容		质量要求	完成情况
拆卸节气门	拆下蓄电池负极		□完成 □未完成
	拆下节气门位置传感器插接件、各软管及拉索		□完成 □未完成
	拆下节气门体及垫片		□完成 □未完成
安装节气门	清洁、检查节气门		□完成 □未完成
	安装节气门及垫片		□完成 □未完成
	安装各软管、拉索及传感器接插件		□完成 □未完成
	重新设定节气门		□完成 □未完成
排除故障	发现、排除故障点并记录		□完成 □未完成

四、评价反思

在教师的指导下，反思自己的工作方式和工作质量。

评价表

项目	评价指标	自评	互评
专业技能	认识节气门体的结构及工作要求	□完成 □未完成	□完成 □未完成
	按质量要求完成作业内容	□完成 □未完成	□完成 □未完成
	完整填写工作页	□完成 □未完成	□完成 □未完成
工作态度	着装规范，符合职业要求	□完成 □未完成	□完成 □未完成
	正确查阅维修资料，遵守环保法规	□完成 □未完成	□完成 □未完成
	分工明确、配合默契	□完成 □未完成	□完成 □未完成
能力要求	能描述节气门体拆装的内涵	□达标 □未达标	□达标 □未达标
	能拟定节气门体的拆装方案	□达标 □未达标	□达标 □未达标
个人反思	完成任务的安全、质量、时间和6S要求，是否达到最佳程度，请提出个人改进建议		
教师评价	教师签字 日 期	成绩 □合格 □不合格	

工作页九 拆装汽油泵

【能力要求】

1）能描述汽油泵拆装的内涵。

2）能拟定汽油泵的拆装方案。

任务名称	拆装汽油泵		
班级		姓名	
地点		日期	

一、收集信息

【引导问题】

当发动机开始工作时，________把汽油从燃油箱泵出并加压，经________过滤后送至燃油分配管，在________的作用下使油压与进气歧管内的气压差始终保持恒定，ECU 控制喷油器适时开启，将定量定压的汽油喷入进气歧管，多余的汽油经回油管回到燃油箱。桑塔纳 2000GSi 型轿车发动机燃油供给系统的组成如下图所示。

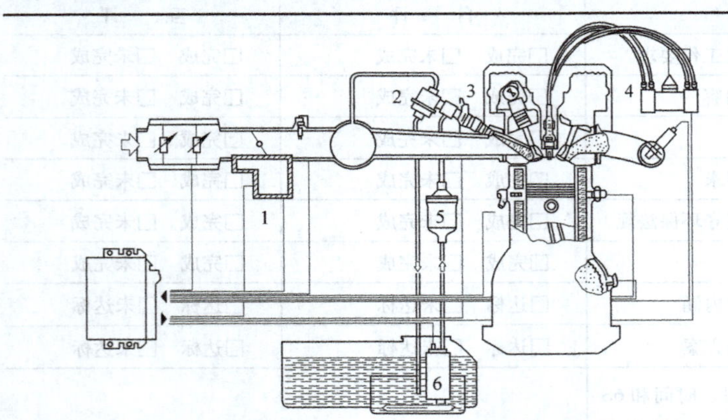

序号	名称
1	节气门控制组件
2	
3	
4	
5	
6	

桑塔纳 2000GSi 型轿车发动机汽油泵安装在________中。

【查阅资料】

桑塔纳 2000GSi 型轿车发动机怠速时汽油供给系统的压力为________kPa。

二、计划决策

小组组别	
设备工具、量具及辅料	AJR 型发动机、工作台、十字螺钉旋具、________
组织安排	一组四人：A 拆装及清洁整理；B 传递工具及清洁整理；C 摆放零部件及清洁整理；D 安全检查及记录。各任务间轮换角色
准备工作	检查安全环保措施；熟悉布置工作场景

三、实施检查

作业内容		质量要求	完成情况
拆卸汽油泵	关闭点火开关，断开蓄电池负极		□完成 □未完成
	拆下输油管、回油管、通气管以及导线接头		□完成 □未完成
	拆下密封凸缘大螺母及橡胶圈		□完成 □未完成
	取出汽油泵总成		□完成 □未完成
安装汽油泵	清洁、检查汽油泵总成		□完成 □未完成
	将汽油泵放入燃油箱		□完成 □未完成
	紧固密封凸缘		□完成 □未完成
	接上输油管、回油管、通气管以及导线接头		□完成 □未完成
排除故障	发现、排除故障点并记录		□完成 □未完成

四、评价反思

在教师的指导下，反思自己的工作方式和工作质量。

评价表			
项目	评价指标	自评	互评
专业技能	认识汽油泵的结构及工作要求	□完成 □未完成	□完成 □未完成
	按质量要求完成作业内容	□完成 □未完成	□完成 □未完成
	完整填写工作页	□完成 □未完成	□完成 □未完成
工作态度	着装规范，符合职业要求	□完成 □未完成	□完成 □未完成
	正确查阅维修资料，遵守环保法规	□完成 □未完成	□完成 □未完成
	分工明确、配合默契	□完成 □未完成	□完成 □未完成
能力要求	能描述汽油泵拆装的内涵	□达标 □未达标	□达标 □未达标
	能拟定汽油泵的拆装方案	□达标 □未达标	□达标 □未达标
个人反思	完成任务的安全、质量、时间和6S要求，是否达到最佳程度，请提出个人改进建议		
教师评价	教师签字 日　期	成绩 □合格 □不合格	

工作页十 拆装喷油器

【能力要求】

1）能描述喷油器拆装的内涵。

2）能拟定喷油器的拆装方案。

任务名称	拆装喷油器		
班级		姓名	
地点		日期	

一、收集信息

【引导问题】

喷油器通常安装在________上，通过发动机 ECU 发出的______控制喷油器电磁阀的开闭来实现喷油和断油。喷油器的组成如下图所示。

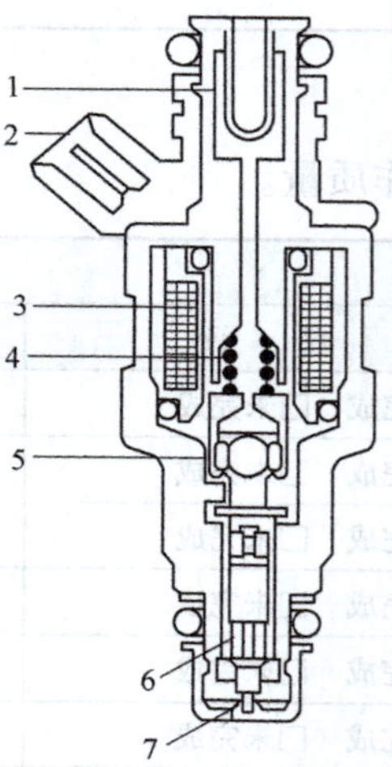

序号	名称
1	滤网
2	
3	电磁线圈
4	
5	
6	
7	

为保证喷油质量，喷油器电磁阀应有良好的______，一定的______和贯穿距离，且喷完油之后应能迅速关闭，不能发生滴漏现象。

【查阅资料】

桑塔纳 2000GSi 型轿车发动机喷油器，在室温下其电阻为______Ω。

二、计划决策

小组组别	
设备工具、量具及辅料	AJR 型发动机、工具车、鲤鱼钳、________
组织安排	一组四人：A 拆装及清洁整理；B 传递工具及清洁整理；C 摆放零部件及清洁整理；D 安全检查及记录。各任务间轮换角色
准备工作	检查安全环保措施；熟悉布置工作场景

三、实施检查

作业内容		质量要求	完成情况
拆卸喷油器	断开蓄电池负极及排出燃油管里的汽油		□完成 □未完成
	拆下进油管、回油管及真空管		□完成 □未完成
	拆下喷油器线束接插头		□完成 □未完成
	拆下燃油分配管总成		□完成 □未完成
	拆下喷油器		□完成 □未完成
安装喷油器	清洁、检查喷油器		□完成 □未完成
	安装喷油器		□完成 □未完成
	安装燃油分配管总成		□完成 □未完成
	安装喷油器线束接插头		□完成 □未完成
	安装进油管、回油管及真空管		□完成 □未完成
排除故障	发现、排除故障点并记录		□完成 □未完成

四、评价反思

在教师的指导下，反思自己的工作方式和工作质量。

评价表			
项目	评价指标	自评	互评
专业技能	认识喷油器的结构及工作要求	□完成 □未完成	□完成 □未完成
	按质量要求完成作业内容	□完成 □未完成	□完成 □未完成
	完整填写工作页	□完成 □未完成	□完成 □未完成
工作态度	着装规范，符合职业要求	□完成 □未完成	□完成 □未完成
	正确查阅维修资料，遵守环保法规	□完成 □未完成	□完成 □未完成
	分工明确、配合默契	□完成 □未完成	□完成 □未完成
能力要求	能描述喷油器拆装的内涵	□达标 □未达标	□达标 □未达标
	能拟定喷油器的拆装方案	□达标 □未达标	□达标 □未达标
个人反思	完成任务的安全、质量、时间和6S要求，是否达到最佳程度，请提出个人改进建议		
教师评价	教师签字 日 期	成绩 □合格 □不合格	

课后测评

一、选择题

1. 汽油泵中的（　　）可以使发动机熄火后，油路内汽油仍保持一定压力，减少了气阻现象。
A. 安全阀　　B. 止回阀　　C. 涡轮泵　　D. 溢流阀
2. 汽油箱与大气应（　　）。
A. 相通　　B. 密封　　C. 必要时相通　　D. 必要时密封
3. 电控燃油喷射发动机的怠速通常是由（　　）来控制。
A. 自动阻风门　　B. 怠速调整螺钉　　C. 步进电动机　　D. 继电器
4. 当节气门开度突然加大时，燃油分配管内的油压（　　）。
A. 升高　　B. 降低　　C. 不变　　D. 先降低再升高
5. 当进气歧管内真空度降低时，真空式燃油压力调节器将燃油压力（　　）。
A. 提高　　B. 降低　　C. 保持不变　　D. 先提高再降低
6. 在桑塔纳2000GSi型轿车发动机汽油喷射系统中，汽油被喷入（　　）。
A. 燃烧室内　　B. 节气门后部　　C. 进气歧管　　D. 进气道
7. 空燃比大于14.7∶1的混合气为（　　）混合气。
A. 浓　　B. 稀　　C. 理论　　D. 功率
8. 柴油发动机燃料供给系统的喷油压力比汽油发动机的喷油压力（　　）。
A. 大　　B. 小　　C. 不一定　　D. 相同
9. 喷油器开始喷射时的燃油压力取决于（　　）。
A. 高压油腔中的燃油压力　　B. 调压弹簧的预紧力
C. 喷油器的喷孔数　　D. 喷油器的喷孔大小
10. 柴油机工作时，由进气歧管进入气缸的是（　　）。
A. 汽油　　B. 空气　　C. 混合气　　D. 柴油

二、填空题

1. 汽油发动机燃料供给系统一般由空气供给、燃油供给、________和废气排放等部分构成。
2. 汽油机燃油供给部分包括汽油滤清器、汽油泵、________和________等零部件。
3. 空气供给部分包括空气滤清器、空气流量传感器、________和________等零部件。
4. 过量空气系数 $\alpha>1$，则此混合气称为________混合气。
5. 电子控制汽油喷射系统采用的是________，按照喷油器针阀的结构特点可分为________喷油器、________喷油器和________喷油器。
6. 保持燃油输送管压力不致过高的是汽油泵的________，保持剩余压力的是单向阀。
7. 燃油压力调节器的作用是要自动保持整个油压系统的燃油压力为一定值，使供油总管内油压与________压力之差为一定恒值。
8. 节气门体安装在________和________之间。
9. 桑塔纳2000GSi型轿车发动机喷油器在室温下其电阻为________Ω。
10. 节气门体拆下清洗，重新安装好后需进行________。

三、判断题

1. 过量空气系数 α 为1时，混合气燃烧最完全，发动机的经济性最好。（　　）
2. 安装喷油器时，应对喷油器的O形密封圈进行润滑。（　　）
3. 当发动机熄火后，燃油泵会立即停止工作。（　　）

4. 喷油量控制是电控燃油喷射系统最主要的控制功能。 （ ）
5. 当喷油器断电时，停止喷油。 （ ）
6. 柴油机多采用闭式喷油器，其常见形式有孔式喷油器和轴针式喷油器两种。 （ ）
7. 拆卸燃油供给系统的任何元件时，都必须首先释放燃油系统压力。 （ ）
8. 发动机停止工作后，供油管路仍保持油压。 （ ）
9. 节气门位置传感器装在节气门体上。 （ ）
10. 拆卸汽油泵前无须抽出燃油箱内的汽油。 （ ）

四、简答题

1. 简述汽油发动机燃油供给系统的作用。

2. 简述汽油滤清器的作用。

3. 简述燃油压力调节器的工作过程。

4. 简述喷油器的拆装步骤。

工作页十一 拆装点火线圈

【能力要求】

1）能描述点火线圈拆装的内涵。

2）能拟定点火线圈的拆装方案。

任务名称	拆装点火线圈		
班级		姓名	
地点		日期	

一、收集信息

【引导问题】

桑塔纳 2000GSi 型轿车发动机点火线圈安装在发动机进气歧管______侧（内/外/左/右）部，点火线圈通过__________与火花塞连接。无分电器点火系统如下图所示。

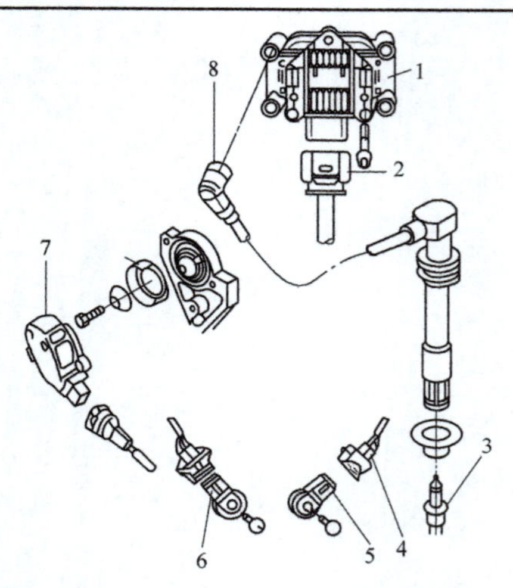

序号	名称
1	
2	
3	火花塞
4	
5	爆燃传感器
6	
7	霍尔传感器
8	

【查阅资料】

1）AJR 型发动机点火线圈初级绕组电阻为____________kΩ，点火线圈次级绕组电阻为____________kΩ。

2）点火线圈紧固螺栓的拧紧力矩为____________N · m。

二、计划决策

小组组别	
设备工具、量具及辅料	AJR 型发动机、工具车、______________________
组织安排	一组四人：A 拆装及清洁整理；B 传递工具及清洁整理；C 摆放零部件及清洁整理；D 安全检查及记录。各任务间轮换角色
准备工作	检查安全环保措施；熟悉布置工作场景

三、实施检查

作业内容		质量要求	完成情况
拆卸点火线圈	关闭点火开关		□完成 □未完成
	拆下标记点火高压线		□完成 □未完成
	拆卸进气歧管		□完成 □未完成
	取下点火线圈		□完成 □未完成
安装点火线圈	按要求安装点火线圈		□完成 □未完成
	按标记安装点火高压线		□完成 □未完成
	安装进气歧管		□完成 □未完成
	安装蓄电池负极		□完成 □未完成
排除故障	发现、排除故障点并记录		□完成 □未完成

四、评价反思

在教师的指导下，反思自己的工作方式和工作质量。

评价表			
项目	评价指标	自评	互评
专业技能	认识发动机点火系统的结构及工作要求	□完成 □未完成	□完成 □未完成
	按质量要求完成作业内容	□完成 □未完成	□完成 □未完成
	完整填写工作页	□完成 □未完成	□完成 □未完成
工作态度	着装规范，符合职业要求	□完成 □未完成	□完成 □未完成
	正确查阅维修资料，遵守环保法规	□完成 □未完成	□完成 □未完成
	分工明确、配合默契	□完成 □未完成	□完成 □未完成
能力要求	能描述点火线圈拆装的内涵	□达标 □未达标	□达标 □未达标
	能拟定点火线圈的拆装方案	□达标 □未达标	□达标 □未达标
个人反思	完成任务的安全、质量、时间和6S要求，是否达到最佳程度，请提出个人改进建议		
教师评价	教师签字 日　期	成绩 □合格 □不合格	

工作页十二　拆装火花塞

【能力要求】

1）能描述火花塞拆装的内涵。
2）能拟定火花塞的拆装方案。

任务名称	拆装火花塞		
班级		姓名	
地点		日期	

一、收集信息

【引导问题】

火花塞的作用是把高压点火线送来的________________放电，击穿火花塞两电极间空气，产生________________以此引燃气缸内的混合气体，火花塞如下图所示。

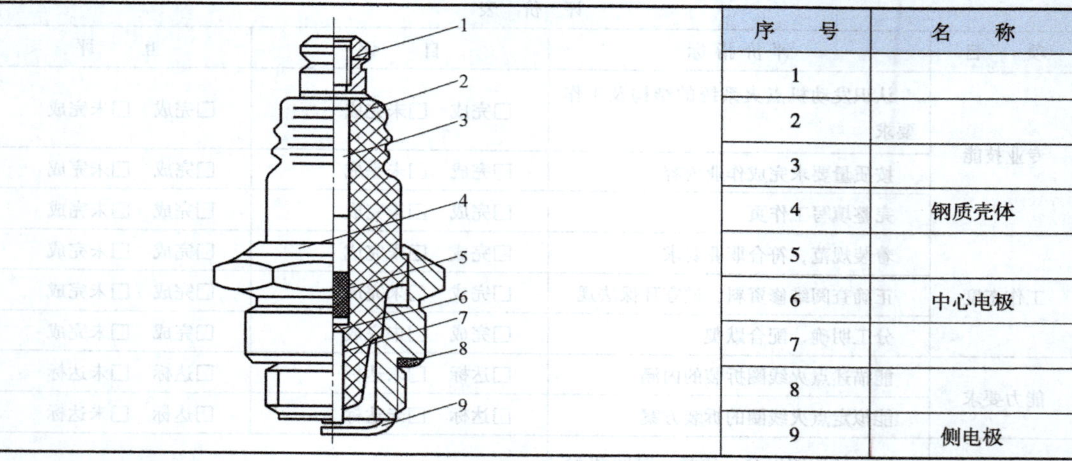

序号	名称
1	
2	
3	
4	钢质壳体
5	
6	中心电极
7	
8	
9	侧电极

桑塔纳 2000GSi 型轿车发动机火花塞安装在发动机气缸的________（上/下/左/右）部。

【查阅资料】

1）桑塔纳 2000GSi 型轿车发动机火花塞的拧紧力矩为__________N·m。
2）桑塔纳 2000GSi 型轿车发动机火花塞的电极间隙为__________mm。

二、计划决策

小组组别	
设备工具、量具及辅料	AJR 型发动机、工具车、扭力扳手、________________
组织安排	一组四人：A 拆装及清洁整理；B 传递工具及清洁整理；C 摆放零部件及清洁整理；D 安全检查及记录。各任务间轮换角色
准备工作	检查安全环保措施；熟悉布置工作场景

三、实施检查

作业内容		质量要求	完成情况
拆卸火花塞	关闭点火开关		□完成 □未完成
	拆下蓄电池负极		□完成 □未完成
	使用火花塞套筒拆下火花塞		□完成 □未完成
	检查火花塞状况		□完成 □未完成
安装火花塞	更换火花塞		□完成 □未完成
	安装火花塞		□完成 □未完成
	按照标记安装高压点火线		□完成 □未完成
	安装蓄电池负极		□完成 □未完成
排除故障	发现、排除故障点并记录		□完成 □未完成

四、评价反思

在教师的指导下，反思自己的工作方式和工作质量。

评价表			
项目	评价指标	自评	互评
专业技能	认识火花塞的结构及工作要求	□完成 □未完成	□完成 □未完成
	按质量要求完成作业内容	□完成 □未完成	□完成 □未完成
	完整填写工作页	□完成 □未完成	□完成 □未完成
工作态度	着装规范，符合职业要求	□完成 □未完成	□完成 □未完成
	正确查阅维修资料，遵守环保法规	□完成 □未完成	□完成 □未完成
	分工明确、配合默契	□完成 □未完成	□完成 □未完成
能力要求	能描述火花塞拆装的内涵	□达标 □未达标	□达标 □未达标
	能拟定火花塞的拆装方案	□达标 □未达标	□达标 □未达标
个人反思	完成任务的安全、质量、时间和6S要求，是否达到最佳程度，请提出个人改进建议		
教师评价	教师签字 日 期	成绩 □合格 □不合格	

课后测评

一、选择题

1. 汽油机的点火方式为（　　）。

A. 压燃式　　B. 点燃式　　C. 等离子　　D. 人工点火

2. 点火系统将高压电变成点火火花的是（　　）。

A. 分电器　　B. ECU　　C. 高压点火线　　D. 火花塞

3. 次级线圈产生上万伏的高压电是通过断电开关接通和（　　）。

A. 切断蓄电池电源　　B. 切断火花塞点火高压线
C. 接通蓄电池电源　　D. 切断初级线圈中的电流

4. 当断电开关突然打开时，通过电磁感应在次级线圈中产生足够的电压，并将该电压加到（　　）。
A. 点火模块　　B. 火花塞　　C. ECU　　D. 初级线圈

5. 点火系统通过相关传感器检测的信号来判断发动机的工作状态，从而确定（　　）。
A. 点火正时　　B. 点火提前角　　C. 点火顺序　　D. 点火时刻

6. 裙部细长受热面积大、散热慢、温度高的火花塞被称为（　　）。
A. 热型火花塞　　B. 冷型火花塞　　C. 中型火花塞　　D. 小型火花塞

7. AJR 型发动机火花塞电极间隙为（　　）。
A. 1～1.6mm　　B. 1.1～1.2mm　　C. 1.4～1.6mm　　D. 0.9～1.1mm

8. AJR 型发动机的火花塞安装在气缸的（　　）。
A. 下部　　B. 中部　　C. 底部　　D. 外部

9. AJR 型发动机的火花塞拧紧力矩为（　　）。
A. 12N·m　　B. 30N·m　　C. 40N·m　　D. 50N·m

10. AJR 型的火花塞插头的电阻为（　　）。
A. 7kΩ　　B. 6kΩ　　C. 5kΩ　　D. 4kΩ

二、填空题

1. 点火系统的基本功能是依据发动机的________适时地向发动机提供高压电来点燃混合气。

2. 汽油机属于点燃式发动机，要求点火系统在任何工况下都能保持________和产生点火火花的________。

3. 如果电极上有湿炭痕迹，先使其________，然后使用________清洁。

4. 传统点火系统主要由________、蓄电池、________、火花塞和分电器等组成。

5. 蓄电池提供电源，通过________和________初级线圈中的电流，这样在次级线圈中就会产生高达上万伏的高压电。

6. 汽车电子点火系统分为________和________。

7. AJR 型发动机点火系统的两个气缸共用一个________，每个的两端分别与两个气缸的火花塞相连。

8. 蓄电池负极的放置位置应在________或________，防止负极搭铁。

9. 火花塞主要由壳体、________和________等组成。

10. 拆卸火花塞时，需使用________套筒，并将相对应的________进行标记，防止安装时顺序错乱。

三、判断题

1. 无分电器点火系统分为同时点火与独立点火。（　　）

2. AJR 型发动机的点火系统属于独立点火系统。（　　）

3. 点火线圈主要分为初级线圈和次级线圈两个部分。（　　）

4. AJR 型发动机气缸的工作顺序为 4-1-2-3。（　　）

5. 安装点火高压线必须按记号顺序进行，若是顺序错误，会影响点火顺序，导致发动机无法正常工作。（　　）

6. 安装前需检查火花塞安装位置处无异物，防止产生高压损伤火花塞。（　　）

7. 拆卸进气歧管时，喷油器等可不拆除，防止损坏油轨和喷油器。（　　）

8. 更换火花塞时，新旧可以混用，只需更换损坏的火花塞即可。（　　）

9. 火花塞裙部短受热面积小、散热快、温度低的，称为冷型火花塞。 （ ）

10. 对于新的火花塞，可通过弯曲负电极来调整火花塞电极间隙，使用过的火花塞电极间隙不可调整。 （ ）

四、简答题

1. 发动机点火系统有哪几部分组成?

2. 简述火花塞的作用。

3. 简述点火线圈的拆装过程及注意事项。

4. 简述火花塞的拆装过程及注意事项。

工作页十三 认知机油道

【能力要求】

1）能描述机油道的工作原理。

2）能拟定发动机油底壳的拆装方案。

任务名称	认知机油道		
班级		姓名	
地点		日期	

一、收集信息

【引导问题】

汽车发动机润滑系统是为了________，减小摩擦阻力，________，润滑系统的组成如下图所示。

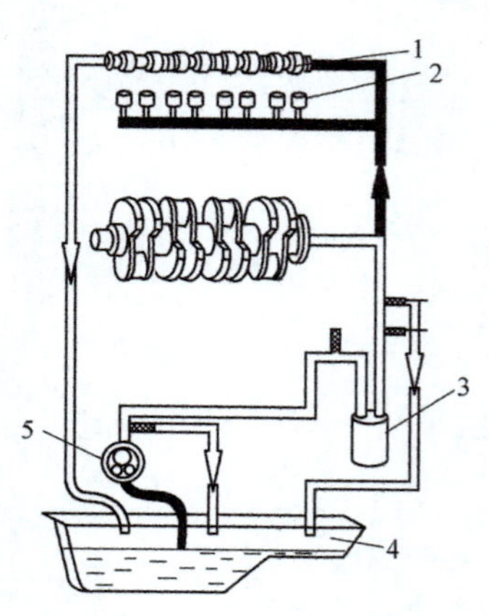

序号	名称
1	凸轮轴
2	
3	
4	
5	

【查阅资料】

1）桑塔纳2000GSi型轿车发动机油底壳紧固螺栓的拧紧力矩为________N·m。

2）桑塔纳2000GSi型轿车发动机机油的标号为________________。

二、计划决策

小组组别	
设备工具、量具及辅料	AJR型发动机、工具车、安全防护材料、________________
组织安排	一组四人：A拆装及清洁整理；B传递工具及清洁整理；C摆放零部件及清洁整理；D安全检查及记录。各任务间轮换角色
准备工作	检查安全环保措施；熟悉布置工作场景

三、实施检查

作业内容		质量要求	完成情况
拆卸油底壳	排空机油		□完成 □未完成
	翻转发动机		□完成 □未完成
	拆卸油底壳		□完成 □未完成
	指出各油道		□完成 □未完成
安装油底壳	清洁、检查、更换油底壳垫圈		□完成 □未完成
	安装油底壳		□完成 □未完成
	翻转发动机		□完成 □未完成
排除故障	发现、排除故障点并记录		□完成 □未完成

四、评价反思

在教师的指导下，反思自己的工作方式和工作质量。

评价表			
项目	评价指标	自评	互评
专业技能	认识发动机机油道的作用、正确拆装油底壳	□完成 □未完成	□完成 □未完成
	按质量要求完成作业内容	□完成 □未完成	□完成 □未完成
	完整填写工作页	□完成 □未完成	□完成 □未完成
工作态度	着装规范，符合职业要求	□完成 □未完成	□完成 □未完成
	正确查阅维修资料，遵守环保法规	□完成 □未完成	□完成 □未完成
	分工明确、配合默契	□完成 □未完成	□完成 □未完成
能力要求	能描述机油道的工作原理	□达标 □未达标	□达标 □未达标
	能拟定发动机油底壳拆装方案	□达标 □未达标	□达标 □未达标
个人反思	完成任务的安全、质量、时间和6S要求，是否达到最佳程度，请提出个人改进建议		
教师评价	教师签字 日　期	成绩 □合格 □不合格	

工作页十四 更换机油泵

【能力要求】

1）能描述机油泵的工作原理。

2）能拟定机油泵的更换方案。

任务名称	更换机油泵		
班级		姓名	
地点		日期	

一、收集信息

【引导问题】

机油泵的主要作用是提高润滑系统________________，将机油强制压送到各传动件的______________，使机油在润滑系统油路中不断_____________，以保证发动机的良好润滑，转子式机油泵的结构如下图所示。

序号	名称
1	开口销
2	
3	
4	
5	内转子
6	
7	

轿车发动机润滑系统采用的机油泵主要为____________和____________。

【查阅资料】

1）桑塔纳 2000GSi 型轿车发动机机油泵紧固螺栓的拧紧力矩为_______ N·m。

2）桑塔纳 2000GSi 型轿车发动机前油封凸缘的拧紧力矩为_______ N·m。

二、计划决策

小组组别	
设备工具、量具及辅料	AJR 型发动机、工具车、________________
组织安排	一组四人：A 拆装及清洁整理；B 传递工具及清洁整理；C 摆放零部件及清洁整理；D 安全检查及记录。各任务间轮换角色
准备工作	检查安全环保措施；熟悉布置工作场景

三、实施检查

作业内容		质量要求	完成情况
拆卸机油泵	排空机油		□完成 □未完成
	拆下油底壳		□完成 □未完成
	拆下机油泵张紧器		□完成 □未完成
	拆下机油泵		□完成 □未完成
更换、安装机油泵	更换机油泵		□完成 □未完成
	安装机油泵链条		□完成 □未完成
	安装机油泵张紧器		□完成 □未完成
	安装油封凸缘		□完成 □未完成
排除故障	发现、排除故障点并记录		□完成 □未完成

四、评价反思

在教师的指导下，反思自己的工作方式和工作质量。

评价表			
项目	评价指标	自评	互评
专业技能	认识机油泵的结构及拆装工作要求	□完成 □未完成	□完成 □未完成
	按质量要求完成作业内容	□完成 □未完成	□完成 □未完成
	完整填写工作页	□完成 □未完成	□完成 □未完成
工作态度	着装规范，符合职业要求	□完成 □未完成	□完成 □未完成
	正确查阅维修资料，遵守环保法规	□完成 □未完成	□完成 □未完成
	分工明确、配合默契	□完成 □未完成	□完成 □未完成
能力要求	能描述机油泵的工作原理	□达标 □未达标	□达标 □未达标
	能拟定机油泵的更换方案	□达标 □未达标	□达标 □未达标
个人反思	完成任务的安全、质量、时间和6S要求，是否达到最佳程度，请提出个人改进建议		
教师评价	教师签字 日 期	成绩 □合格 □不合格	

课后测评

一、选择题

1. 发动机润滑系统将机油输送到全部运动件的（ ）。

A. 工作面上　B. 摩擦表面　C. 进油孔　D. 储油槽

2. 机油在运动零部件的所有摩擦表面之间形成连续的（ ）。

A. 润滑层　B. 油膜　C. 油液　D. 机油

3. 以一定的压力把机油供入摩擦表面的润滑方式是（ ）。

A. 压力润滑　　B. 飞溅润滑　　C. 润滑脂润滑　　D. 纳米润滑

4. 拆卸曲轴正时带轮时（　　）。

A. 预置式扭力扳手预松，T形套筒拆下紧固螺栓

B. 指针式扭力扳手预松，T形套筒拆下紧固螺栓

C. T形套筒预松，指针式扭力扳手拆下紧固螺栓

D. T形套筒预松，预置式扭力扳手拆下紧固螺栓

5. 主轴承、连杆轴承及凸轮轴承等负荷较大的摩擦表面的润滑方式是（　　）。

A. 压力润滑　　B. 飞溅润滑　　C. 润滑脂润滑　　D. 动力润滑

6. 润滑系统中滤除机油中较大的金属磨屑、机械杂质和机油氧化物的是（　　）。

A. 机油细滤清器　　B. 油底壳　　C. 集滤器　　D. 油道

7. 油底壳紧固螺栓的拧紧力矩为（　　）。

A. 8N · m　　B. 9N · m　　C. 10N · m　　D. 11N · m

8. 提高润滑系统机油压力，将机油强制压送到各运动件的摩擦表面，使机油在润滑系统油路中不断循环，以保证发动机良好润滑的元件是（　　）。

A. 机油泵　　B. 油底壳　　C. 集滤器　　D. 油道

9. AJR型发动机润滑系统使用的机油泵是（　　）。

A. 外齿轮泵　　B. 内齿轮泵　　C. 转子泵　　D. 叶片泵

10. 前油封凸缘拧紧力矩为（　　）。

A. 12N · m　　B. 15N · m　　C. 32N · m　　D. 45N · m

二、填空题

1. 发动机润滑系统为了________，减小摩擦阻力，延长________。

2. 安装油底壳前，应对________安装处进行仔细清洁，才能保证安装的新油底壳垫的可靠。

3. 飞溅润滑方式主要用来润滑负荷较轻的气缸壁面和配气机构的________、挺柱、气门杆以及________等零部件的工作表面。

4. 机油泵可分为齿轮式、________和________等形式。

5. AJR型发动机润滑系统的机油泵由________带动，从________内吸入机油。

6. 齿轮泵主要是由________、从动齿轮、________以及泵盖和泵壳等组成。

7. 转子式机油泵主要由________、泵壳、泵盖和限压阀等零部件组成，安装在________由曲轴通过一根单独的链条驱动。

8. 如果杂质随同机油进入润滑系统，将加剧发动机零部件的________，还可能堵塞________。

9. 安装________时，应注意拧紧力矩不易过大，以防损坏挡油板，造成发动机润滑系统不能正常工作。安装机油泵时，需检查________入口是否清洁，防止机油泵堵塞。

10. 转子式机油泵的内转子和外转子一起装配在________内，内转子比外转子少一个齿，________可在油泵壳体内自由转动。

三、判断题

1. 机油可以在运动零部件的所有摩擦表面之间形成连续的油膜，以减小零部件之间的摩擦。（　　）

2. 机油在循环过程中流过零部件工作表面，可以降低零部件的温度。（　　）

3. 附着在气缸壁、活塞及活塞环上的油膜，可起到帮助燃烧的作用。（　　）

4. 润滑脂润滑是通过润滑脂加注口定期加注机油来润滑零部件的工作表面。（　　）

5. 润滑系统由汽油泵、汽油滤清器、集滤器和油底壳等组成。（　　）

6. 安装油底壳时，注意油底壳螺栓的拧紧顺序，由外到内，防止损坏油底壳和油底壳垫圈而产生

泄漏。（ ）

7. 曲轴正时带轮的拧紧力矩为 100N · m。（ ）

8. 安装机油泵传动链条时，应对其进行润滑，保证工作可靠稳定。（ ）

9. 更换机油泵时，废弃机油不得随意丢弃，应保留供润滑零部件使用。（ ）

10. 更换油底壳密封圈时，若油底壳密封圈无损坏，仍可继续使用。（ ）

四、简答题

1. 简述发动机机油的作用。

2. 简述发动机油底壳的作用。

3. 简述更换 AJR 发动机油底壳密封圈的操作步骤。

4. 简述更换 AJR 发动机机油泵的操作步骤。

工作页十五 拆装冷却液泵

【能力要求】

1）能描述冷却液泵拆装的内涵。

2）能拟定冷却液泵的拆装方案。

任务名称	拆装冷却液泵		
班级		姓名	
地点		日期	

一、收集信息

【引导问题】

发动机水冷系统以________作为介质，吸收由发动机产生的多余燃烧热量，经过________，将热量散发到大气中。强制循环闭式水冷系统的组成如下图所示。

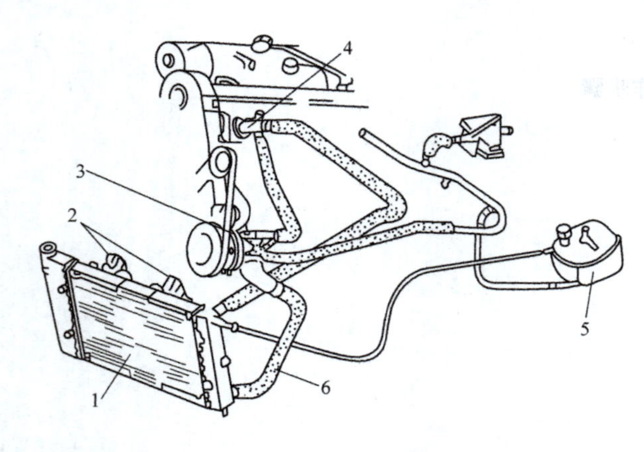

序号	名称
1	
2	风扇
3	
4	
5	储液罐
6	软管

【查阅资料】

1）桑塔纳 2000GSi 型轿车发动机冷却液泵紧固螺栓的拧紧力矩为________N·m。

2）桑塔纳 2000GSi 型轿车发动机冷却液添加剂采用________________。

3）桑塔纳 2000GSi 型轿车发动机正时带中间防护罩紧固螺栓的拧紧力矩为________N·m。

二、计划决策

小组组别	
设备工具、量具及辅料	AJR 型发动机、工具车、呆扳手、________________
组织安排	一组四人：A 拆装及清洁整理；B 传递工具及清洁整理；C 摆放零部件及清洁整理；D 安全检查及记录。各任务间轮换角色
准备工作	检查安全环保措施；熟悉布置工作场景

三、实施检查

作业内容		质量要求	完成情况
拆卸冷却液泵	排空冷却液		□完成 □未完成
	拆下V形带		□完成 □未完成
	拆下正时带		□完成 □未完成
	拆下冷却液泵		□完成 □未完成
安装冷却液泵	清洁、检查O形密封圈		□完成 □未完成
	安装冷却液泵		□完成 □未完成
	安装正时带和V形带		□完成 □未完成
	加注冷却液		□完成 □未完成
排除故障	发现、排除故障点并记录		□完成 □未完成

四、评价反思

在教师的指导下，反思自己的工作方式和工作质量。

评价表			
项目	评价指标	自评	互评
专业技能	认识冷却液泵的结构及工作要求	□完成 □未完成	□完成 □未完成
	按质量要求完成作业内容	□完成 □未完成	□完成 □未完成
	完整填写工作页	□完成 □未完成	□完成 □未完成
工作态度	着装规范，符合职业要求	□完成 □未完成	□完成 □未完成
	正确查阅维修资料，遵守环保法规	□完成 □未完成	□完成 □未完成
	分工明确、配合默契	□完成 □未完成	□完成 □未完成
能力要求	能描述冷却液泵拆装的内涵	□达标 □未达标	□达标 □未达标
	能拟定冷却液泵的拆装方案	□达标 □未达标	□达标 □未达标
个人反思	完成任务的安全、质量、时间和6S要求，是否达到最佳程度，请提出个人改进建议		
教师评价	教师签字 日 期	成绩 □合格 □不合格	

工作页十六　拆装节温器

【能力要求】

1）能描述节温器的内涵。

2）能拟定节温器的拆装方案。

任务名称	拆装节温器		
班级		姓名	
地点		日期	

一、收集信息

【引导问题】

发动机冷却系统循环方式有大、小循环两种。大循环冷却时，冷却液经过＿＿＿＿冷却，以便发动机冷却液温度迅速下降，避免发动机过热。大循环回路如下图所示。

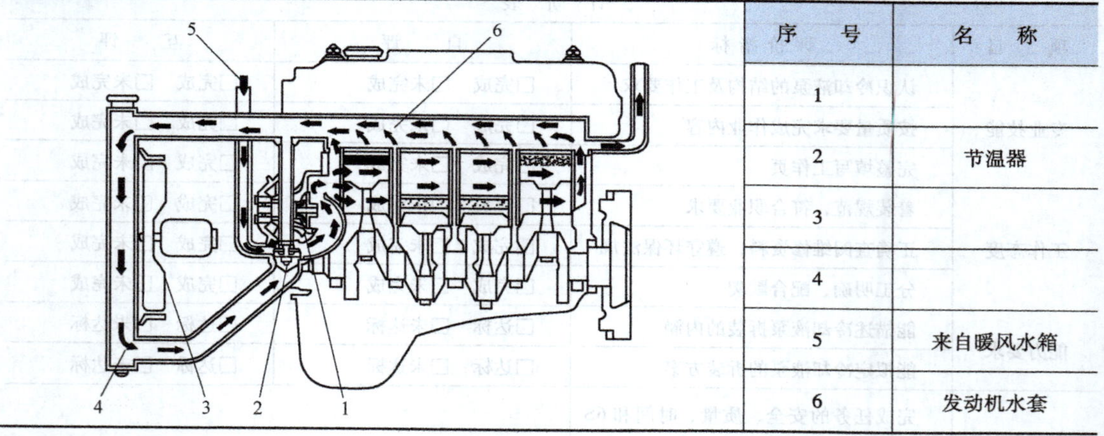

序　号	名　称
1	
2	节温器
3	
4	
5	来自暖风水箱
6	发动机水套

【查阅资料】

1）桑塔纳 2000GSi 型轿车发动机节温器冷却液管接头紧固螺栓的拧紧力矩为＿＿＿＿N · m。

2）节温器开启温度约为（87 ± 2）℃，关闭温度约为 120℃，节温器的最大升程为＿＿＿＿mm。

二、计划决策

小组组别	
设备工具、量具及辅料	AJR 型发动机、工具车、呆扳手、＿＿＿＿
组织安排	一组四人：A 拆装及清洁整理；B 传递工具及清洁整理；C 摆放零部件及清洁整理；D 安全检查及记录。各任务间轮换角色
准备工作	检查安全环保措施；熟悉布置工作场景

三、实施检查

作业内容		质量要求	完成情况
拆卸节温器	从冷却液管接头上拆下冷却液软管		□完成 □未完成
	拆下管接头		□完成 □未完成
	拆下节温器		□完成 □未完成
检查节温器	加热节温器		□完成 □未完成
	检查阀门和升程		□完成 □未完成
安装节温器	更新、安装节温器和 O 形密封圈		□完成 □未完成
	安装冷却液管接头		□完成 □未完成
	加注冷却液		□完成 □未完成
排除故障	发现、排除故障点并记录		□完成 □未完成

四、评价反思

在教师的指导下，反思自己的工作方式和工作质量。

评价表			
项目	评价指标	自评	互评
专业技能	认识节温器的结构及工作要求	□完成 □未完成	□完成 □未完成
	按质量要求完成作业内容	□完成 □未完成	□完成 □未完成
	完整填写工作页	□完成 □未完成	□完成 □未完成
工作态度	着装规范，符合职业要求	□完成 □未完成	□完成 □未完成
	正确查阅维修资料，遵守环保法规	□完成 □未完成	□完成 □未完成
	分工明确、配合默契	□完成 □未完成	□完成 □未完成
能力要求	能描述节温器拆装的内涵	□达标 □未达标	□达标 □未达标
	能拟定节温器的拆装方案	□达标 □未达标	□达标 □未达标
个人反思	完成任务的安全、质量、时间和6S要求，是否达到最佳程度，请提出个人改进建议		
教师评价	教师签字 日　期	成绩	
		□合格 □不合格	

课后测评

一、选择题

1. 水冷系统的冷却介质为（　　）。

A. 硬水　　B. 软水　　C. 冷却液　　D. 添加剂

2. 闭式水冷系统的水路与大气（　　）。

A. 间接相通　　B. 直接相通　　C. 不通　　D. 交叉

3. 桑塔纳2000GSi型轿车发动机水冷系统采用（　　）。

A. 强制循环开式　　B. 强制循环闭式　　C. 普通循环开式　　D. 普通循环闭式

4. 散热器所安装的支架一般在发动机的（　　）。

A. 左方　　B. 右方　　C. 前方　　D. 后方

5. 发动机冷却液泵一般采用（　　）。

A. 离心式　　B. 齿轮式　　C. 转子式　　D. 同轴式

6. 桑塔纳2000GSi型轿车发动机的冷却液泵安装在发动机（　　）。

A. 前端气缸盖　　B. 前端气缸体　　C. 后端气缸盖　　D. 后端气缸体

7. 冷却系统中，用于调节冷却强度的是（　　）。

A. 散热器　　B. 冷却液泵　　C. 水套　　D. 节温器

8. 能够提高流经散热器空气流量的元件是（　　）。

A. 空气流量传感器　　B. 进气温度传感器　　C. 电动风扇　　D. 节温器

9. 发动机暖机工况时，冷却循环方式属于（　　）。

A. 大循环　　B. 小循环　　C. 大、小循环　　D. 不循环

10. AJR型发动机冷却系统的节温器安装在（　　）。

A. 冷却液泵的进水孔　　B. 冷却液泵的出水孔

C. 气缸盖出水孔　　D. 气缸盖进水孔

二、填空题

1. 根据冷却介质的不同，冷却系统可分为________和________两种。

2. 水冷系统主要由散热器、风扇、水套、________和________等组成。

3. 散热器芯由许多冷却管和________组成；冷却管的断面一般为________形状。

4. 冷却液泵将________加压后输送到发动机气缸体________中，使之在冷却系统中循环流动。

5. AJR型发动机冷却液泵的进水管与散热器________的出水孔及________相通。

6. 节温器的关键元件是________和________。

7. 根据冷却液温度变化，节温器自动改变冷却系统的________及________的流量。

8. 电动风扇主要由________和________等组成。

9. 冷却液温度由组合仪表中的________或________来显示，防止发动机过热。

10. 电子控制冷却系统，根据发动机的________控制发动机的________。

三、判断题

1. 汽车发动机冷却系统普遍采用风冷冷却方式。（　　）

2. 发动机冷却系统可以为暖风系统提供热源。（　　）

3. 发动机采用冷却系统能够降低油耗。（　　）

4. 桑塔纳2000GSi型轿车发动机采用纵流式散热器。（　　）

5. AJR型发动机冷却液泵由凸轮轴通过正时带驱动。（　　）

6. 节温器的主阀门常闭时，冷却系统常循环是小循环。（　　）

7. 轿车上的风扇离合器由曲轴通过V形带驱动。（　　）

8. 部分冷却液流经散热器冷却的循环方式属于大循环。（　　）

9. 大部分发动机冷却系统采用蜡式节温器。（　　）

10. 冷却系统中的冷却液温度传感器可以控制冷却液温度。（　　）

四、简答题

1. 简述发动机冷却系统的作用。

2. 简述冷却液泵的工作过程。

3. 简述 AJR 型发动机冷却系统大循环的工作过程。

4. 为保证安全与环保，拆装冷却液泵时，应采取哪些措施？

5. 为保证工作质量，拆装节温器时，应注意哪些问题？

工作页十七　拆装起动机

【能力要求】

1）能描述起动机拆装的内涵。

2）能拟定起动机的拆装方案。

任务名称	拆装起动机		
班级		姓名	
地点		日期	

一、收集信息

【引导问题】

汽车起动系统提供给发动机曲轴的____________，使发动机达到要求的起动转速，以便使发动机进入________________状态。起动系统的组成，如下图所示。

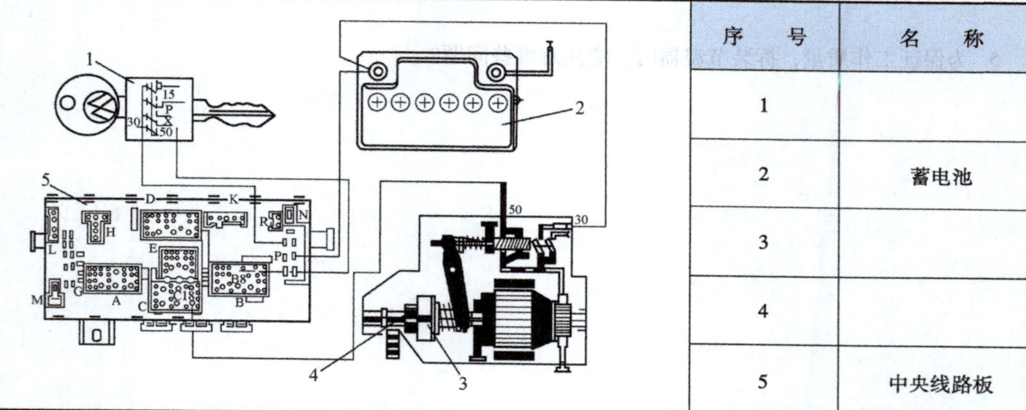

序号	名称
1	
2	蓄电池
3	
4	
5	中央线路板

桑塔纳2000GSi型轿车AJR型发动机起动机安装在发动机气缸体______（前/后/左/右）端，起动机是由____________提供电源来驱动的。

【查阅资料】

1）桑塔纳2000GSi型轿车起动机后部固定螺栓的拧紧力矩为______N·m。

2）起动机驱动齿轮齿数有______个。

二、计划决策

小组组别	
设备工具、量具及辅料	AJR型发动机、工具车、扭力扳手、____________
组织安排	一组四人：A拆装及清洁整理；B传递工具及清洁整理；C摆放零部件及清洁整理；D安全检查及记录。各任务间轮换角色
准备工作	检查安全环保措施；熟悉布置工作场景

三、实施检查

作业内容		质量要求	完成情况
拆卸起动机	点火开关置于“OFF”位		□完成 □未完成
	拆下蓄电池负极线		□完成 □未完成
	拆下起动机固定螺栓		□完成 □未完成
	松开导线固定螺栓		□完成 □未完成
安装起动机	清洁、检查起动机		□完成 □未完成
	安装起动机固定螺栓		□完成 □未完成
排除故障	发现、排除故障点并记录		□完成 □未完成

四、评价反思

在教师的指导下，反思自己的工作方式和工作质量。

评价表			
项目	评价指标	自评	互评
专业技能	认识起动机从整车上拆装的方法及工作要求	□完成 □未完成	□完成 □未完成
	按质量要求完成作业内容	□完成 □未完成	□完成 □未完成
	完整填写工作页	□完成 □未完成	□完成 □未完成
工作态度	着装规范，符合职业要求	□完成 □未完成	□完成 □未完成
	正确查阅维修资料，遵守环保法规	□完成 □未完成	□完成 □未完成
	分工明确、配合默契	□完成 □未完成	□完成 □未完成
能力要求	能描述起动机拆装的内涵	□达标 □未达标	□达标 □未达标
	能拟定起动机的拆装方案	□达标 □未达标	□达标 □未达标
个人反思	完成任务的安全、质量、时间和6S要求，是否达到最佳程度，请提出个人改进建议		
教师评价	教师签字 日　期	成绩 □合格 □不合格	

课后测评

一、选择题

1. 国内轿车发动机广泛采用（　　）方式。

A. 人力起动　B. 电力起动　C. 汽油机起动　D. 柴油机起动

2. 在0～20℃时，汽油机的起动转速为（　　）r/min。

A. 30～40　B. 40～50　C. 50～60　D. 60～70

3. AJR型发动机的起动机安装在（　　）上。

A. 气缸体　B. 气缸盖　C. 正时齿轮罩　D. 飞轮壳体

4. 起动机后部固定螺栓的拧紧力矩为（　　）N·m。

A. 40　　B. 50　　C. 60　　D. 70

5. 起动机驱动齿轮的齿数为（　　）个。

A. 9　　B. 10　　C. 12　　D. 15

二、填空题

1. 起动系统用________促使发动机运转，使发动机起动。

2. 当发动机进入________状态后，起动系统便结束任务立即停止工作。

3. 在0～20℃时，柴油机的起动转速为________ r/min。

4. 起动系统主要由蓄电池、________和________等零部件组成。

5. 起动机主要由电枢、________和________等零部件组成。

三、判断题

1. 起动系统的主要作用是通过起动机将蓄电池的电能转换成机械能，从而起动发动机。（　　）

2. 桑塔纳2000GSi型轿车AJR型发动机的起动机位于发动机的后端。（　　）

3. 工作时，起动机的小齿轮与曲轴的正时齿轮相啮合。（　　）

4. 从整车上拆卸起动机前，要拆下蓄电池正极线。（　　）

5. 自动档车型的博世起动/停止系统，当驾驶人踩下制动踏板，速度降为零时，发动机自动熄火；松开制动踏板，起动机工作，驾驶人踩加速踏板即可往前行驶。（　　）

四、简答题

1. 简述起动机控制装置的作用。

2. 拆下起动机固定螺栓时，要注意哪些问题？

3. 简述手动档车型的博世起动/停止系统的工作过程。